GUIDE BOOK OF SACRED CONTRACTS

透視心靈原型卡

諮商心理師
張義平
（幽樹）
著

楓 樹 林

推薦序

榮格派必備的超譯心靈原型卡專書

稱本書為千錘百鍊之作絲毫也不為過！

如書中所說，心靈原型卡是啟發許多人愛上榮格理論的重要工具，我本人也是其中之一。我認識作者張義平多年，深知這個主題由他來進行書寫最適合不過。因為他浸淫榮格心理學的時間相當久，更是早早開始了他的占卜與諮詢生涯。在研究所念書的期間，就已在同儕裡展現出他非比尋常的內斂氣質。

這本書不僅包含了義平多年的經驗累積，更涵括了對榮格理論的精彩書寫。讀者們只消翻看第一章的內容，就會清楚地看見作者如何細膩地闡述「原型」一詞的歷史，以及心靈原型卡的假設與榮格原始理論之間的各種差異。國內擁有能夠清楚區別這兩者之功力的人不多，而張義平無疑是當中最傑出的一位！

心靈原型卡本就長於描繪各種人物的心境，例如乞丐、運動員、教師、復仇者、女神、賭徒或法官。但作者卻能將原型卡的內容跟你我都很熟悉的現代文化作結合，用廣博但淺顯的例子指出不同心靈原型的光明及陰暗屬性，讓它成為了得以瞭解自我與他人、乃至社會現象的絕佳工具。

讀者不用刻意去熟背每張卡的內容，只消細細體會，就能窺見這些人物的負面屬性之所以會在我們的人格中現身，常常和某種匱乏感有關。這份未被覺察的匱乏讓我們躲在光明的人物屬性背後，催眠自己是英勇的騎士、純真的少女或親切的友伴。但有光的地方就有黑影，這些屬性的背後是否隱含著我們見不得人的願望，或者其他層次的交換呢？心靈原型卡就具備這種自剖的深度。

反過來說，那些一直困在相對負面的人物特徵中的讀者，例如破壞分子、小偷、成癮者或八卦者，也可以藉由本書的內容鼓勵自己追求這些人物的光明屬性。善惡的轉化，距離往往只在一線之間，它們彼此並非真的截然對立，有的只是相對上的不同而已。人只要能對自己行為的初衷抱持著覺察，就能把同樣的行為應用在適合的時機上。

舉例來說，一名八卦者，他的能量可以暗中摧毀一個人，也可以協助社會揭發某一項陰謀。問題在於：我們抱著什麼動機在展現這樣的行為呢？再舉一例，破壞分子的毀滅屬性是對著老舊不合時宜的自我，還是由於自己害怕成功的傾向？作者精準地為我們指出了兩者的差異，在閱讀的同時，必將為你帶來不同層次的洞察。

心靈原型卡曾經啟迪了我，張義平心理師的深度解讀肯定也能啟迪每位讀者。自我探索是永不休止的過程，而心靈原型卡中的各種人物則可以被我們視為內在居民的不同化身。你為受挫的人際模式而痛苦嗎？你想明白配偶伴侶，乃至自己的孩子遇到什麼困境？翻開這套卡片，閱讀《透視心靈原型卡》，用遊戲的方式親近你自己還有想要瞭解的對象，不要告誡和「教育」對方，用你的愛和關懷，在本書的協助之下照亮關係中原有的渾沌吧！

——愛智者書窩版主／鐘穎

推薦序

拓展對原型認識的實務之書

義平是我在臉書榮格讀書會社團結識的朋友，我們認識三年多但從未見面，雖然沒有共同生活的經驗，但在網路的世界裡，我們因為共享著相似的興趣而有非常多的討論，包括心理諮商、塔羅、占星與催眠，也因為這個相似的基礎，把我們共同指引到榮格的深度心理學。

雖然在實證科學心理學當中較不被重視，但榮格的深度心理學卻對身心靈領域的理論基礎貢獻良多，除了解釋占卜原理的同時性，原型的概念也備受身心靈工作者所好奇，並激發許多創新。美國人凱若琳．密思所發想的《心靈原型卡》以及卡蘿．皮爾森所著的《內在英雄：六種生活的原型》與《影響你生命的12原型：認識自己與重建生活的新法則》等著作都引用了榮格的原型概念，她們的書在國內也獲得青睞，並啟發其他國內作家的靈感。

只是，凱若琳．密思與卡蘿．皮爾森採用一種吸納榮格理論語彙與部分概念並自行再建構理論的理論發展方式，這導致採用她們觀點所發展出來的生命哲學可能部分與榮格的主張不相容，最主要的歧異點在於看待原型的態度。凱若琳．密思與卡蘿．皮爾森並沒有很清楚地陳述她們理論與榮格分析心理學之間的歧異，這導致後續學習者在區辨上的困擾。

在本書當中個人最欣賞義平的努力在於一開始即廓清了榮格心理學中原型與陰影的意涵，並果決地在牌卡運用理論上另闢新徑，在概念上做出與榮格原有概念的切割，但是在後續的原型認識上，又鼓勵採用榮格學派認識原型的方法。

在此指出理論間的差異並無主張理論之間有高下對錯區分之意，且區辨能有助於我們更瞭解每個思想者的獨特之處。並弗蘭克．麥克米倫（Frank McMillan）在其著作《Finding Jung》說：「榮格最大的貢獻不在於他的理念形成任何最後的解釋……而是他概念所帶來的洞察鞭辟入裡，為進一步的探索與瞭解開門帶路。」榮格所發想的概念在其一生當中也歷經多次演變，這也導致榮格理論在學習上的困難，但榮格本人也厭惡學生過分執著概念的定義，而缺乏對新事物的想像空間。榮格在與佛洛伊德的關係當中，也曾深受被佛洛伊德限定概念的詮釋之苦。榮格分析心理學的生命哲學在鼓勵人追求真我，走向個體化的歷程，而不在仿效他人，成為別人的複製品或理論的應聲蟲，在這樣的生命哲學之下，每個人去發展他獨立的學思應是被鼓勵的。

個體化之旅、英雄之旅是煉金合體與分離的過程，閱讀與學習榮格都是一種合體的過程，與榮格道別，發展出自己的主張，則是一種分離。在心理師成長的過程當中，合體可以得到品牌的加持與庇佑，能力的增長，但也有鞏固人格面具的風險。義平能另闢蹊徑，發展自己的觀點與主張，我認為這正是實踐榮格生命哲學，走向個體化的具體展現。

最後想再次推薦這本書給多個領域的讀者。對於榮格理論的學習者，在本書中可以清楚的看見榮格原型概念的詳細說明，並且瞭解怎麼拓展對原型的認識；對於占卜學習者來說，這本書則可從中學得義平多年的實務經驗；對於一般大眾來說，這是一個接觸牌卡，藉此自我成長的良機；對於藝術設計工作者來說，這是一本介紹多樣原型人物的書籍。

——臉書社團「榮格讀書會」創建者／陳宏儒

目次

第二章 神聖契約盤

第三章 74張原型卡解析

作者序

大概在15年前，我初次與榮格理論相遇時，聽說有套牌卡跟榮格很有關係，便興沖沖地連同神聖契約盤買回家，打開盒子，看著皇后、國王、母親與救世主的身影浮現眼前，卻因為對榮格心理學一知半解，無法解譯出它們口中所訴說的語言，於是我選擇暫時回到塔羅牌的領域裡汲取養分，繼續讓這些人物意象在潛意識裡發酵。

當我再次拿起原型卡，已經是熟悉榮格理論的塔羅牌講師，對於原型、潛意識與人物象徵擁有豐富認識，我開始能夠聽見國王發號施令的語氣背後，藏著想控制一切的恐懼，也能看見救世主無所不能的面具下，藏著失去效能感的焦慮。我開始運用這些年來所學的一切，去完整當年在說明手冊裡看到的留白，並建立起屬於自己的解讀架構，在這套架構裡，有能夠與原型卡呼應的榮格心理學概念、神話象徵與小說電影的豐沛養分，以及超過10年的實務經驗結晶。

這場寫作過程彷彿一場煉金術，我解構每一份過去所學的知識，好讓理論、牌卡意涵與生活經驗相互交融，當我一一與不同原型對話時，更像是踏上屬於自己的個體化歷程，不僅需要善用邏輯思考能力進行文字梳理，也需要挖掘內在情感與直覺，好深入傾聽每一張牌卡的深度訊息，我甚至需要閉上眼睛，允許自己沉浸在這個人物的狀態裡，用他們的身體去經驗截然不同的世界。

在俗稱英雄之旅的個體化歷程裡，英雄為了下達深淵並攜帶寶物歸返現世，將在途中遭遇守門人的考驗，依萱是個盡責且充滿熱忱的守門人，她總能以讀者立場提供給我務實建議，一起找到方法讓深奧理論變得淺白易懂，將這本書籍所能帶給你的深度與廣度發揮到極致。

感謝諸多貴人相助，讓我得以完成這本珍貴的原型卡專書，英雄在遭遇考驗時，也將獲得幫手的協助，我除了持續閱讀榮格書籍，也常與塔羅牌摯友楊松運切磋討論、參與榮格同好鐘穎與陳宏儒心理師的社團討論，加深對榮格理論與原型卡的理解，沒有與他們的對話，想篩去摻雜在黃金裡的雜質將會變得困難許多。

原型卡是一套易熟難精的卡片，需要大量知識與實務的淬鍊，我盡可能在書中提供延伸學習的入口，讓你可以從閱讀中獲得需要的資訊，你也可以在需要尋求指引時，憑直覺翻開其中一頁，從第一眼看見的文字裡找尋靈感，對於穿越困境將會有共時的祝福隱藏其中。

期待這本書可以成為支持你踏上內在意識煉金之旅的實用地圖，祝你旅途愉快！

2021年7月，寫於陽光溫暖的午後

第1章

透視心靈原型卡

第1節

踏上內在意識的煉金之旅

人生的痛苦往往源於自我對抗

你願意為了追求夢想承受多少痛苦？如果可以完美實現心中所有欲求，你願意犧牲多少自我作為代價？電影《黑天鵝》中，主角妮娜是名芭蕾舞者，她最深沉的夢想與渴望，是同時演繹柴可夫斯基經典名作〈天鵝湖〉裡的黑白天鵝，然而在導演心中，她只是個乖寶寶，缺乏黑天鵝的熱情與魅力。

「唯一阻礙你的人就是自己，趕走她，釋放妳自己！」這是導演出給她的功課，也是喚醒黑暗自我的第一步，當她為了與新團員莉莉角逐黑白天鵝人選、擺脫讓人窒息的母親，並設法召喚對於性、愛與生活的熱情時，也一步步喚醒潛意識裡壓抑的慾望，這份慾望一開始讓她如癡如醉，之後卻開始讓生活失去控制，最後更一步步走向美麗的死局。

許多心理師都試圖用各種不同的理論進行分析這齣黑暗悲劇，探討為何妮娜會從一個柔順的女孩，逐漸轉變成具有攻擊性、歇斯底里的黑天鵝。如果從榮格的理論來說，我們或許可以將妮娜凡事順從、純潔矜持的形象看成是她的為了適應社會規範並符合母親期待所帶上的人格面具，這是她所選擇的生存姿態。

然而所有的慾望都是完整人性的一部分，因此當作風大膽且能自然流露情慾的莉莉出現後，妮娜心中的陰影面瞬間點燃，過去心中苦苦壓抑而無從抒解的渴望，就像是一整片乾燥的森林，只需丟下一點火苗，轉瞬便可燎原。奮不顧身與莉莉角逐黑白天鵝的心理學意義，是在與內在的另一個自我對抗。

每個人的內在都有許多不同面向

我們只要願意稍微安靜下來，就能留意到內在有許多陰影面，那是因為在日常生活裡，我們時常需要經驗與自我對抗的時刻——為了保住飯碗而不得不對上司忍氣吞聲、礙於社會觀感停留在失去親密感的婚姻中，每當我們在生活裡感受到痛苦時，多半是因為我們正在與心中的另一個自我拉扯著。

我從大學開始接觸心理學，研究所時期更對榮格理論深深著迷，並因此投入塔羅牌與原型卡的實務研究裡，這些經驗都讓我明白，每個人心中都擁有許多不同的面向，這些面向偶爾攜手合作，有時互相衝突，很多時候我們內在就像《24個比利》一樣具有多重人格，在生活中的許多時刻，苦於內心不同聲音間的叫囂與對話。

我曾經在工作坊裡引導一位學員，請他替抽到的每一張原型卡設計一句台詞，象徵他內心裡的各種聲音，然後請每個學員認領一句台詞，同時對他大聲念出來，當他忍不住摀住耳朵：「我覺得自己的耳朵快要爆炸了！」我看著他說：「如果你無時無刻都處在這群噪音底下，大概什麼事情都不用做了吧！」在這個當下，他忽然懂得自己為何活得如此辛苦，因為他終日忙於跟內在的諸多自我對抗！

你不需追求完美，只需允許生命完整

這些年來不少來參加原型卡工作坊的學員，都期待不只學習這套卡片的使用方式，同時也能療癒自己的生命困境，當你開始使用原型卡，就像是打開一扇扇通往潛意識心靈的大門，每張原型卡都像是一把指引你深層認識自己的鑰匙，無論這張原型卡上的名稱是你喜歡的，或是你不喜歡的，它們都是生命的一部分，等待你重新認出與擁抱它們，歡迎這些流浪多年的心靈碎片回家。

我在撰寫這本書的初稿時，曾經替自己抽了幾張原型卡，作為接下來的心靈指引，當看到〈永恆孩童〉以及〈享樂主義者〉同時出現時，立刻明白這將是一場不容易的任務。帶有永恆孩童意象的我，比起硬邦邦的工具書，更擅長書寫純粹的心靈語言，永恆孩童的理想主義，可能使得文字有些不食人間煙火，我需要享樂主義者的接地氣，才能運用生活的語言來描繪抽象的心靈世界，並讓整本書變得淺顯易懂。

最後一張〈調停者〉，則祝福我能夠靈活的將榮格心理學、催眠、塔羅牌與心理諮商等不同領域的知識串連在一起，幫助你在閱讀這本書時可以更容易與自己的生活經驗產生連結，開始與心中不同的面向進行對話，用象徵的語言來說，這會是一趟內在意識的煉金之旅。

榮格曾經提到與其追求生命的完美，不如允許自己的生命完整，當我們可以與心中不同的面向攜手合作時，或許就可以讓生活裡的內外衝突少一些，並擁有越來越充足的力量去迎接生命裡的各種挑戰。下一節，我們來認識究竟什麼是原型（Archetype），以及這套原型卡的設計概念。

第2節

原型卡簡介

擁有千萬面貌的原型

卡爾・榮格是瑞士心理學家與分析心理學的創始人，原型（Archetype）一詞，隨著榮格理論日漸成為心靈顯學，成為越來越多人深感興趣的概念。《心靈原型卡》，是凱若琳・密思（Caroline Myss）以原型一詞為出發點所設計的心靈圖卡，不少人之所以開始對榮格理論產生興趣，正是源自於這套卡片，然而榮格理論深似大海，原型的概念更是複雜難解，不少學生之所以來報名我的工作坊，都是因為對榮格心理學有興趣，希望可以進一步釐清榮格口中的「原型」與「心靈原型卡」之間的關係，並希望能夠透過心理學的角度，來深入認識這套圖卡。

「原型」一詞雖讓我們立刻聯想到榮格，實際上這個詞彙並非榮格所創，最早可以追溯到柏拉圖的「理型理論」，他認為人類存在之前，即有一套存在於超越客觀認知世界的心理形式，稱之為Form，柏拉圖認為我們之所以可以理解世界上各式事物，是因為我們在靈魂狀態裡早已存在這些理型。例如我們心中之所以會有「完美」的概念，是因為我們早在靈魂世界裡經驗過完美這個理型，因此雖然我們實際上在生活裡並沒有經驗過所謂的完美事物，卻仍會在心中存有這個概念。

榮格受到柏拉圖的啟發，將原型加入了自己的治療理論裡，尤其後來在他到世界各國旅行的過程中，發現在各地古老文明的神話裡，似乎都存在共同的故事模式，例如大洪水、世界從混沌中誕生，他甚至發現在病人的夢境裡，居然存在著古老神話的意象，然而從這名病人的社經階層來說，顯然並未接觸過這類知識內容，這讓他開始推測在佛洛伊德所提及的個人潛意識之外，還存在著超越個人心智的集體心靈場域，榮格稱之為集體潛意識，而原型就存在於這個集體的心靈場域裡。（註一）

柏拉圖的理型理論，影響了後來許多的哲學家，例如康德、叔本華等人，他們各自使用不同語言來陳述相似概念，此外像是占星學有所謂的「12 原型」，方便將人們的心理狀態分類，設計界也有「原型」，指的是視覺創意的初始來源，這些「原型」與榮格所提的概念毫無關係，即使同為榮格取向的治療師，彼此對於原型的解釋也具有差異，原型這兩個字，就像是一株擁有生命的植物，根源於柏拉圖之口，並在時代洪流裡自行長出姿態萬千的模樣，原型卡中的原型一詞，也是其中一個分支。

註一：榮格的用語是 collective unconscious，unconscious 中文常見的翻譯有無意識跟潛意識，兩者皆可通用，指稱那些我們無法覺察的心靈層面，在此為了方便讀者閱讀，統一用潛意識來稱呼。

原型隱藏在集體潛意識裡，我們無法直接碰觸

凱若琳・密思曾在自己的著作《凱若琳的人格原型書》裡，描述原型是通往個人力量的途徑，透過辨識我們身上的原型，將有助於與自己的內在網絡（集體潛意識）連結，當我們越來越認識自己所帶有的原型，就越來越能夠在個人發展的心靈旅程裡，認識屬於自己的獨特挑戰、宇宙安排，甚至是觀照內心的陰暗面。

從心理學的角度說，凱若琳・密思詮釋原型的方式，有點類似賦予不同的人格特質一套擬人化的形象，例如少女象徵著純潔，指引者象徵著生命智慧，這是在心理諮商或催眠治療中，很常使用的隱喻，對於自我探索與發展潛能是很有幫助，然而這與榮格提出的原型概念，仍有微妙的差異。

依循榮格本人所提出的理論，原型存在於我們永遠無法直接接觸到的源頭領域裡，因此我們能夠經驗原型的方式，只能透過被引發的情結（Complex）來進行。情結在榮格理論中相當重要且複雜，如果使用比較簡約的說法，可以把對單一形象所產生的複雜心情想像成一串粽子，這串粽子全部被同一個繩結綁在一起，只要提起這個繩結，所有的心情也將被連串提起。

例如我們經常聽到有人用「父親情結」來形容面對男性權威的心境，意謂著當我們與男性長輩或權威人士相處時，容易無法克制地產生焦慮、不安、憤怒，卻又渴望與其親近的複雜心情，雖然很想用理智告訴自己：「我很好，我沒事！」被情結所引發的澎湃心情仍然如海浪般襲來，這就是我們與父親原型相遇的時刻。我們會產生什麼樣的情緒，則跟一連串複雜的因素有關。

進一步以母親這個原型為例，我們經驗母親原型的方式，是藉由與親生母親互動的感受、對宗教裡大母神的敬仰，甚至是對宮廷劇、電影與文學作品中母親角色的感覺，混合後所形成的情緒經驗，由於我們每個人的經驗與理解不同，因此接觸到母親原型的面向也會不同。

如果你是在控制慾較為強烈的母親養育下成長，很可能會經驗到母親原型中較為窒息的面向，如果母親是溫柔且充滿關懷的，可能就會讓你經驗到母親原型裡，較為溫暖滋養的面向。同時，隨著你不斷成長並獲得新經驗，觸碰到母親原型時的感受與理解，也可能有所不同。

原型卡，是一套協助我們探索潛意識的心靈圖卡

榮格在自己的幾本著作中提及，如果原型並非自發性的出現在我們面前，那麼主動去認同或增強原型的力量，很可能會帶來自我膨脹，或出現反被龐大的原型力量所擄獲的危險，因為原型位於非個人之內的集體潛意識場域裡，當我們過度認同存在自身之外的力量時，往往會形成自我膨脹與自戀的結果，最嚴重的情況將如同二次大戰時，整個德國人民都被一股龐大的原型力量所「附身」，進而做出讓後人匪夷所思的暴行。在我的諮商實務經驗裡，就曾見過過於認同「戰士原型」的當事人，難以接納自己的脆弱與創傷，反而使自己困在憂鬱裡動彈不得。

若以隱喻來說，如果我們每個人的心靈都像是一個容器，原型所身處的集體潛意識就像

是汪洋大海，要在有極限的容器裡裝進一整片海洋，確實很容易讓人陷入瘋狂狀態，這也是榮格鼓勵我們不直接處理原型，而是設法透過解析夢境的象徵、分析情結來消化原型的原因。

從柏拉圖到榮格，再到心靈原型卡，我們會發現同一個名詞隨著時間延續，逐漸在不同領域中產生出各自的意涵，這個現象在心理治療界裡經常可見，不同心理學者們共同使用相同或相似的詞彙，來描述不同的心靈現象。為了讓我們安心地深入潛意識探索，我傾向將心靈原型卡中所提及的「原型」，看成是借用榮格詞彙所描繪的另一種心靈現象。基於這個原因，本書接下來所提及的原型一詞，如果沒有特別說明跟榮格之間的關係，指的都是人格特質、原型意象或潛意識中的心靈模式，與榮格理論中的原型（Archetype）定義有所不同。

正因為原型卡所呈現的是潛意識裡的人格模式，因此在本書第二章中的每一張原型卡，都可以同時指稱不同性別的人，因為人格特質是中性的，不會受到性別角色的拘束。

無論原型卡與榮格的關聯有多少，凱若琳・密思都替我們帶來深刻的心靈啟發：每一張原型卡都像是心靈世界的碎片，當我們可以學習解讀原型卡的意涵，踏上自我探索之路，逐漸收復每一個心靈碎片，生命將會變得越來越豐富，「讓生命變得完整」正好是榮格所強調的生命態度。

原型卡作為探索潛意識心靈的工具，是非常好的素材，如果再加上對榮格理論的認識，就可以將這套圖卡應用得更加得心應手。然而學習榮格是一條漫長的路，不僅需要大量閱讀，也需要將書中知識應用於生活裡，這些豐富資訊實在難以全部收錄到本書中，因此我將會在後續的章節裡，提供一些延伸學習的資源，好幫助你在這趟潛意識的自我探索旅途上走得更加踏實與平順。

第3節

如何使用原型卡

如果說完整的心靈世界，就像是一面平滑的鏡子，我們可以將74張原型卡，看成是這面鏡子的74個碎片，從每一個碎片裡，都映照出我們的一小部分，因此原型卡並不是一套占卜吉凶的工具，而是可以幫助我們增進自我認識、拓展心靈潛能，學習如何因應生活挑戰的實用工具。

每一張原型卡的結構都是相同的，包括了「中央圖像」、「標題」、「光明與陰影屬性」的描述，三者相互串連，就形成了這張圖卡想要傳遞的訊息，接下來我們會循序漸進的認識怎麼使用這套心靈圖卡。

如何解讀原型卡——單張牌

一、從圖像帶來的直覺感受入手

一旦我們先閱讀文字，很容易開始啟動理性邏輯的分析，因此在翻開原型卡的瞬間，可以先

將注意力完全放在中央圖像，這會是最容易與圖卡連結，好好感受圖像的方式，你可以參考下面這三個問句：

1. 我看到什麼？
2. 我對這個圖像有什麼感受？
3. 在這裡面最吸引我注意的是什麼？

你對這三個提問的答案，就藏著跟這張原型卡的首要直覺聯繫，這是避開意識分析的最佳途徑，也是與圖卡深化連結很好的方式，除此之外，這些感受也替你後續的解讀提供了線索。

舉例來說，如果你對於〈小偷〉這張原型卡的圖像很有共鳴，有可能是因為這張原型卡所要描繪的特質與現象，是你感到熟悉與親切的；反過來說，如果你帶有不舒服的情緒，甚至想要壓抑特定的感受，也可以去探索原型卡裡所要探討的主題，挑起哪些正等待你克服的挑戰？

二、認識原型卡的名稱

每張原型卡都具有自己的名稱，例如〈國王〉、〈皇后〉、〈受傷孩童〉、〈法官〉、〈戰士〉……等等，這些名稱可以看做是用人物形象來替我們內在心靈特徵所做的命名，幫助我們更容易聚焦剛剛圖像所帶來的感受，也像是幫助我們在豐富的圖像聯想中，定錨這張原型卡要傳遞的意涵，我們同樣可以透過下列兩個問句，來進一步理解原型卡所要傳遞的意義：

1. 這個人物所具有的特徵、能力與性格可能會是什麼樣子？
2. 這個人物的特質，和我的性格、特質或能力有何相通之處？

三、思考光明與陰影屬性的意義

將上個步驟的提問延伸出下列四個問句，便能進一步完整探索這張原型卡與目前生活的關係，或是釐清與你設定的提問之間的關係：

1. 這個人物的特徵、特質、能力與性格，如果進行好的發揮，可以帶來什麼影響？
2. 承上，如果過度發揮或是失衡，可能帶來哪些負面影響？
3. 我一開始對圖像的感受，與這張原型卡要探討的主題有什麼關聯？或許我傾向於排斥或否認這些特質與能力？又或者我傾向接納與認同這股力量？
4. 承上，這樣的態度對我來說，帶來什麼樣的影響？

這四個問句幫助我們整理出這張圖卡對自己的意義，當我們在一番整理與自我對話後，很有可能同時感覺到正負面的心情，或是覺得同時存在多種解釋方式，這是正常的，原型卡並不只是單純歸納出單一解答，而是豐富我們對事件的理解。這種看似矛盾的經驗，恰巧呼應了榮格的治療觀：二元對立的思考方式常使我們受困，生命解答經常存在於「既是……也不是……」之中，在這看似矛盾的衝突中，我們得以找到超越對立的整合之道，好能深化自己對這世界的理解。

由於原型卡並非占卜特定結果，運用原型卡來探索自我，可以幫助我們從中變得心胸開闊，透過一次次的抽牌、解讀牌意，無形中我們培養出超越二元對立的思考方式，不再被原先舊有的慣性所綑綁，進而從中獲得彈性與自由。

如何理解陰影屬性的意義？

通常在解讀原型卡的光明屬性時，學生們都很容易迅速上手，但在解讀陰影屬性時，則容易感到困惑，就像是塔羅牌逆位並不是直接把正位的意義顛倒過來，原型卡的陰影屬性也有比較複雜的解釋方法。

在榮格的理論中，陰影（Shadow）是用來形容對自我（Ego）的補償，或是人格面具（Persona）的反面，是我們意識層面中壓抑與否認的心靈層面。舉例來說，一個經常強調情感關係中需要忠貞與心靈純粹的人，縱情享受身體慾望可能就會是他的陰影；又或者是認定人不為己天誅地滅的人，很可能為他人犧牲奉獻就是最大的陰影。

人格面具與陰影之間的關係，在很多電影跟戲劇裡都可以明顯看到，例如在電影《復仇者聯盟》中，傲慢自大的鋼鐵人與充滿濟世情懷的美國隊長就可說是互為陰影的關係，在第一集裡，同為超級英雄的兩人經常在信念上有所衝突，而在最後一集中，鋼鐵人願意為世界犧牲自己，而美國隊長則允許自己享受與情人共度的時光，這種從衝突到整合的歷程，可以看成兩人在個體化歷程（**註一**）中，從對方身上照見自身陰影，並逐漸完整自己生命的過程。

由於我們對於原型卡圖像的解讀方式，比較接近人格特質與潛意識模式，因此原型卡的陰影屬性，也比較不會使用原先榮格的定義，我們可以將陰影屬性解讀為這項特質如何被濫用，或是當過度使用這份特質時，可能會對事情帶來什麼影響。在有些情況下，我們也可以解讀成此刻需要使用這份力量，卻在發展過程中受到了阻礙，以致無法善用這份特質，在工作坊裡我以陰影解讀原則來稱呼這三種解讀方式，以有別於榮格理論所提及的陰影（Shadow）概念。

註一：

個體化歷程（the process of individuation），是榮格理論中很重要的概念，個體化的意思是我們的人格狀態變得越加成熟，於是可以與他人發展出成熟而深刻的關係，在過程中我們會開始面對原先潛意識壓抑的心理狀態，在對立衝突之下設法整合進來，使人格變得越來越完整，理智與情感、身體與直覺的功能也會越加協調。

鋼鐵人的自私與美國隊長的無私，恰好形成強烈對比，而他們在《終局之戰》裡的形象翻轉，可視為兩人都來到了更成熟的個體化階段。

第4節

通用牌陣介紹

如果說每一張原型卡都像是我們內在心靈的碎片，那麼牌陣就像是一套小型煉金術，也或許我們可以把解讀原型卡想像成烹調料理的過程：每張原型卡都像是一項食材，各自擁有獨特的味道，牌陣就像是食譜，讓我們可以按照特定步驟來處理這些食材，讓這些食材可以得到最好的運用。

每個人按照食譜煮出來的料理，味道不會完全一樣，甚至可能會因為個人喜好與巧思而形成獨特的變化，即使如此，我們仍然可以從品嚐到的滋味裡，辨識出它們其實是同樣的菜色，這點跟解讀原型卡有異曲同工之妙：不同諮詢師可能會針對同一個牌陣的同一張原型卡，說出不同的解讀內容，然而仔細歸納他們的話語，還是可以找到一些共通點。

單張牌陣

即使只抽一張原型卡，我們也可以解讀出許多有實用價值的訊息，除了按照第三節的使用方式外，也可以搭配本書的第二章裡，與該張原型卡相關的解釋，我在第二章的每張原型卡介紹後面，提供三到五則句子，作為豐富讀者自我探索的句型，你可以視情況挑選適合的句子使用，每張原型卡可以提問的句型，也不只限於書中所列出來的內容，隨著你對圖卡越來越熟悉，將會建立起自己的「提問寶庫」。

解讀單張牌時，可以完全不設定任何提問，自由看看潛意識此刻有什麼訊息想要告訴自己，也可以設定以下幾種提問，協助自己釐清線索：

1. 我今天需要學習的課題是什麼？
2. 在……我已經準備好的是什麼？
3. 在……我需要學習的是什麼？
4. 在……我有所不足的可能是什麼？
5. 我帶著……可以讓事情進行得更順利？

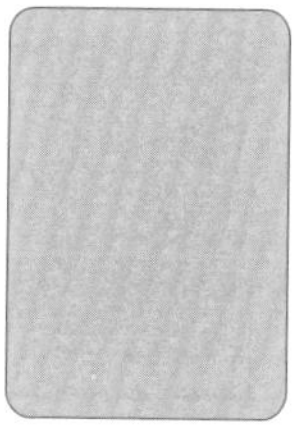

單張牌

在2到4的「……」你可以填上自己設定的提問事件，例如「在我明天的面試過程中，需要學習的是什麼？」或是「在與伴侶的相處上，我有所不足的可能是什麼？」在5

的句子裡「……」則可填入像是想法、行動、態度等詞彙，例如「我帶著什麼樣的態度來面對工作，會讓事情進行得更順利？」

心靈指引牌陣

如果你想全面性的瞭解一件事情，可以運用心靈指引牌陣來釐清，這個牌陣需要抽三張牌，通常我習慣設定由左到右的位置是：我目前最擅長使用的原型是什麼、我需要留意的原型是什麼、我需要補足的原型是什麼？大多數的疑問，都可以透過心靈指引牌陣有效釐清，並找到調整方向的指引。

舉例來說，我曾在舉辦潛意識探索工作坊前，替自己用心靈指引牌陣抽了三張原型卡，由左至右分別是〈八卦者〉、〈英雄〉與〈引導者〉，當時我看到〈八卦者〉的圖像時，覺得有些不舒服，對應到〈八卦者〉的原始意涵，讓我想到或許自己準

心靈指引牌陣

備了豐富的課程內容，要分享給前來參加工作坊的夥伴，我內心的不自在是因為這些內容與坊間以訛傳訛的說法有些出入，而我不是個喜歡挑戰他人的人，因此對於這種「終止謠言」的舉動感到有些彆扭。

看著〈英雄〉原型卡的圖像，我心中感覺很平靜，由於〈英雄〉出現在「我需要留意的原型」位置上，因此我特別思考了一下，發現潛意識提醒我，可能會在無意間過度控制工作坊的走向，如果我可以成功平衡這點，就可以順利進入下一張原型卡所要揭露的狀態。

最後一張原型卡是〈引導者〉，圖像中的人物帶給我神祕而堅定的感受，由於這是我需要補足的力量與特質，對應前兩張原型卡的資訊，我重新省思自己在工作坊裡的講師形象：我有時會太專注在傳授知識，忘記透過互動與沉澱，引導學員連結自己心中的療癒力，〈引導者〉提醒我每個人的潛意識裡都具有突破困境的潛能，我不是直接告訴學員怎麼做，而是陪伴學員認識自己，並從中開啟這份潛能。

事後回來檢視這組牌陣，我發現由於有意識的調整了帶領風格，現場氣氛相當輕鬆與舒服，成員們也在我的陪伴與引導下，找到自己生命中的解答，而這正是〈引導者〉的特質所能發揮的最佳狀態。

關係牌陣

關係牌陣可說是心靈指引牌陣的延伸，只是在第一張牌的位置上會拆成兩張牌，一張代表自己在關係中的樣貌，另一張代表對方在關係中的樣貌，中間這張一樣是當事人在關係中的建議，最後一張則是對當事人在關係中的指引或建議。

進行原型卡的解讀，在於協助我們認識自己、發展自我療癒的力量，因此在牌陣中，我們盡可能不用原型卡去詢問太多另一個人的事情，因為當我們太注意對方與環境的訊息時，等於是把關係決定權交到另一個人手裡，這會讓我們的心靈變得虛弱，越來越依賴原型卡代替自己進行抉擇。

除此之外，當我們以牌卡來窺探另一個人的內心世界，就像是當你出門工作時，有人偷偷打了一把你家的鑰匙，好進入這個家裡來

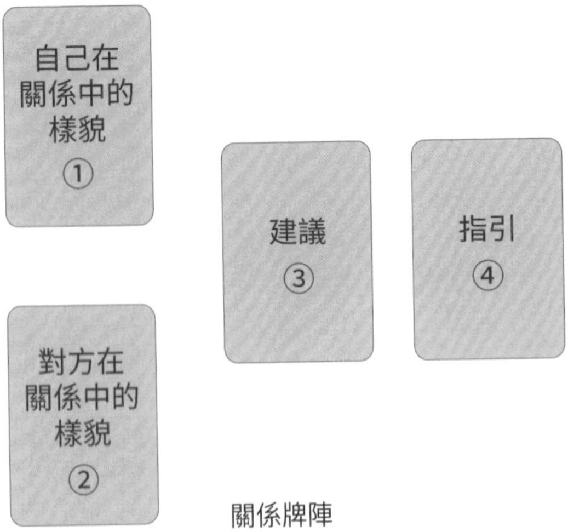

關係牌陣

「瞭解你」一樣，因此在關係牌陣裡，雖然會運用一張牌來代表對方的狀態，重點仍然擺在引導你更清楚看見彼此之間的互動關係，而不是用以推測對方的想法跟心態。

關係牌陣很適合用來釐清自己在人際關係裡投射出什麼心態，無論是情侶、夫妻、親子、同事或友誼，只要是詢問你跟另一個人之間的關係，都可以用這個牌陣來探索。舉例來說，多年前曾經有一名男性來詢問自己與曖昧對象之間的關係，在關係牌陣裡，他自己的位置上抽到了〈少女〉，對方位置上則是〈法官〉，他對於〈少女〉這張原型卡裡的人物感受是柔弱跟多愁善感的，而在〈法官〉這張原型卡裡，則感受到一股嚴肅跟冷漠，這恰好呼應了目前他在關係中的狀態：他扮演富有情感的角色，而對方則較為就事論事。

牌陣中盲點的這個位置，出現了〈受傷孩童〉這張原型卡，因此我們討論了在這段關係中，他如何投射出對母親的憤怒與受挫，而無法看見對方真實的面貌，很有意思的是在建議與指引的位置出現了〈破壞分子〉，這讓他想到或許自己該替這段關係踩煞車，他發現自己無意識的投射了母親的形象到對方身上，並幻想著可以從對方身上得到母親不曾給他的照顧，彼此的位置定位需要全面打破革新。

在抽牌之前，如何幫助自己專注

不少身心靈工作者都會有屬於自己的抽牌儀式，這些儀式最重要的功能其實是幫助自己的心情可以平靜下來，並且維持在高度專注而放鬆的狀態下，好跟自己的潛意識清晰連線，我自己最常使用的是歸於中心的呼吸方法，也叫做藍色氣球呼吸法：

1. 輕輕閉上眼睛，想像腹部有一顆藍色氣球
2. 想像氣球會隨著深深吸氣而慢慢變大，隨著吐氣而慢慢變小
3. 讓藍色氣球可以隨著穩定、深沉而放鬆的狀態，有規律的起伏
4. 讓心情隨著呼吸逐漸沉澱下來，允許自己感覺到一絲寧靜

在我出版的第一本書《潛意識自癒力》中有詳細的引導語，有興趣的夥伴可以掃描書中QR碼，跟著我的聲音一起練習，當你越來越熟悉這個過程時，只需要做幾次深呼吸，就可以完全讓注意力歸於中心。

第5節

如何設定一個好問題

原型卡可以提問哪些事情？

拿到一套新的圖卡，很多人都會關心「可以問什麼樣的問題」，原型卡除了可以在不設定提問的情況下抽一張牌進行解讀，作為自由與潛意識對話的方式，也可以透過事前設好提問的方式，充分探索自己想瞭解的事情。

原型卡跟塔羅牌不一樣的地方，在於塔羅牌可以用來進行心靈內涵的解釋，同時也可以作為命理占卜之用，然而原型卡更像是描繪出我們的性格與特質，以及潛意識運作的軌跡，因此不具有預測的特性，每張原型卡都標示出心靈狀態的一體兩面，而非以正反、吉凶的方式提供訊息。

因此無論是親密關係、親子議題、情緒困擾、生涯方向、金錢議題……只要你可以想得到的疑問，原型卡都可以引導你看得更深，瞭解自己此刻的狀態，以及可以如何因應這個困難，如果你想對自己這段時間的生活有通盤瞭解，不妨參考第二章的神聖契約盤，可以完整描繪出你這段時間裡的心靈模式。

抽牌前的提問設定是非常重要的，表面上我們是在設定提問，過程裡我們也梳理了事情的始末，因此設定提問也是幫助我們集中注意力與沉澱思緒的方式，甚至當我們可以設定一個適切的提問時，對於原來感覺困擾的事情，可能就已經釐清一大半了。

我們可以運用下列這四個原則，來替自己設定一個合適的提問：

1. 帶領當事人找回「自主性」

我們想要透過原型卡所瞭解的事情，需要跟自己有直接關係，而且在這件事情裡，有可以自己做出選擇的機會。舉例來說，有時候我會遇到想詢問生涯發展的當事人，有人想知道自己適合做什麼樣的工作，有人則想知道自己今年會是換工作的好時機嗎？此時要先引導他說出目前的工作狀態，然後跟他一起釐清這些困惑的成因，因為原型卡並不適合用來直接對未來吉凶下定論，而是探詢造成問題的根源心理。

在諮詢時也常會遇到前來詢問何時才會有桃花的女性，我會引導她討論自己想要什麼樣的戀情？她對於進入關係有什麼想法跟準備嗎？比起透過原型卡詢問自己何時會墜入愛河，設定「我如何增加自己的魅力」、「我適合什麼樣的對象」等問題，才能透過占卜結果，讓當事人重新拿回自主權，練習掌握自身的力量，更有覺知地去過好每一天。

2. 問題需有「改變的可能」

第二個設定提問的重要原則是這件事還有改變的機會，這個原則經常會跟自主性有關，舉例來說，有些人會希望透過原型卡知道「怎麼做對方才會愛上我？」或是「我上週參加公司面試的結果會如何？」前者重心全擺在希望對方可以愛自己的目標上，後者則是希望知道一個無法改變的結果。

當我們可以好好看見自己在設定提問背後的焦慮感時，或許可以換個方向，詢問「我如何在跟對方相處時感到自在」，或是「我如何讓自己在等待結果時放鬆心情」，可以讓生活中多些從容與平靜。當我們能夠將注意力放在自己可以努力的目標上，就可以讓每一次解讀化為生命成長的機會。

3. 讓每次抽牌成為潛意識對話的機會

解讀原型卡，就像是一場與潛意識的私密談話，當事人慎重的程度，將影響在此歷程中獲益的程度。潛意識是我們每個人出生後就陪伴在身旁的好朋友，當我們以對待摯友的方式向潛意識發問，避免帶著八卦或娛樂心態的解讀方式，可以讓每次解讀原型卡的過程成為深刻的靜心。好好提問、用心感受，有助於我們善待自己的身心靈，透過與潛意識私密交談，我們每一天的生活都將越來越清醒。

4. 正向陳述

當我們能夠盡可能將提問設定為正向陳述，無形中已經在潛意識裡啟動了邁向目標的動能，也會因為聚焦在事件中的正向目標裡，更容易將後續抽出來的原型卡意涵，與自己想要探索的事件結合在一起。正向陳述的方式背後蘊藏著一整套完整的心靈觀點，學習上需要一點時間與經驗，因此對初學者來說並不是必要的原則，等到逐漸熟悉設定提問的技巧後，再來練習正向陳述的提問方式，不只可以讓解讀原型卡的過程變得輕鬆許多，無形中也在調整我們看待世界的方式。

我們可以運用下列幾組句型來瞭解什麼叫做正向陳述：

(X)我如何避免吸引自己不喜歡的人靠近？
(O)我如何創造讓自己滿意的親密關係？

(X)我如何讓自己不會在簡報時這麼緊張？
(O)我如何讓自己在簡報會場上輕鬆自在？

(X)我如何在跟母親溝通時，不會這麼煩躁？
(O)我如何平心靜氣的好好跟母親溝通？

設定提問的四大原則，其實也是我們面對生命難關時的心靈原則，舉例來說，有個因為第三者介入婚姻，感到痛苦的年輕女性，希望透過原型卡瞭解如何挽回先生的心，透過提問能一層一層的釐清複雜的心情：焦慮、委屈、憤怒、悲傷、自責、害怕……她發現自己過去的生活一直都以先生為重心，完全忽略了自己的主導權，因此她的提問從「如何挽回先生對我的愛」，轉換成「我在這個婚姻裡，該如何自處？」

接著透過抽出來的原型卡，她重新釐清了自己的期待與婚姻的狀況，之後帶著沉澱後的心情，回去跟先生談離婚，而這過程中的轉變，都是她自己看見、體會後所做出的選擇，原型卡只是協助她去釐清自己所遇到的困境所呈現的心理狀態，她可以如何做出適合自己的選擇。

第6節

如何拓展對原型卡的認識？

熟悉榮格理論，可以增加你應用原型卡的深度與廣度

雖然心靈原型卡與榮格理論之間存在許多差異，然而兩者仍然共享一些相近的意涵，當你對榮格心理學有越來越豐富的認識時，將會增加應用這套圖卡的自由度與深度。榮格所描繪出來的人類心靈結構，屬於深度心理學（註一）的範疇，因此我們可以跟隨著榮格的足跡，一一探訪心中的幽微與細膩之處，並在認真品嘗自己的生命後，將這些觸動分享給身旁的人們。

榮格提及人們具有四種認識世界的方式，分別是理智、情感、直覺與感官，在這四種心理功能

註一：

一般來說深度心理學特指佛洛伊德所創立的精神分析學派，但以比較廣泛的說法，佛洛伊德、榮格以及與這兩者有關的幾個支派，由於都具備了深度剖析人類潛意識的作用，因此都可以被納入深度心理學的範疇。

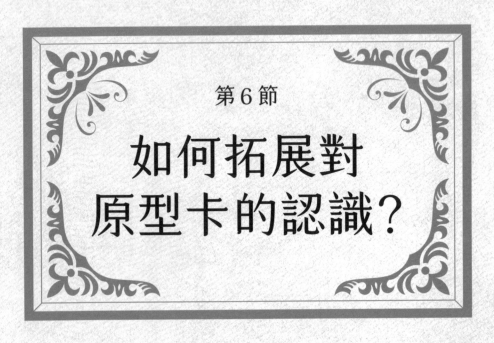

中，我們必然會有最擅長的功能，也會有最不擅長的功能；而在這兩者之間，則存在著一組相互對立的功能。由於每個人的優勢功能不同，想要瞭解榮格心理學，每個人所依循的路徑都各有不同，以下我會列出一些熟悉榮格理論的方式，你可以先從自己最感興趣的方式著手，之後再慢慢擴展到其他不同的形式：

1. 解讀夢境

在榮格所做的心理工作中，有很大一塊與夢境解讀有關，榮格式解夢會重視分析畫面的象徵及隱喻，而他在進行夢境的解讀時，很看重當事人自發性的情緒經驗，如果你看重對自身潛意識探索，那麼學習榮格式的解夢方法，會是很適合你的一條路徑。

我自己便常從一些夢境，去發掘潛意識中的種種意象，尤其是夢中出現的人物，時常能協助我們探索自己與他人相處的關係樣貌。

2. 繪製曼陀羅

榮格在第一次世界大戰快結束時，從解析曼陀羅（註二）圖相中，對人類心靈有更深遠的認識。如果你是個喜歡繪畫、藝術創作的人，可以開始練習繪製曼陀羅，在坊間也有曼陀羅的著色本，鼓勵大家用上色的方式，去連結自己的潛意識狀態。

曼陀羅

有些靈性傳承的儀式裡，會以蠟燭、花瓣與礦石排成曼陀羅陣，以此連結潛意識智慧或神靈的力量，也有些療癒師會以美麗的牌卡擺放成曼陀羅的樣子，並在牌卡的圍繞下靜心冥想，這個方式會有助於你用身體及情緒感受去經驗心靈的豐富。

3. 自由書寫

自由書寫是一套在世界各國流傳數十年的自我療癒方式，有意識的使用時，將可以幫助我們深入個人潛意識的世界，如同榮格會透過積極想像自發性地遇見心靈世界中的眾多人物，在我們專注而流暢的書寫中，也可能會自發性的感受到原型意象流入。

我撰寫碩士論文初稿的方式便是自由書寫，曾經在深入書寫重要個人生命事件時，自發性的出現內在孩童、智慧老人與陰影原型意象，潛意識透過這些意象傳遞它們所要「訴說」的訊息給我，帶給當時的我很大的啟發與震撼，也幫助我突破古老的生命創傷與困境。如果想要知道具體的做法，或是想要閱讀相關書籍，可以自行Google「自由書寫」，你將會找到非常豐富的資料。

4. 閱讀相關書籍並與同好交流

榮格理論博大精深，坊間書籍所提供的知識深淺不一，加上榮格本人的文字經常帶有矛盾的特性，因此很需要跟其他有研究的朋友們交流，會比較容易釐清自己閱讀時的困惑。在本書附錄我羅列了這十年來，曾經閱讀或與同儕交流過的書籍，提供你當成延伸的閱讀書單，在此也感謝好友陳宏儒心理師大方分享，提供他長年經營的榮格臉書社團，如果你期待可以跟喜歡榮格、投射性圖卡的同好有更多交流，可以參考本書後面所列出來的社團清單。

5. 增加對神話人物的認識

若要豐富對原型卡的理解，除了熟悉榮格理論之外，你還可以在書單裡增加喬瑟夫．坎伯（Joseph Campbell）的著作，他受到榮格的影響，畢生研究神話故事，致力於將神話中的心靈意象實踐於現實生活裡，他的作品可以增加我們對原型意象進行自由聯想時的深度與廣度。

原型雖然存在於集體潛意識中，無法被我們直接發現與經驗，卻可以透過閱讀神話故事，直接喚起我們心中深藏的情感（情結），進而觸及原型的世界。例如在大地女神迪米特的女兒波瑟芬妮，遭受冥王強行擄走，成為冥府之后的故事裡，如果我們願意跳脫世俗男性強暴女性的理解方式，選擇用潛意識的眼光來看待這則神話故事，那麼我們將會理解，過於天真純淨並受到過度保護的女孩，可能需要藉由現實嚴苛的考驗，才能脫離天真

註二：
曼陀羅（Mandala）原意為圓形，意譯則有「壇」、「聖圓」、「中心」、「聚集」等稱呼，其圖像的特徵是具有一個中心點，然後往四面八方展開，多數時候這些圖像都具有對稱的美感。有些靈性工作者會藉由繪製曼陀羅來靜心，或是以花、樹葉、礦石及蠟燭排列成曼陀羅的形狀，來進行靜默祈禱的儀式，過程中通常會引發與神聖（Holy）有關的情感，或啟動特定身體部位的感受。

的心態，蛻變成為可以自我保護並對生命懷有智慧的女人，對〈母親〉與〈少女〉這兩張原型卡也會有更豐富的詮釋。

6. 多看影劇作品

學習原型卡有個很棒的地方，在於每一張圖卡都以人物形象呈現，因此我們可以很容易從偶像劇、電影、漫畫或小說裡的人物身上，看見原型卡中所描述的人格特質與形象，例如在知名電影《黑魔女》中的女主角梅菲瑟身上，我們清楚看到〈皇后〉與〈母親〉這兩張原型卡的混合，她對女兒的過度保護，也可以迅速幫助我們再次複習大地女神迪米特與女兒波瑟芬妮的關係，並且深刻感受到過度的陰性力量如何使人窒息，並妨礙女性發展獨立自主的力量。

7. 勤加練習

所有學習最重要的都是練習、練習、再練習，並且願意在運用後，針對過程進行省思與討論。在這過程中，有困惑與挫折的心態都是正常的，當我們願意謙卑的從當事人身上，學習如何細膩與深入的看待人性，並且檢視自己的信念，最後可能會發現，所有的練習都會化為豐饒養分，幫助我們完整自己的生命，開創越來越自由的人生。

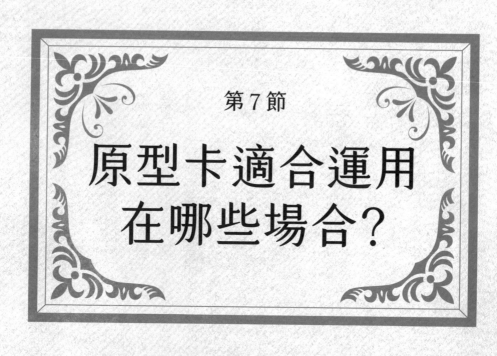

第7節

原型卡適合運用在哪些場合？

根據我多年來的實務經驗與觀察，只要具有基本對話、情感投射與思考能力的人，都屬於原型卡的適用年齡層，以下我分享幾個不同的應用場域，提供相關領域的人參考：

1. 國高中輔導室

對於不是那麼願意開口表達，或是心中容易彆扭而不容易訴說自身情況的青少年來說，原型卡具有很好的投射作用，青少年對於圖卡上的人物所產生的情緒或聯想，也有助於輔導老師理解他的內在世界，加上青少年普遍對於「抽牌」有濃厚興趣，拿出原型卡可以作為暖身跟建立關係的好素材。

正因為青少年看到圖卡時，多半會抱持著想預測未來的心態，習慣去問未來是否會發生自己期待的結果，或預測跟他人有關的問題，例如「我這次考試成績會如何？」、「我喜歡的人也喜歡我嗎？」，對於熟悉晤談技巧的輔導老師們，不只可以巧妙地避免落入算命師的角色，又能藉由引發他們自我探索的興趣，進而運用原型卡陪伴他們度過這些徬徨的時刻。

2. 大專院校諮商中心

在科技大學或技職體系的學校中，許多學生會帶著生涯發展的議題來尋求諮詢服務，透過對原型卡的投射，搭配生涯卡或其他職涯工具，可以讓互動時更為生動與活潑，也可以收集到更細膩的心理資訊。

心靈原型卡特別適合用在大專院校裡舉辦與人際、親密關係主題有關的工作坊，學員們可以藉由原型卡更瞭解自己的內在特質，也可以藉由與他人之間的對照，看見自己在人際互動上的特色，此外，也可以透過原型卡引導大學生們進行隱喻故事的敘說，從故事中找回自己的力量。

3. 心理諮詢場域

在實務上，偏向問題解決的單次心理諮詢，會是比較能發揮原型卡功能的場域，如果是運用在心理諮商的過程裡，應盡可能以當事人投射為主，減少由心理師主動解讀牌卡資訊。因為在心理諮商中，運用塔羅牌、原型卡、天使卡這類需要心理師進行牌意解釋的素材，有時可能會延伸出其他問題。

心理諮商的哲學觀是啟動當事人內在的療癒力量，而非直接告訴當事人怎麼做比較恰當，當心理師主動提供牌卡資訊時，容易讓心理狀態比較虛弱的當事人，不自覺投射理想父母或上師形象，無形中造成當事人對心理師的依賴與崇拜，進而促使心理師被迫承擔替當事人解決問題的責任。

因此運用帶有投射性質的訴說，讓當事人可以透過原型卡的圖像，激發出內心潛意識的素材，是跟心理諮商結合時，比較適合的做法。

4. 身心靈療癒與命理占卜

許多身心靈療癒方法都可以跟原型卡進行搭配，增加資訊的豐富性，或彌補原有方式的不足：

(1) 與其他牌卡結合

無論是與具有占卜性質的塔羅牌、提供正向指引的天使卡及彩虹卡，或是同樣具有投射性質的OH卡，都可以運用原型卡做出很好的搭配，拓展命理占卜或心靈探索的深度與廣度。

(2) 家族系統排列

家族系統排列是由海寧格所創立的療癒技術，非常適合探索關係議題，例如我們與家人的關係、與伴侶或子女的關係、與個人內在的關係，甚至是我們與金錢、工作或房子的關係。傳統的排列技巧需要由真人擔任代表，在一個設定好的場域裡進行，透過真人代表在場域中的移動、身體動作、眼神以及提供的訊息，讓排列師可以引導當事人療癒生命課題。

海寧格的機構很早就發展出以專用人偶代替真人的排列方式，好解決人數不足或缺乏夠大空間場域的問題，原型卡原本就很適合探索關係議題，其性質也很適合結合排列技巧，協助當事人探索各式各樣的關係議題。

(3) 蛻變遊戲

蛻變遊戲是40多年來，風靡超過40個國家的一套多功能探索工具，透過類似大富翁擲骰子的方式，在不同的方格間移動，並根據方格指示來模擬真實的人生挑戰與轉化歷程。

這套工具粗分成兩種不同的版本：家用同樂會，以及需要由經過授權的專業帶領教練所執行的工作坊版本，專業工作坊又各自按照人數或場域分化出不同的版本。我在帶領專業工作坊時，有時會在剛開始的時候以原型卡協助成員連結自己心中的力量，或是在結束前以原型卡讓成員可以帶走一份心靈的禮物，將蛻變遊戲的精髓襯托出來。

(4) 占星學探索

有許多認真的命理師、心理師與占星諮詢師，將原型卡與占星學結合，我的學生中有人為此設計出英雄之旅的課程，將原型卡當成故事敘說中的媒材，結合星盤，引導學員進行心理素材的創作，開創了在圖卡解讀之外另一種有趣的探索方式。

5. 潛意識引導

催眠是透過引導當事人進入深刻感官經驗，好充分探索潛意識的一種技術，我常會邀請學員「進入」原型卡裡，成為圖像中的人物角色，運用這個人的眼睛去看、透過這個人的耳朵去聽，感受自己將會採取什麼行動，這種引導往往會帶出意想不到的發展，豐富諮詢的過程。

第2章

神聖契約盤

第1節

什麼是神聖契約盤

根據凱洛琳・密思的解釋，神聖契約（Sacred Contract）是我們與生俱來的靈魂協議，協助我們學習與發展特定的議題與智慧，幫助我們從集體潛意識中汲取十二原型的智慧與力量，她以十二天宮圖為基礎，發展出時間之輪、時機之輪及宇宙之輪三個輪盤的牌陣。按照密思原本的設計，神聖契約盤共有三圈，每一圈會有12張原型卡，時機之輪與時間之輪的原型卡皆由我們自行挑選，宇宙之輪則以蓋牌抽取的方式進行。

在第一圈時間之輪裡，揭露12個在生活中最貼近我們的原型，第二圈時機之輪所揭露的12個原型，則象徵特定情境裡才會出現的生命經驗，例如在時間之輪裡，若你挑選了〈母親〉這張原型卡，則意謂著你在現實生活中確實具有母親的角色，如果這張原型卡出現在時機之輪，則可能你具有濃厚的母性特質，但並未具有生育、哺乳等經驗。在第三圈宇宙之輪中，則揭露12個在潛意識裡蘊含的心靈潛能。

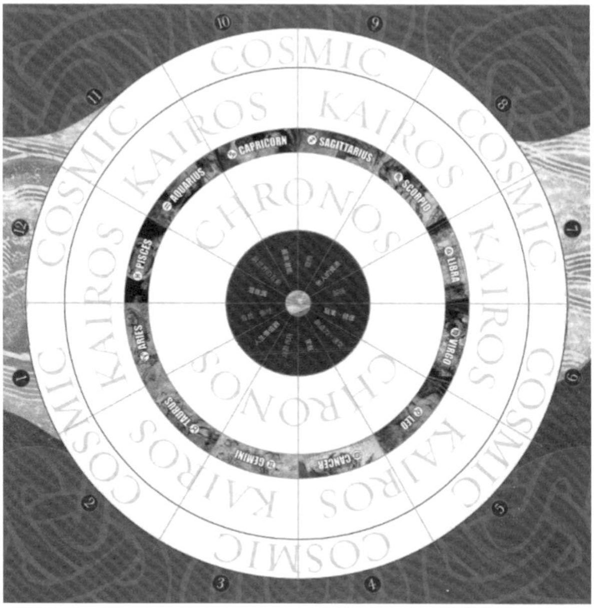

根據我多年的使用經驗，凱洛琳．密思的操作方式具有深入探討生命經驗的優點，缺點則是需要耗費大量時間，同時需要你對每張原型卡具有足夠的認識，否則將無法真實反映出你的內在狀態，甚至造成混淆與困惑，因此我將三圈的內涵整合後，留下十二宮位的架構，並結合占星學與心理學知識，幫助你可以在有限時間裡進行探索，並獲得有意義的心靈資訊。

此外，神聖契約這幾個字，很容易讓人聯想到交易、不可毀壞等較為強硬的字眼，不少學員表示這會讓他們感受到束縛與限制，其實透過盤面探索出來的資訊，我認為都是很有彈性的，而且重點應該擺在原型卡與你個人生命經驗有所呼應的地方，而不只是單純照著這本書或牌卡文字進行解釋，否則我們就只是台「牌卡解釋機器」而已。

你不妨可以將神聖契約看成是靈魂投胎來地球前，替自己設定好的生命功課，這些功課可能是愛、慈悲、付出、接納、真實……等人類共有的心靈特質，我們如何經驗這些特質，或需要用什麼方式來學習，宇宙給予我們很大的彈性。

如果你比較喜歡心理學的解釋方法，可以將神聖契約盤看成是潛意識裡的共時性訊息，藉由你的直覺所抽出來的12張原型卡，各自提供了潛意識的邀請與祝福，無論是哪一種解釋方式，我認為神聖契約的內容都會隨著生命成長而有所不同，這或許會讓你感受到更大的自由。

我適合多久進行一次神聖契約盤解讀？

在實務應用上，我習慣根據生命成長速度來決定多久排盤一次，如果是習慣每天留些時間自我覺察，經常接觸成長知識甚至會定期接受療癒服務的人，3至6個月排一次盤會很適合，讓自己可以迅速調整順流頻率，安排生命中各項事務的優先順序；對大多數人來說，可能一年排盤一次即可，尤其適合在年末或年初的時候進行，你可以將排盤當成替未來一年的生活提早做好準備。

抽牌時需要按照特定的方法或儀式嗎？

你可能會聽說抽牌前有些儀式需要進行，例如燒鼠尾草、靜心、冥想、切牌、擺放水晶、呼請高靈等等，這些儀式都可能帶來幫助，但我認為這些儀式跟「靈」並無太大關係，而是源自於下列幾個要素：

1. 幫助你集中注意力

儀式多半具有手勢、流程，或是需要吟誦特定咒語，這些重複且單調的活動，不只能夠協助我們清空思緒，也可以幫助我們將注意力集中在內心世界，因而更容易啟動直覺靈感。

2. 清空意識，連結潛意識

單調且固定的活動，有助於引發進入類似催眠的恍惚狀態，允許潛意識自由浮現，除此之外，還可以協助我們在解讀牌卡時，更加靠近自己的心，因而更容易接收潛意識訊息。

3. 自我暗示

如果你在抽取與解讀原型卡時，可以建立一套屬於自己的流程，那麼每當進行這套儀式時，就可以迅速啟動所有過去的經驗，進入解讀的心流裡，這就像是運動員們經常會有自己的小動作或儀式，幫助自己迅速切換為競賽模式，好好發揮潛能，我們也可以有自己熟悉的儀式，藉由儀式感強化自己的直覺，並藉由自我暗示切換到更有覺察力的狀態裡。

4. 與集體潛意識連結

許多療癒師與占卜師，之所以會焚燒特定草藥，或是擺放特定礦石、吟誦特殊咒語，是因為這是前人們所流傳下來的有效方法。儀式所能帶來的效果，取決於儀式裡蘊藏多少象徵意涵，而越常被前人使用並具有特殊意義的儀式，使用起來就越可以幫助我們，在獨特的動作與聲音裡，與集體潛意識取得連結，因為這些儀式本身通常帶有原型意象的特徵。

簡單來說，儀式是透過我們主動參與其中，將理智、情感、直覺與五感，以最和諧的方式整合在一起，進而創造出意識與潛意識之間的心靈通道，手勢、吟唱、冥想、呼吸、舞蹈、焚香、祭壇、法器，都可作為儀式的一部分。藉由儀式，我們可以經驗超越自我的遼闊世界，而這些都有助於我們進行神聖契約盤的解讀時，增加對牌卡資訊的敏銳度與感受力。

我個人習慣在解讀前先進行歸於中心呼吸法，讓自己清空雜念，並專注連結集體潛意識的能量場域，接著洗牌與抽牌，即可完成神聖契約盤的布置。

運用神聖契約盤時的重要原則

1. 抱持開放心態

原型卡神聖契約盤的運用，與塔羅牌占卜有很大的不同，後者較強調事件預測與資訊分析，前者則專注在透過每一張原型卡，豐富我們對此刻生命的理解。潛意識的心靈世界相當複雜，當我們完成了神聖契約的探索後，也可能因為生命有了成長，而出現與當初盤面不同的課題與事件，因此你不妨將神聖契約盤解讀，當成全面觀照生命變化的工具，解讀盤面的意義時會覺得容易許多。

2. 明白牌卡資訊不等同於你的生命

神聖契約盤像是一張心靈地圖，終究無法取代我們每日的生活樣貌，因此在進行解讀時，請記得你的生命經驗才是主體，神聖契約盤只是反映出具有特徵的一部分，且所有的原型卡加總起來，仍然無法完全描繪出生命的細膩與複雜，因此當你運用神聖契約盤理解自己或旁人，除了精熟每張牌卡的意義外，心理學知識也是不可或缺的一環，尤其是替別人進行解讀時，更需要擴充自己的諮詢與會談技巧。

3. 以當事人權益為優先考量

如果你往後想提供神聖契約盤的服務，以當事人權益為優先考量，會是最重要的原則，除了維護個人隱私並替他保密，最重要的是明白自己在專業能力上的限制，每個療癒師都有自己擅長與不擅長的議題，如果發現當事人需要醫療或心理諮商的協助，請建議他尋求相關的專業協助，避免自行給予醫療建議，以免誤觸法律規範，讓原來的善意打了折扣。

第 2 節

十二宮位介紹

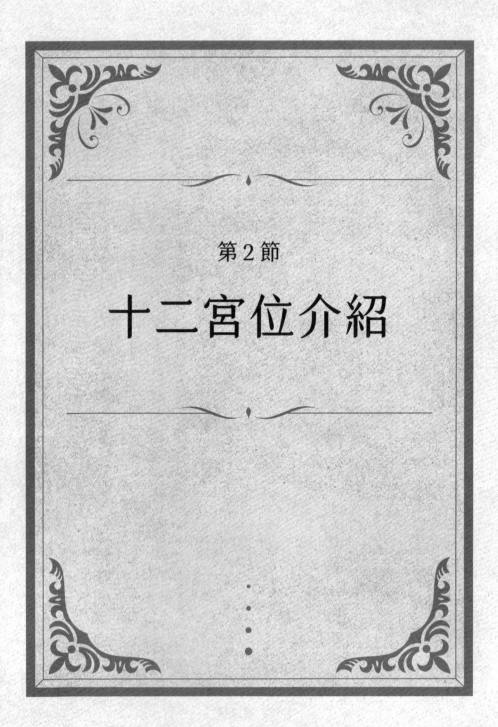

要能夠深入淺出地解讀神聖契約盤，最基礎的能力是充分認識十二宮位，進階能力則涵蓋你對於人心的理解深度，以及對於不同生命課題的熟悉度，因此你可以先扎實的認識十二宮位，將基礎打穩，然後慢慢透過實務練習與討論，增加你對神聖契約盤解讀的深度與廣度。

第一宮

別稱：命宮

關鍵字：性格、本能、我給人的第一印象、我怎麼看待自己

占星元素：牡羊座

空間隱喻：接待大廳

一宮裡的原型卡，反映出自我認同的來源

一宮像是建築物的接待大廳，走進去就可以立刻感受這棟建築的風格是什麼，在這裡所要探討的心理意義是我們的自我認同與定位，以榮格心理學來說，這是自我（Ego）或人格面具（Persona）的位置，在一宮裡所抽到的原型卡，將反映出在這段時間裡，我們認為自己是誰、最習慣用什麼方式來看待自己。

自我（Ego）根源於嬰兒時期，當我們剛誕生到這個世界上才剛一兩月時，還無法分清楚自己與母親之間的明顯區別，於是將母親的乳房視為自己的一部分，我們以為自己無所不能，只要餓了冷了就立刻可以獲得滿足，在這個初生的時刻裡，「我」就是這整個世界，這種自我中心的態度，如同自我（Ego）自視為讓生活得以維持運轉的重要區域，卻完全忽略完整心靈中的其他區域。

自我與人格面具息息相關，榮格形容人格面具（Persona）是我們在社交生活裡所展現出來的面貌，就像是面具一樣修飾並隱藏我們真正的模樣，好讓他人喜歡我們，並維繫日常生活的運轉，人格面具會強化自我，並加深我們對自己的認同，然而當人格面具過於堅固，就會阻礙潛意識的自然流動，並將我們困在僵化的生活裡。就好像接待大廳認為自己是整棟建築唯一的主角時，其他房間的功能將會嚴重受阻。

簡單來說，一宮是神聖契約盤的起始點，我們可以透過這個宮位裡的原型卡，瞭解當事人的性格是什麼，或是他在最近的自我認同是什麼樣子，又或是他帶給旁人的第一印象會是什麼，這會是我們認識他的起點，也是踏出自我探索的第一步。

怎麼解讀一宮裡的原型卡：

一宮裡的原型卡決定了接待大廳的屬性，走進去時櫃檯服務人員向我們問候嗎（僕人）？還是需要按鈴，等候多時才有人不情願地打開通往內室的門（反叛者）？裝潢看起來是樸實無華的素色油漆（僧侶），還是擺放著高貴的花瓶與瓷器（富翁）？大廳播放的是氣質典雅的貝多芬（藝術家），又或者是寂靜無聲到連一根針掉在地上都可以聽見呢（隱士）？角落擺放著的沙發椅柔軟舒適嗎（享樂主義者）？或是你需要爬上長長的迴旋樓梯後，才能通往主要房間（神）？

舉例來說，如果我們在一宮抽到〈僕人〉，如果往光明面向解讀，或許意謂著這段時間裡，我們將自己定位在服務者的角色裡，或是樂於服務他人的特質，是目前生活中的主要重心，如果視為對陰影屬性的影響，則可能是潛意識提醒我們是否把別人看得太重要了，於是忘記好好服務自己？

從我們對這張原型卡的感受，揭露出我們與自己的關係如何？如果這個特質占據了生活中大多數的時間，或許有過度認同這個原型特質的可能，如果有些討厭，或許我們很想否認自己擁有這樣的特徵。有時候我們可能渴望擁有這份特質，卻在發展自我的過程中受到了阻礙，當我們可以藉由原型卡來貼近最近的自己，就開啟了自我探索的起點，踏上通往潛意識的旅程。

第二宮

別稱：財帛宮
關鍵字：價值觀、財富、我認為什麼是有價值的、我喜歡什麼
占星元素：金牛座
空間隱喻：銀行

二宮裡的原型卡，揭露出我們的價值觀

二宮就像是掌握存款的銀行一樣，與我們的金錢議題息息相關，透過這個宮位裡的原型卡，我們可以知道自己與金錢的關係如何，全部都存起來嗎？又或者總是月光族？從中可以觀察我們喜歡將錢花在什麼地方，會如何將錢留在身邊，又如何獲得生活所需。

我們如何運用手邊的錢，不只反映出物質層次的議題，也反映出我們內心的價值喜好，因為我們之所以願意付錢購買某樣商品或服務，要不就是認為這個服務對自己有幫助，又或許是因為喜歡這個商品。我們可以在自己的住處晃一圈，看看投注最多金錢的是哪些東西，這必然就是自己覺得最有價值、最感到興趣的地方。因此二宮不只揭露了金錢議題，也有助於我們探索「什麼是有價值的」的心靈層次。

二宮讓我們明白物質與心靈層次是一體兩面的事情，當我們還是小嬰兒的時候，最直接認識世界的方法，就是透過咬、嚐、走、爬與觸碰，慢慢發現自己喜歡什麼、討厭什麼，從中漸漸建立起自己的喜好，等到我們長大了，不再需要運用這麼原始的方式來瞭解環境，金錢成了我們雙手雙腳的延伸物，透過購買，我們建立起自己人生裡的價值偏好，並且不斷將心力投注在這些活動上。

怎麼解讀二宮裡的原型卡：

二宮裡的原型卡，決定了銀行的屬性，以及我們怎麼運用心靈世界裡的銀行。在金庫裡存放著大量黃金嗎（富翁），又或者是堆滿了從他人那裡索取來的物品（乞丐）？又或許在裡面存放的不是錢，而是美酒與上好質料的衣服（享樂主義者），也可能會是各種可以帶來撫慰與滋養的物品（母親），甚至這間銀行裡專門存放聖經（司祭）或健身器材（運動家）！

如果在二宮抽到〈享樂主義者〉，可能是我們最近習慣將金錢投注在那些讓自己覺得可以充滿享受的事物上，或許是休閒娛樂，也可能是花多一點錢吃好料，我們或許相信著「金錢都會變成自己喜歡的形狀回來」，覺得賺錢的目的就是讓自己開心過日子，消費是投資自己最好的方式，同時也可能是潛意識正提醒我們留心縱欲過度，需要有所節制。

我們對二宮裡的原型卡所抱持的感覺，反映出自己對於金錢抱持何種信念，同時也讓我們更加瞭解自己對於哪些事情帶有好感，哪些則可能引發厭惡感，二宮就像是一宮的延伸，讓我們在自我探索的旅途上跨出第二步，也將注意力焦點從自我移動到環境裡。

第三宮

別稱：兄弟宮
關鍵字：心智模式、溝通、我在想什麼、我怎麼表達自己
占星元素：雙子座
空間隱喻：網路聊天室

透過三宮的原型卡，你更知道自己最近在想什麼

三宮就像是一個大型網路聊天室，裡面充斥著各式各樣的訊息，我們可以自由選擇要跟哪些人互動，聊些什麼，或是探聽哪些消息，當然我們也可以默默當個潛水者，旁觀大家熱烈的討論而不參與其中。三宮向我們揭露的會是與人溝通交流的態度，以及我們思考事情的方式，當我們與人交談時，會選擇用什麼樣的方式呈現自己。

我們內心的想法瞬息萬變，就像是一場來去自如的風，經常下一秒跟上一秒的想法就截然不同，透過這個宮位的原型卡，我們可以對自己的信念系統有更多的認識。如果說在二宮的時候，我們是藉由具體的視覺聽覺或觸覺，直接感受到對環境的喜好，三宮探討的

主題將會集中在抽象的想法上，像是「我在想什麼」、「我如何理解這件事」或是「我如何認識世界」。

思考賦予人們彼此不同的獨特性，此時我們已經不是那個誤以為自己是全世界中心的嬰兒了，透過跟朋友交談，我們知道有些人跟自己具有相似的想法，有些人則與我們南轅北轍，當我們與旁人展開溝通時，就正在透過思想交流，區分自己與他人的不同，並且試圖找到讓彼此可以好好相處的方式，我們的思考越有彈性，就越能夠與不同的人和諧共處，也就越容易建立良好的人際社交關係，這些都是三宮所要探討的主題：信念、思考、溝通表達與人際關係。

值得一提的是，就像是每一個登入網路聊天室的ID，彼此之間的關係都是平等的，三宮裡所探討的人際關係，主要集中在平輩與手足上，也可以延伸到職場上的同事互動，如果想知道自己與權威的關係，則可能需要參考第四或第十宮。

怎麼解讀三宮裡的原型卡：

三宮裡的原型卡定調了我們在網路聊天室裡的參與方式，或許我們從頭到尾都不出聲（隱士），也可能我們是聊天室中的明星寵兒（唐璜），又或許是大家眼中的開心果（小丑），當然我們的ID可能讓眾人避之唯恐不及（霸凌者），也可能是眾人討拍的對象（母親），甚至是這個聊天室的心靈導師（指引者）。

實務上當在三宮裡抽到〈小丑〉的時候，意謂著我們擅長散播歡樂給身旁的人，這讓大家都能感染到樂觀與喜悅的氣氛，我們良好的人際關係或許正是建立在良好的幽默感上，同時原型卡可能也正提醒我們觀察一下，在歡笑的背後是否隱藏了不愉快的心情，樂觀與幽默或許是我們在人際關係裡的保護色，好讓別人無法深入內心碰觸到自己脆弱的地方。

在三宮裡的原型卡，反映出我們的想法與溝通表達模式，並將我們帶到心靈旅途中更遙遠的彼方，思考、分析與邏輯判斷，讓我們從有形物質的探索進展到抽象心靈的瞭解，開啟我們對世界更豐富的認識。

第四宮

別稱：田宅宮

關鍵字：原生家庭、安全感、童年經驗、什麼讓我感覺安全舒適

占星元素：巨蟹座

空間隱喻：家

從四宮原型卡意涵，我們深入瞭解自己的安全感來源

四宮就像是溫暖舒適的家，讓我們感到放鬆與安心，在這個完全屬於自己的空間裡，我們愛做什麼就做什麼，從家中擺設可以瞭解關於主人的許多事情，在四宮裡的原型卡，不只讓我們明白哪些事物會讓自己感覺安心，更能探索原生家庭對自己的影響。

四宮在占星學裡剛好處於天底的位置，若想像在十二宮位之間有一棵大樹生長著，那麼樹根恰好位於四宮所在的位置，天底象徵根源，而我們生命根源皆來自於「家」。家象徵著會讓自己感到安心的地方，也是我們最能做自己的地方，因此透過原型卡的內容，我們可以知道自己放鬆下來時會是什麼模樣。

當我們發展出自己的人際關係後，下一步便是建立自己的舒適圈，讓自己過得舒服自在。當我們還是孩子的時候，安全感來源就是父母親，他們可說是對我們這輩子影響最為深遠的人，也是奠定安全感的重要基礎。

在四宮我們得以理解父母親帶來的影響，更精確的說法會是：原型卡揭露我們心中認定父母親所帶來的影響。當我們仍是孩童時，對世界與旁人的認識，往往帶有自我中心的成分，即使父母自認為對待每個孩子都一視同仁，仍可能會有其中一位孩子覺得父母偏愛手足，進而感到自卑、失落與憤怒。藉由四宮裡的原型卡，我們得以重新檢視心中的父母形象，以及我們對「家」的渴望，有哪些地方受到他們的影響，當我們開始想創造屬於自己的家庭時，這個家的樣貌會是什麼。

怎麼解讀四宮裡的原型卡：

四宮裡的原型卡決定了這個家看起來是什麼風格，掛滿青春圖樣的T恤（永恆孩童），或是充滿寂寞的氣息（孤兒孩童）？充滿同伴的歡笑聲（友伴）或總是充滿隆隆的戰鼓聲（戰士）？在架子上擺放一本本百科全書（教師），又或者四處堆滿隨時會爆炸的不明物品（毀滅者）？

在進行解讀時，如果我們在四宮抽到〈少女〉這張原型卡，很可能意謂著父母親帶有純粹而理想化的性格，也可能是在我們眼中，父母的教養態度可能會過度保護，使自己成為脆弱而缺乏力量的人，只能等待他人來拯救，又或許平常我們將內心的柔弱隱藏得很好，唯有真正放鬆下來時，才會展現出這一面的性格。

比較特別的是，如果在第四宮剛好抽到〈父親〉或〈母親〉的原型卡，那麼我們可能會有必要好好檢視自己與父母親的關係，此外由於現代社會變遷，隔代教養、收養、託養等狀況越來越多，因此父母親也可以替換成主要照顧者，例如爺爺奶奶或養父母。

無論如何，四宮裡的原型卡都可以幫助我們瞭解原生家庭的諸多線索，以及我們習慣將自己的舒適圈打造成什麼樣子。

第五宮

別稱：子女宮
關鍵字：生活創意、玩樂、浪漫愛、內在孩童、我最有熱情的是什麼
占星元素：獅子座
空間隱喻：遊樂場

透過五宮的原型卡，我們挖掘浪漫與熱情之所在

五宮像是一個巨大的遊樂場，裡面充滿讓我們樂此不疲的設施，透過觀察這些設備的特徵，我們可以得知最能激發我們興趣的事物會是什麼，哪些事情最能引發我們的活力。

在第四宮我們已經建立起自己的舒適圈，從第五宮開始，我們準備好要來發展自己的獨特性與魅力，並將滿滿的活力用在最能引發樂趣的活動上，當我們在進行這些活動時，將會回到童年時期無憂無慮的玩耍時光中，享受單純的快樂。

當我們投入最感到熱情的活動時，往往是最有創造力的時刻，我們將能重新與自己的內在孩童連上線，運用新奇的眼光看待世界。孩童是天底下最有靈感與創意的生物，他們可以幻想沙發間有炙熱岩漿流過，也可以將玩偶視為活生生的動物，甚至憑空想像出雲朵上的奇幻世界，藉由五宮的原型卡，可以檢視我們與內心創造力以及內在孩童的關係。

戀愛，尤其是充滿粉紅泡泡的浪漫愛，同樣可以激發出成年的我們滿滿童心與創造力，我們從情人的甜蜜話語裡，感受自己的魅力，更會為了吸引情人目光，展現出自己最有趣的一面，浪漫愛帶給我們十足活力，激發出潛意識裡豐沛的創造力，這也是五宮所要探討的議題。

總歸來說，五宮幫助我們瞭解從哪些活動最能享受玩耍的樂趣，如何喚起創造力的泉源與童心，並讓我們認識戀愛中的自我形象，以及我們可以透過什麼樣的方式燃起熱情。

怎麼解讀五宮裡的原型卡：

透過觀察這座大型遊樂場中的設施，我們可以進一步瞭解自己在這個宮位裡的屬性。也許這是一座充滿吃角子老虎機台的賭場（賭徒），又或者充斥著一台台啤酒機，每當杯子空了就立刻補上滿滿泡沫的生啤（上癮者），又或許這座遊樂場空空的，所有引人遐想的物品都被清空（僧侶），也可能這座遊樂場巨大到一輩子都逛不完（拓荒者），在這裡我們認識自己喜歡玩些什麼，又用什麼樣的方式玩耍，而在愛情遊戲中，我們將會扮演什麼角色。

在實務解讀裡，當我們在五宮抽到〈神聖孩童〉這張原型卡時，意謂著對我們來說最具有吸引力的活動，即是能夠引發內心純真的活動，我們享受著與人相處的時光，帶著天真的心給予支持，從我們眼中看出去的世界充滿美善，若能有機會與人分享這樣的感受，將會讓生活洋溢著喜悅與興奮。同時這張原型卡可能也暗示著對於心懷不軌的人需要提高警覺，以免被有心人士利用，或是被愛沖昏了頭因而在感情裡受傷。

另一種解釋方式，則是我們容易受到內心純真的人所吸引，一方面被他們心中純淨的療癒力挑起興趣，另一方面也激起了想要保護他們的欲望。在五宮裡的原型卡，在人際關係特別是戀愛的情境中，可能象徵著自身形象，也可能描繪出具有吸引力的對象，在我們心中是什麼模樣。

第六宮

別稱：奴僕宮
關鍵字：身心連結、工作習慣、健康、我做什麼會讓他人開心
占星元素：處女座
空間隱喻：辦公室

從六宮的原型卡，找到你服務別人的方式

六宮像是一個辦公空間，待在裡頭處理的都是與工作事業有關的內容，每個人所喜歡的工作方式不太一樣，這個宮位由處女座掌管，處女座樂於服務他人的特質，可被視為工作的象徵性延伸，因為若仔細檢視我們的工作，會發現其本質是透過我們提供他人的服務，賺取生活所需的金錢，是工作讓我們與他人緊密連結在一起，讓自己取得社會角色的位置。

處女座也象徵著身心連結，工作是整合我們內在想法與外在行動的方式，對人抱持信任與好奇的人，習慣選擇能夠大量與人接觸的職業，例如業務員或傳播媒體業，反過來說想要迴避不必要社交場合的人，則可能會選擇像是心理師或工程師，職場工作的狀態是六宮最直接對應到的議題。

健康也與身心狀態有密切的關係，近年來的身心醫學都顯示出，心理狀態會影響身體功能，例如高血壓、皮膚過敏都與情緒壓力有關，反過來身體情況也會影響心理功能，例如老人常會因為身體機能下降而陷入慢性憂鬱，雖然在解讀實務裡並不常見，但偶爾我們還是可以從六宮的原型卡裡，看見與健康有關的議題。

在第六宮裡，我們的注意力焦點從五宮的自我歡愉，轉為關注他人的感受與興趣，服務他人正是讓他人感到開心的方式，因為我們得以貢獻自己的能力，讓他人的生活更順利。六宮可以視為從個人發展轉向到認識世界的橋樑，因為在十二宮位中，六宮既是個人內在世界的最後一個宮位，也是對應外在世界的開始，至此我們的心靈旅程已經走了一半，接下來將會進入更加遼闊深邃的領域。

怎麼解讀六宮裡的原型卡：

如果六宮是我們的辦公室，從裡面的裝潢擺設將可透露出自己在工作上的狀態，在這裡面每個檔案都分門別類放好以便隨時查找（書記），或是默默在角落加裝了監視器（偵探）？辦公室裡放滿生意盎然的盆栽並有可以透氣的窗戶（自然孩童），還是擺滿了標新立異的裝飾品，甚至把辦公室蓋在大樹頂端（反叛者）？在牆面上清一色畢卡索的大作（藝術家），還是整個空間裡只有必要的機能性器具（工程師）？

從六宮的原型卡裡，可以觀察到我們如何選擇自己所投入的職業，也可以檢視我們最近的工作狀態，或是我們渴望提供他人什麼樣的服務方式。舉例來說，當第六宮出現〈偵探〉這張原型卡，表示我們在職場中可能非常善於察言觀色、明察秋毫，他人任何的小動作都逃不過自己的法眼，甚至我們選擇的職業本身就需要具有敏銳的觀察力，像是心理師與醫生。反過來說，也可能潛意識提醒我們需要留意工作上的界線劃分，或許為了保住飯碗，我們不自覺透過話語去刺探他人隱私，設法抓住對方的把柄，好讓自己在辦公室的地位不受威脅。

有時候當事人可能期待我們運用六宮的原型卡，替他們的健康進行「診斷」，如果他罹患重大疾病，像是癌症、罕見疾病，或是心理疾病例如憂鬱症與恐慌症，請建議他們尋求相關專業的協助，以免耽誤治療時機。

第七宮

別稱：夫妻宮

關鍵字：深刻關係、婚姻、我們是誰

占星元素：天秤座

空間隱喻：臥房

從七宮裡的原型卡，我們得以認識關係中的自己

走過一到六宮，從第七宮開始，我們正式進入與他人有關的宮位，七宮像是臥房，當走進房子時，我們不可能一眼窺見臥房的擺設，甚至只有最親密的人才有資格走進來，我們最私密的模樣，可能也只有身處在臥房時才會顯露出來，七宮探討的正是我們在婚姻（或是長期穩定的親密關係）中的模樣。

從心理學來說，我們往往在伴侶身上看見自己所缺乏的特質，我們先是受到這份特質吸引，為了獲得對方關注而展現出內心最美好的一面，然而當激情褪去，伴侶之間經常會因為相異之處互相踩到對方的腳，進而激發出彼此心中的不安、脆弱與痛苦，於是我們可

能會做出平時獨處或在社交場合中，不會展現出來的模樣。從這角度來看，親密關係是一趟透過與另一個人相遇，進而完整自己的過程，我們最好與最壞的一面，在這段關係中都將無所遁形。

七宮在占星學中常被稱為「公開的敵人」，在這一場場私密之戰裡，原來吸引我們的特質，經常莫名的變成折磨的來源，例如在理性可靠的外表下，藏著冷漠與疏離，而熱情活潑的個性則在關係裡慢慢變成黏人與不安。然而在多數的婚姻衝突裡，吵的從來就不只是柴米油鹽醬醋茶，更是透過爭執來捍衛自己所相信的價值，期待對方為自己改變，無須放棄自己原本所熟悉的特質與習慣，以此要求對方證明自己真的值得被愛。

七宮揭露出我們在親密關係中會是什麼模樣，或者是想要選擇什麼樣的人走入婚姻，就像是臥房擺設與潛意識裡對親密與舒適的渴望息息相關，在這個宮位我們得以瞭解自己在關係裡的渴望。此外，婚姻在現代社會屬於「契約關係」，訂立契約意謂著雙方將依循彼此同意的規則進行互動，因此七宮也幫助我們檢視與自己在契約關係中的互動模式。

怎麼解讀七宮裡的原型卡：

七宮裡的原型卡揭露出私密住處的樣貌，或許這是一個掛著紅色布幔的美麗房間，卻在裡面住了一隻伺機而動的黑寡婦，等著不知情的人上門（蛇蠍美人），或是瀰漫著鼠尾草的煙霧，空間傳來陣陣非洲鼓的規律拍打聲，讓人感受到神聖的氛圍，卸下心房突破心魔（驅魔師），這個臥房可能貼了一張大大的誓言：「親愛的我們永不分離」，旁邊還有主人的親手簽名與飛吻（騎士），又或者是光線昏暗，讓人一走進去莫名感到頭昏眼花，說不出來的疲倦（吸血鬼），甚至牆面上可能貼滿社會新聞，還有一台收音機正調到警方頻道，因為主人隨時準備出動拯救世界（救世主）。

在實務解讀中，當七宮裡抽到〈騎士〉這張原型卡時，我們可能在親密關係裡有著忠貞不二的特質，非常願意為了守護另一半而做出任何事情，我們也可能對婚姻有著浪漫想像，並致力於實踐這份情感。此外潛意識可能也透過這張卡片邀請我們仔細看看，在「老婆（老公）說的都是對的」這句話底下，有多少可能是種盲從，只因為這個人是自己的伴侶，而無條件同意他所有的決定？

七宮裡的原型卡，幫助我們檢視自己在親密關係裡的樣子，這是自我探索中很珍貴的部分，多數時候外人沒有機會看見這一面，七宮的原型卡與伴侶像是一面鏡子，照映出我們內心較為深層的部分。

第八宮

別稱：災厄宮
關鍵字：壓抑事物、慾望、性、自我掌握、我們喜歡什麼
占星元素：天蠍座
空間隱喻：上鎖的密室

從八宮的原型卡，看見自己難以承認的慾望：

受到天蠍座掌管的八宮，像是一間上鎖的密室，裡面放著不少連我們自己可能都不太想要看見的東西，而在裡面存放的東西，反映出我們深層卻又難以承認的慾望。

如果說七宮展現的是我們在親密關係裡比較能夠覺察到的部分，那麼八宮呈現的就會是我們經常忽略甚至難以面對的心理層面，其中一塊會是與性有關的領域。性行為是伴侶間相當私密且親近的舉動，也最容易挑起我們內在尚未收拾好的混亂情感與本能衝動，因為在身體如此靠近的過程裡，我們勢必無法偽裝自己，平時努力壓抑的慾望，也很容易在這個時刻冒出來。

這或許是為何多數人提到跟性有關的話題時，總會感到尷尬與不安，甚至想要壓抑這股不知如何處理的感受。性行為的親密，讓我們需要卸下防備，與另一個人深層分享自己的脆弱與情感，在神聖契約盤中，性也象徵慾望，象徵著潛意識裡那些我們心知肚明，可能不被社會價值觀允許的念頭與喜好，也是我們容易因此感到羞愧與不自在的事物。

最後，性行為需要兩個人的共同參與，我們同時是付出的一方，也是接受的一方，因此在八宮裡的原型卡，也可以延伸解釋為我們從他人手中獲得資源的方式，當我們走入上鎖的密室，重新一一將堆放的物品整理好時，或許，會從中發現他人遺留給我們的贈禮。

怎麼解讀八宮裡的原型卡：

八宮裡的原型卡決定了上鎖的密室中放置著哪些物品，或許裡面有一箱箱的酒桶，讓人可以暢飲大醉一整個月（上癮者），也或許裡面放的是一個破爛的娃娃，那是陪伴我們度過童年創傷的療癒小物（受傷孩童），也可能密室中有數不清的權杖，中央還有一張黃金打造的寶座（國王），或是封存著一箱箱剪貼簿，裡面收集了親朋好友的流言蜚語（八卦者），任何物品都可能放在這個密室裡，像是荊軻刺秦王的那把匕首（烈士），甚至是鄰居家裡的貴重物品（小偷）。

在實務解讀中，如果八宮出現了〈烈士〉這張原型卡，有可能我們在面對親密關係的時候，潛意識深處一直有種犧牲奉獻的情懷，覺得只要能讓伴侶開心，再怎麼辛苦也是甜蜜的負荷，甚至可以為愛人付出一切所有，同時我們也可能因為如此，陷入自憐的心態裡，覺得自己只能用這種方式交換到對方的關注與疼惜。

更深一層來說，這種犧牲奉獻的心情，很可能是我們極力想要避免，卻又受到潛意識驅使而不自覺一再重複的模式。八宮揭露了性的象徵意涵，由此幫助我們檢視自己內在的慾望、壓抑的事物與感情模式，當我們願意接納這部分的自己，就能讓這趟心靈旅程走得更深更遠。

第九宮

別稱：遷移宮

關鍵字：高層意識、哲學、進修、我們怎麼理解世界

占星元素：射手座

空間隱喻：研究室

從九宮的原型卡裡，找到讓自己更好的方式

九宮猶如一間研究室，裡面堆放著我們覺得尚且不瞭解、有待研究的事物，九宮是串連八宮與十宮的重要樞紐，當我們在第八宮面對自己所壓抑的事物，連結他人釋出的資

源後，在邁向自身潛能所能抵達的最高點之前（這是十宮的主題），我們還需要設法補足自身所缺乏的能力，才能真正使潛能於頂點綻放。

隨著人生不斷發展，我們擁有一份工作、與人建立起穩定持久的親密關係，越是在生活中磨練，就越容易發現在這世界上，還有好多我們不知道、不熟悉的事物，這種不足的感受，化為驅動我們渴望探索世界的能量，讓我們的注意力從原先的自我中心裡釋放出來，更能從他人的角度來理解事情，就好像在做研究一樣，我們需要先擺脫先入為主的成見，才能真正從資料裡閱讀出線索與結論。

九宮揭示了在最近這段生活裡，我們適合往哪個領域繼續深造，不一定真的需要重新去念一個研究所，而是挑選我們所關心的議題，透過讀書、上課、自我療癒甚至是創作，找到讓我們生命越加完整、開啟內在潛能的方式。

怎麼解讀九宮裡的原型卡：

九宮的原型卡決定了研究主題，或許是「何為美感」的命題（藝術家），也可能在研究室裡同時開了五台電腦，每台電腦都正播放著不同主題的影片（業餘玩家），或許這個研究室最近正購買了一大箱關於互聯經濟的參考書籍（網絡建構者），也可能所有研究經費都用來升級設備，好提升解決問題的效率（工程師），研究室可能正在播放探討生命本質的 Podcast，主持人與觀眾聊到宇宙本源的智慧（神祕主義者），也可能研究室只有一個小窗，牆壁上貼了吸音泡棉，好讓裡面的人可以專心禱告，與神對話（隱士）。

從第九宮的原型卡，可觀察我們在目前的生命中缺少了什麼，如果想要自我充實，可以往什麼樣的領域探尋。例如當我們抽到了〈藝術家〉，或許最近很適合去參觀藝術展覽、訂張音樂會的票，甚至嘗試畫畫油畫、素描，找到自己喜歡的藝術活動，好讓自己在美感上有更細緻的感受。同時潛意識可能也藉由這張原型卡，提醒我們有自視甚高的傾向，對於自身所認定的美具有不可撼動的標準，因而有貶低他人的傾向，又或者是需要覺察自己為了追求崇高的藝術價值，而有忽視金錢物質層面的現象。

從六宮開始，我們從個人內在心靈世界離開，前往更為物質層面的世界，九宮像是這趟旅途的中繼站，讓我們停靠休息，也補足需要的裝備與能力，好在接下來的生命道路上，能夠躍升至頂點，發光發熱。

第十宮

別稱：官祿宮

關鍵字：生命志向、社經地位、天命、我們渴望的事物是什麼

占星元素：摩羯座

空間隱喻：摩天大樓頂樓

從十宮的原型卡裡，我們展現自己的生命潛能

如果六宮是一間辦公室，那麼十宮讓我們可以身處在摩天大樓的最頂層，從高處往下看，所有景色一覽無遺；若說六宮探討的是我們的工作狀態，十宮則揭露出我們所能發揮的最佳能力，有人會將此稱之為人生志業，有些人則稱呼為「天命」。

十宮位於占星學所說的「天頂」，以大樹為比喻的話，四宮是樹根，而十宮正是樹開枝散葉的地方，十宮裡的原型卡讓我們知道在接下來這段時間裡，可以累積的最佳成就是什麼，甚至我們可以透過努力獲得什麼樣的社會地位。

從六宮走向十宮，我們穿越了關係平衡的議題，釋放壓抑的心理層面，並鍛鍊原先所不足的能力，在這裡，我們得以享受自己所累積出來的一切，有如站在摩天大樓頂端一樣，不只可以望向自己的來處，也能看見自己所能企及的彼方。

天頂對應著四宮的天底，我們所選擇的志業，其根源往往起始於原生家庭的影響，許多人帶著困擾走入心理諮商，經過一番追尋後，才驚覺自己人生的選擇不過是在複製父母親的期待，又或者是自己所有的努力都只是在對抗父母親的期許，兩者都脫離不了原生家庭帶來的影響。

十宮帶給我們希望感，當能夠有意識地整理與轉化原生家庭所帶來的傷痛與阻礙，我們就有機會將過往的失落能量收復起來，激發出仍在沉睡的生命潛能，在十宮裡我們可以探索自己尚未發揮的潛力，好好活出生命中最耀眼的一面。

從六宮抵達十宮的過程，幫助我們明白天命與天賦並非被動等待我們挖掘的寶藏，而是需要不斷澆灌心力，最後才能在生命土壤上綻放的結果，每一份我們所擁有的生命潛

能，都需要透過踏實累積才能有所獲得，並形成讓他人認可的成就，這便是十宮所要引導我們思考與實踐的心理意涵。

怎麼解讀十宮裡的原型卡：

十宮的原型卡形塑出摩天大樓的頂樓長什麼樣子，在這裡或許有擺放整齊的六法全書與卷宗（法官），也可能放滿各式各樣的工具，讓人可以立刻趕赴災難現場（拯救者），或許收藏了唐宋八大家的詩詞（詩人），也可能擺滿了從無數次征途得來的戰利品（英雄），也或許這個樓層被隔成好幾個房間，好供主人能夠隨心情與不同的女伴纏綿（唐璜），也可能櫃子上擺滿運動比賽的獎牌（運動家）。

解讀實務中如果在十宮抽到了〈法官〉，可能意謂著我們在最近這段時間裡的潛能將發揮在對事物的裁量上，並且會對於公義之事投注較多心力，也會特別在意事情的是非對錯，同時也可能是潛意識邀請我們記得理直氣柔，得饒人處且饒人，在與人溝通事情時多些慈悲心與包容力。

十宮可說是生命旅途的頂點，接下來我們即將帶著這一身榮耀，朝著潛意識深處走去，在此之前，我們值得讓自己在這個位置上稍做停留，探索我們如何透過努力來獲得眾人的認同，並享受盡情發揮天賦後所帶來的報酬。

第十一宮

別稱：福德宮
關鍵字：歸屬感、朋友、群體、我們喜歡的事物是什麼
占星元素：水瓶座
空間隱喻：咖啡廳

從十一宮的原型卡，我們瞭解自己喜歡參與的社群

如果說五宮是僅供我們一人獨享的遊樂場，十一宮則像是咖啡廳，適合三五好友群聚相會，五宮象徵的是「我喜歡什麼」，十一宮則象徵「我們喜歡什麼」。十一宮與社會群體有關，因此這個宮位的原型卡，將會反映出我們喜歡參與什麼樣的社群活動，以及我們在社交活動裡所展現出來的樣子，

生命領域來到這個宮位，已經逐漸從自我發展的心靈面向，歸於集體價值的面向，我們在這裡可以探索哪些群體最能帶來歸屬感。人們相聚除了擁有相同興趣，更重要的是

可以感受到自己在這裡是安全的、是社群中的一分子，透過一次次的聚會，彼此之間的生命建立起更為緊密的連繫。十一宮別稱為福德宮，正是因為我們經常形容這種從人際往來間獲得的支持與助力為「福報」，平日經常往來的人，他們的性格、喜好與行為，對我們的生活造成很大的影響。

從心理學來說，每個人都像是我們的一面鏡子，當不斷透過參與社群活動，與他人碰撞出火花，我們慢慢會從他人身上更加明白自己的樣子，透過通達個人的生命本質，去理解他人生命的本質，也可以說，我們都是在群體當中，重新認識自我，因此在十一宮裡，我們不只可以探索自己可能會對哪些類型的社交活動有興趣，也能釐清自己在朋友圈裡將會擔任什麼樣的角色。

值得注意的是，十一宮位於心靈旅途的倒數一站，天下沒有不散的宴席，我們需要在此找到屬於自己的社群，蓄積能量，好讓自己準備好轉身面對自己的陰影。

怎麼解讀十一宮裡的原型卡：

十一宮裡的原型卡塑造出這間咖啡廳的風格與流行話題。這可能是一間裝潢前衛的咖啡廳（反叛者），也可能每個晚上會有名人嘉賓舉辦主題論壇（倡議者），又或許這裡沒有老闆與服務生，每個客人都以自助的方式取得飲料，再將零錢投入桶子裡，人人皆平等（解放者），這間咖啡廳可能傳來陣陣笑聲（友伴），也可能到處都是鏡子，好讓客人可以隨時打理儀容（引導者），甚至在咖啡廳中央可能放了顆水晶球，供好奇的客人們一窺未來（遠見者）。

第十二宮

別稱：玄祕宮
關鍵字：禁忌祕密、潛意識、逃避、陰影、我們害怕什麼
占星元素：雙魚座
空間隱喻：地下室

在實務解讀中，如果在十一宮抽到了〈友伴〉，可能意謂著我們在這段時間中很能享受朋友的陪伴，也喜歡跟三五好友相聚的感覺，哪裡能讓我們享受同儕情誼就往哪裡去，同時也可能提醒著我們需要注意自己是否待在同溫層太久，以致於變得盲從，凡事容易順從群體意見而缺乏自己的主見，因此無法對於不合理的待遇或狀況提出異議。

十一宮不只讓我們知道自己喜歡參與的社交活動是什麼，也讓我們知道去哪裡可以交到好朋友，俗話說物以類聚，從這群朋友身上，我們也可以檢視自己是個什麼樣的人。

從十二宮的原型卡裡，擁抱我們的陰影

十二宮像是荒廢多年的地下室，鑰匙已經不知道丟去哪裡，甚至連入口都被荒煙蔓草所掩蓋住。作為最後一個宮位，十二宮探討的主題是陰影，在榮格眼中，陰影是我們所害怕與逃避的心靈層面，並存在於潛意識深處。

十二宮所對應的雙魚座，在占星學上象徵著意識界線的消融，以及浩瀚無邊的潛意識與情緒，這趟心靈探索的旅途即將來到結尾，邀請我們深入潛意識，讓那些沒有意識到的心靈層次浮上水面。

我們為了在社會上獲得安穩的位置，會不自覺地將可能被社會主流價值否定的面向，深深沉入潛意識裡，時間一久連自己都不記得有這一回事，這種切割與否認的方式，將會形成榮格理論中所提及的陰影（Shadow），並讓我們專注於生活的積極面向時，被潛意識暗中扯後腿。

我們之所以會對陰影感到害怕，是因為這份特質威脅了原來安穩的生活，或是我們認為一旦展現出來，將會導致他人排斥，事實上陰影是我們成為完整自己的過程中，最珍貴的特質；我們所害怕的特質，正是使我們與他人有所不同的地方。陰影也是尚未收復的力量，每一份受到壓抑的特質，都是潛意識裡深藏的潛能，等待有朝一日被我們重新珍視，在十二宮裡的原型卡，不只是我們感到最害怕的部分，也是最寶貴的力量來源。

怎麼解讀十二宮裡的原型卡：

十二宮裡的原型卡，決定了荒廢的地下室中存放著什麼內容。或許是一副無法解開的手銬與腳鍊（奴隸），也可能是露出詭異微笑的娃娃（驅魔師），地下室裡或許放著一套陳舊不堪的探索裝備（拓荒者），也或許是蒙面俠的面具與黑色斗篷（復仇者），甚至是鑲著梅杜莎頭顱的盾牌（英雄），或是在地面上有個畫滿符號的術式陣法（煉金術士）。

在解讀神聖契約盤時，如果我們抽到了〈拓荒者〉，或許在生命中一直有種驅策自己前進的動力，呼喚著我們去探索未知的領域，然而我們總是忽略本能的召喚，只想待在舒適圈裡拒絕改變。當我們能夠帶著如美國拓荒精神般的無畏，去接觸那些全新的未知事物時，這份壓抑已久的能量，就可以再次回歸意識層面，成為心靈裡的助力。

從一宮的自我認同，走至十二宮的陰影課題，我們完整地走過一趟英雄之旅，將自己人生的十二個面向都進行了深刻而豐富的探索，按照榮格的說法，陰影的探究是永無止盡的，有光之處，必有陰影相隨，隨著我們將這個宮位的原型卡納入意識裡，下一個陰影已經在下一次的神聖契約盤中若隱若現了。

第3節

進階解讀法：宮位之間的關係

占星學裡的十二宮位並非絕對獨立的十二個區塊，如同我們每個人的生命都是完整的，由此來理解從占星學而來的神聖契約盤，應該將十二宮位裡的原型卡視為彼此互有關聯的整體，因此除了從第一宮循序漸進看到第十二宮之外，我們還需要注意宮位之間的相互關係，由於宮位彼此之間的交互反應相當複雜，以下提供你們幾項簡單的參考原則：

（一）金錢議題

與經濟有關的議題，通常可以優先看二宮與八宮裡的原型卡，二宮裡的原型卡呈現出你最近的價值觀，以及使用金錢的習慣；八宮與二宮相對，象徵他人給予你資源的可能性，也可理解為你用什麼方式從他人之處獲取協助，從兩者之間的平衡或對立，可以進一步看出你在接下來這段時間的金錢模式。

除此之外，工作通常是影響我們主要收入的來源，所以從六宮的原型卡，搭配十宮裡原型卡

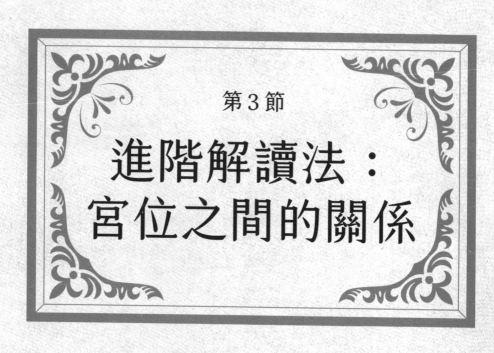

透露的訊息，可以進一步探索這段時間裡的財務狀況，有時將九宮對應的進修學習納入考量，可以提供關於金錢議題的相關線索。

當然，若其他宮位恰好出現了與金錢或生存議題有關的原型卡，例如〈乞丐〉、〈富翁〉、〈孤兒孩童〉……等，也可以合併進來，看看自己的金錢議題受到哪些生活層面的影響。舉例來說，如果對應原生家庭議題的第四宮裡出現了〈乞丐〉，或許你會發現自己心中有著乞討的心態，覺得自己永遠都不足夠，並害怕自己無法擁有足夠存活的物質條件，因此會不斷向他人索取，對自己的物質生活難以感到滿足。

（二）職業與生涯

職業與志業是兩個不太一樣的面向，職業是你目前的工作模式，志業比較像是人生發展的方向，是你在這段期間內最大潛能的所在，因此如果你好奇的是生涯發展、人生規劃的課題，我會建議先看六宮裡的原型卡，檢視你正以什麼方式來進行工作，接著看十宮裡的原型卡，可以藉此明白目前的工作型態與未來發展之間是否存有關聯，同時從第九宮的原型卡裡，獲得未來可能的進修方向，以此評估你可以如何補足自己所需要的能力或特質。

有些時候你在工作上遭遇的困難，其實是人際議題，這時候可能需要綜合一到三宮的原型卡，看看你的自我意識最近有什麼樣的特徵，如何影響到你的溝通表達，把這幾個宮位的原型卡資訊統整起來，做全面性的理解，必要時也可能需要參考四宮裡的原型卡，檢視原生家庭帶給你的影響。

（三）親密關係

如果你想深入瞭解自己的親密關係課題，需要先檢視自己目前的感情生活，你已經結婚、正在交往，或是處於連曖昧對象都沒有的情況呢？如果你想瞭解的是曖昧關係或浪漫戀情中的自己，可以優先看位於五宮的原型卡，五宮裡的原型卡，也顯示出穩定伴侶關係中，如何替互動增添熱情火花的方式，若是想檢視婚姻狀態（包括穩定交往一段時間的情侶），則需要從七宮與八宮來增加更多的線索。

我們可以用以下這個比喻來理解這三個宮位之間的關係：若說五宮呈現的是你在玩樂場合時與伴侶的互動，那麼七宮呈現的是你與愛人在意識層面尚可覺察到的互動模式，至於八宮，既然它是個上鎖的房間，就像是藍鬍子的禁忌之室，或是格雷的「玩具房」一樣，揭露出深沉而不為人知的一面。三者由淺入深，呈現出親密關係裡不同面向的自己，使得你與伴侶的關係樣貌更為立體而清晰。

除此之外，一個人的親密關係通常與原生家庭會有密切關係，因此從四宮的原型卡，有時也可看到你目前在情感面向中的功課是什麼。假如你覺得親密關係一直是這輩子很難通過的功課，或許也需要看看十二宮裡的原型卡，檢視自己在感情裡正在逃避哪些課題。

第3章

74張原型卡解析

上癮者

Addict

「對一件事情『上癮』和『熱愛』的不同：
『上癮』：你是它的。『熱愛』：它是你的。」

——林仁廷心理師

◆**解讀關鍵字：**

成癮、沉溺、深層需求、臣服

◆**同義詞：**

揮霍無度者、工作狂

◆**圖像描述：**

我們可以看到上癮者這張牌卡的顏色偏紅，中央的圖案裡有個身穿黑衣，下著紅褲的男子，正跨出馬步，踩著陸地，手勢像是要推動些什麼，又像是要抵住一面牆壁，彷彿正用力對抗著朝他襲來的大浪，這股大浪神祕的從他腳下湧出，形成一道像是煙霧的無形阻礙，瀰漫到他上方的整個天空。

光明屬性：

- 幫助自己與他人面對上癮行為
- 覺察何時將自身力量交付給外在環境
- 進行生命的深層體驗
- 超越上癮模式，昇華為意義感與創造力

陰影屬性：

- 受個人欲望驅使，背離內在真實
- 讓上癮模式控制自己的生命
- 與內在心靈產生斷裂
- 過度使用上癮來逃避需要面對的事情

◆原型人物：

在電影《一個巨星的誕生》中，男主角傑克森．緬因可說是〈上癮者〉這張牌卡的經典原型人物，他雖然擁有滿腹音樂才華卻深陷於酒癮無法自拔，酗酒讓他原來就悲觀的情緒更為暴躁，也讓他丟掉許多寶貴的工作機會，這部電影最讓我們心碎的部分，或許是即使女主角艾莉不斷給予他關心，他卻更加逃到酒精與毒品的世界裡，最終在上癮的深淵裡結束了自己的生命。

你可能也有「成癮」問題

上癮者不一定都有菸癮或酒癮，因為「癮」背後更深的議題是逃避空虛，有些上癮者明明知道不該吃下堆滿奶油的蛋糕，卻仍然停不下來的一口口將蛋糕吃下肚子，他可能是想要透過甜食來迴避「我覺得不被愛」的空虛感。有的上癮者可能對追劇上癮，明明隔天還要早起上班，卻仍無法克制的讓 Netflix 繼續播放下一集，他可能正努力透過這種方式，排解覺得人生失去意義的感受。

上癮行為不一定只限於主流價值中的負面行動，有的上癮者沉迷於運動健身，只要看到身材有一點點走樣就莫名焦慮，他可能在心中一直想透過健身來迴避老化後帶來的無力感，2004 年伊東明博士，更在《愛，上了癮》一書中對我們提出警告：「我們享受愛情帶來的愉悅與快感，一旦失戀，就會引發『戒斷現象』，追根究柢，我們所愛上的只是戀愛的感覺，而不是愛上我們的戀人。」愛情可說是吸引許多現代上癮者的大宗，透過愛情來甩開心中的寂寞感。

上癮是種身不由己的行為

在早期對物質成癮的研究中，認為人們對於甜食、酒精或藥物的上癮，主要跟大腦與內分泌有關，然而越來越多研究發現，成癮除了生理因素，更重要的是心理影響，英國記者約翰．海利便在 TED 演講「你對上癮的所有認知都是錯的」提到海洛因成癮者很可能是因為處在孤單與寂寞的關係斷裂中，而海洛因、大麻能為空虛破碎的心靈帶來慰藉，或是短暫的麻痺。

空虛感驅使著上癮者身不由己地重複著已經無法帶來快樂的行為，就好像是被附身一樣，明知這麼做不會帶來愉悅，卻仍然無法克制的重複下去，即使想要透過意志力戒除，仍然難以自拔。

落入陰影特質的上癮者，往往在現實生活中，有著難以面對的事情，或許是長期處於缺乏人際親密的狀態裡，於是內心深處滋長著寂寞，又或者是一直從事自己不喜歡的工作，卻說服自己為了生存而忍耐，於是內心逐漸空洞。當現實變得難以承受，又不知道該如何解決，癮就成為心靈逃避的出口，這讓上癮者經常覺得生活好像陷入了泥沼，因為癮只能帶來一時的平靜，卻無法真正解決現實困難。

上癮或許是你在潛意識中，呼喚更好的自己出現

上癮者能夠發揮的光明潛能，即是透過檢視自己的上癮行為，發現自己正在逃避什麼樣的情緒，覺察對生活的哪些地方感到不滿意，進而將花在上癮活動的時間，用來思考：「在生活中我需要滿足哪些身心需求？」甚至可以重新感受在生活裡，有哪些自我期許已經荒蕪許久，該是重新拾回的時刻了。

當光明上癮者有了覺察，便能看見每一個上癮行為的背後，都藏著一份對生命的渴求，他甚至可以明白上癮是一種「尚未被充分活出來的生命降階版本」，當上癮者沉迷網路世界時，真正渴望的是擁有具挑戰性的人生，當他看了一部又一部的線上影集時，也許是在這些劇中人物上看見自己對理想生活的期待。在這些「癮」的背後，藏著理想人生的真相。

當上癮者開始面對現實，找到人生方向的時候，就再也不是那個被動受癮頭控制的人，而是成為自己生命的主人，生活不再是一灘泥沼，而是充滿挑戰與樂趣的旅途，他可以看見自己的寂寞與空虛從何而來，並開始有意識地去敞開心胸與人連結，活出生命的升階版本。

◆上癮者能發揮的潛能：

覺察、活出自我

◆上癮者需留意的特質：

缺乏自制、迴避空虛寂寞

抽到上癮者這張牌，你可以問問自己的幾件事

- 我有哪些生活習慣是明知無益，卻仍反覆進行的呢？
- 我在最近的生活裡，有什麼想完成卻遲遲沒有去做的事情？
- 對我來說，「更深刻且有意義的生活」會是什麼樣子？
- 如果用三個情緒的形容詞，來描述最近一個月的生活，我會寫下什麼？

倡導者

Advocate

「我們越是想證明我們的理論和解釋正確，我們就對挑戰自己信念的信息越封閉。」

——戴維．邁爾斯《社會心理學》

◆解讀關鍵字：

宣導、倡議、鼓吹、發表言論的影響力

◆同義詞：

律師、擁護者、遊說者、環保人士、意見領袖

◆圖像描述：

這張卡片的主要色調偏綠，圖案中的人看起來像是跪在地上，看著眼前的土堆。最神奇的是從這個土堆上長出一棵往外散發光芒的大樹，他雙手扶持著這棵樹的根部，就好像是在守護大樹的成長一樣，這也讓人忍不住有個聯想，或許這棵樹其實是這個人心中願景的投射，這一切都發生在這個人的潛意識世界裡。

光明屬性：

- 激發眾人改善社會的心意
- 促使人們投入有益社會的行動中
- 喚起人們的慈悲心與同理心

陰影屬性：

- 為了個人私慾號召眾人
- 以社會公義的名目來圖利自己
- 激發眾人投入破壞性的變革

♦原型人物：

在歷史上，我們可以看見擁有倡導、鼓吹民眾力量的人們，往往替人類帶來許多重大的革新，像是1963年金恩博士便以知名演講「我有一個夢」，促成後來美國政府廢除種族隔離與歧視政策；甘地以不合作運動，來領導印度人民和平向政府提出訴求；英國首相邱吉爾在二次大戰時，曾經透過演講激勵人民要堅定信念，不屈服於德國納粹的轟炸之下，因而改變了戰爭局勢的發展。他們都是典型的倡導者原型人物。

為了自己所認同的信念，激發眾人的追隨與行動

倡導者像是拿著麥克風，站在台上對群眾進行演講的演說家，他們對自己的價值觀與信念深信不移，透過高低起伏的聲音，讓人感受到有股獨特魅力從他們身上流瀉出來，他們的話語似乎能改變空間氛圍，讓人們深深被他描繪的願景所打動。

現代倡導者常有機會在鏡頭前對大眾進行呼籲，藉由公共媒體的傳播，促使聆聽者在生活裡做出改變，美國《時代》週刊的風雲人物桑柏格，不只在會議上大力提倡環保議題，她甚至在瑞典議會外手持「為氣候罷課」的布條，以行動呼籲成人們重視環保議題；公視記者君竹則呼籲人們留意網路的造假資訊來加強自己的正確知識，並錄製影片提供人們辨識真假訊息的方法。保育動物、土地正義、性別平權等公民議題，都是因為倡導者的發聲而逐漸引人關注，社會價值觀在他們的話語影響力之下，得以進化與成熟。

透過網路，倡導者的影響力更加無遠弗屆

現代倡導者深知網路科技的力量，足以打破國家邊界與地理限制，從前唯有電視名人才能取得的關注度，如今透過社群網站的集結、轉發，即便是素人也能憑藉己力，吸引大眾的關注。台灣有許多公眾議題的連署活動，都是透過自發性的號召與後續轉貼分享，慢慢讓更多人認識與關心這個議題，最後促成良善的改變，像是拯救保育類動物石虎、拒用塑膠吸管，都是透過這些無名倡導者們，熱心推動聚沙成塔，慢慢讓這些聲音變得越來越有分量，最後凝聚出改變社會的動能。

倡導者不一定只透過話語，有些熱愛文字的倡導者，選擇在網路論壇或部落格上筆耕，他們擅長用有力文字喚起人們的情感共鳴，像是以愛智者為化名的鐘穎心理師，即長年經營「愛智者書窩」的網站，藉由剖析神話故事與各地傳說，倡導反求諸己的重要性，引導讀者們深入潛意識的世界，並從文字裡領略人生哲理。

煽動人們情緒，是倡導者的陰暗面

倡導者精熟於運用文字或話語來煽動眾人情緒，具有強烈民族主義、國家主義情懷的倡導者，特別容易因此落入陰影屬性的掌控裡，進而帶來不利的影響，不少政治人物都屬於這樣的類型，例如前美國總統川普，便曾說過一些讓人感到驚嘆的話語，像是全球暖化只是個騙局，只是為了影響美國經濟所做出的言論，甚至多次對黑人及女性語出羞辱，帶動社會不同階層的對立。

歷史上，希特勒運用他使人如痴如醉的演說能力，鼓吹人類淨化論，造成人類史上傷亡最慘重的戰爭，倡導者的陰暗面便是將自己的信念，包裝成對社會有幫助的形象，實際上造成社會大眾的悲傷、恐慌、憤怒與對立。

暗黑倡導者以言語操縱他人為樂，喜歡煽風點火後，看著大家深陷情緒火場的快感，他像是影集《末日列車》中的菁英分子，表面上倡議維護傳統裡一等車廂的榮譽，實際上卻是將所有人的怒火導向末節車廂的叛亂分子，並讓自己可以從中獲利。留心自己話語帶來的影響，會是倡導者由暗轉明的重要關鍵。

◆倡導者能發揮的潛能：

連結人際網路、理念、號召力

◆倡導者需留意的特質：

激進、煽動情緒

抽到倡導者這張牌，你可以問問自己的幾件事

- 在我心中，有什麼很重要且不可輕易妥協的價值觀？
- 回顧我平常跟人交談的對話裡，我試圖表達哪些覺得重要的信念？
- 對於社會上所發生的重大事件，我有什麼看法？這些看法的背後透露的核心理念是什麼？
- 我是否在跟別人互動時，不經意為了自己的利益而扭曲事實？

煉金術士

Alchemist

「人不付出犧牲，就無法得到任何回報。想要得到什麼，就必須付出同等的代價。」

——愛德華・愛力克，《鋼之煉金術師》開場白

◆**解讀關鍵字：**

整合、創造

◆**同義詞：**

巫師、科學家

◆**圖像描述：**

在一個看起來像是工坊的地方，身穿淡褐色衣服的人，正從燒瓶中將星星倒入另外一個瓶子裡，桌上還擺放著兩個像是水滴形狀的燒瓶，裡面同樣冒著氣泡與漩渦，看起來像是藏有生命的容器，這個人身後的爐子正熊熊燃燒著，讓人聯想到古代的煉丹房或實驗室，看起來這個人似乎正在進行什麼神祕的實驗。

光明屬性：

- 將原始本能進行昇華
- 整合內在心靈中衝突對立的面向
- 整合具有不同性質的事物，進行創造
- 具有創新、變化的能力

陰影屬性：

- 誤用或濫用靈性知識
- 自以為是，忽略自然法則
- 內在失衡，產生矛盾

◆原型人物：

在人類歷史上，有不少人醉心於研究煉金術這門學問，有些人認為煉金術是現代化學的前身，例如15世紀的歐洲名醫帕拉賽爾斯（Paracelsus）同時也是煉金術士與占星師，即認為煉金術其實是提煉出對人類有益的藥物。心理學家榮格則認為煉金術其實是人類心靈轉化的過程，所謂的賢者之石，就是你心中自性（Self）的象徵。（註一）

煉金術是一場自我整合的內心活動

煉金術士畢生追求找尋調和矛盾對立的方法，並試著在物質與心靈中創造出能夠完整涵容一切的存在。在《榮格的最後歲月：心靈煉金之旅》一書裡提到：「古人試圖從各種物質中，提煉分離出最單一的元素，再將不同的元素結合，再度分離，再度結合……反覆這個過程，直到最後，煉出了所謂的『哲人石』(Philosopher's Stone)，這個神奇的物質能夠將一般金屬變成黃金，能治百病，甚至可令人長生不老。」

對煉金術士來說，煉金不僅是物質上的修煉，更是靈性上的昇華，在分解、加入相對立或相近性質的金屬加以冶煉，就好像個人心靈需要不斷整合相互矛盾與衝突的功能，才能變得更加成熟——情感衝動的人需要培養冷靜理智的能力，總是憑藉直覺衝動行事的人，則需要發展出務實觀察事物的能力，當我們讓原本不熟悉的性格有所成長，就能調節原本的心靈能力，使我們變得越加成熟，我們的心靈王國也將越來越豐富而完整。

當你願意接受自己內心的矛盾，將會打開更多不同的可能

煉金術士欣然擁抱內心與行為上的矛盾，對他來說人類心靈像是鑽石一樣具有無數個切割面：理智、情感、剛強、柔弱、愛與恨都是其中一個面向，所謂整合不是將鑽石磨平，而是懂得適度轉動這顆鑽石，好讓其在各種場合下都能散發出明亮飽滿的光芒。這就是榮格所說的超越功能：接納、承認並擁抱相互對立的兩個極端，將會從中誕生出平衡兩者的方式。

催眠大師 Gilligan 猶如現代煉金術士，發展出名為「並存」的催眠技巧，幫助人們接納意識與潛意識中同時存在的矛盾與對立。以堅強與脆弱這兩個截然相反的特質為例，你可以這樣告訴自己：「我是堅強的人，也是脆弱的人，同時我可以清楚感受到，除了堅強與脆弱，我遠比這兩者加起來更大、更完整。」

有興趣練習這個技巧的人，可以先列出一組截然對立或互相衝突的特質，例如勇敢與害怕、堅強與脆弱、直率與細膩……等等，接著運用下列這個句型，幫助自己同時接納兩

者的存在：「我是＿＿＿＿的人，也是＿＿＿＿的人。」「同時我可以清楚感受到，除了＿＿＿＿與＿＿＿＿，我遠比這兩者加起來更大、更完整。」

煉金術士深知「既是……也是……」的奧祕，他們善用生命本質的矛盾，替自己增添彈性，讓心中的哲人石日漸圓滿成熟，並使自己在面對難關時具有更多不同的回應方式。

在靈性成長的路上，留心內在的失衡

暗黑煉金術士容易處於內在失衡的狀態，他過於偏愛某一個心靈功能，例如推崇理性而輕忽情感，或是強調眼見為憑而貶低內心直覺的可靠，並將某種特質當成自己的全部，試圖否定與壓抑自己內心的其他部分，以榮格心理學來說，他已經過度認同了自己的人格面具（註二）。

註一：自性是榮格心理學的重要概念，也是重要原型之一。簡單來說，榮格相信在人類心靈的中心處，有一個同時涵蓋意識與潛意識層面的存在，當人不斷往內探索與蛻變，即能使這個中心點不斷整合矛盾與分裂的功能，使心靈變得越來越完整。

註二：人格面具是榮格用來形容意識表層自我的詞彙，他認為人在成長過程裡為了融入群體，會需要藉由發展特定特質與能力來獲得他人認同，職業身分是最明顯可見的人格面具之一。

失衡的煉金術士可能會不斷追求名聲、財富與權力，覺得人際情誼與心靈滿足都不重要，只要有錢或權力，一切都在自己的掌握中，或是反過來只追求心靈提升，認為信念可以決定一切實相，輕忽身體與物質生活的必要性。

在這種失衡中，煉金術士喪失與內在心靈的連結，亦即拋棄了哲人石，因而讓自己產生分裂，無論認同了心中的哪一塊，都有另外一塊不在意識範圍內，這將導致內心的戰爭，並且耗弱他的力量。找回平衡的方式，即是正視內在心靈的豐富與矛盾，並且發展出涵容這些面向的器量。

◆煉金術士能發揮的潛能：

整合矛盾、心靈昇華

◆煉金術士需留意的特質：

失衡、受困於人格面具

抽到煉金術士這張牌，你可以問問自己的幾件事

- 在我最近的生活中，有什麼事情特別讓我覺得矛盾或陷入兩難嗎？
- 我最近是否正陷入理性與感性的拉扯，或是心中有所糾結？
- 在我想克服的事情上，可以如何調節不同元素，形成創意的解決方案？
- 我在最近看待事情或他人的眼光中，有哪些地方為了提升自我價值感，而不經意的流露出傲慢或輕蔑呢？

天使

Angel

「善良不一定存在偉大之中，但偉大必定存在於善良之中。」

——阿特那奧斯（希臘修辭學家）

◆**解讀關鍵字：**

純淨的愛、體貼善良的照顧

◆**同義詞：**

神仙教母／教父

◆**圖像描述：**

從這張牌的圖案裡，可以看到一位長髮女子雙手懷抱著自己，在她周圍有著像是愛心形狀的粉紅色能量，看起來似乎散發出柔和的愛，也像是天使翅膀上豐滿的羽翼，女子的長髮上有星星作為裝飾，她的衣服似乎也像是另外一個小愛心，整個圖案洋溢著溫暖與愛的氣氛。

光明屬性：

- 成為他人生命中的天使與照顧者
- 對他人付出純淨的愛與照顧
- 能與天使建立良好連結（天使溝通、天使療法等）

陰影屬性：

- 宣稱能與天使溝通，以此進行詐騙
- 使用靈性力量來滿足個人利益
- 偽裝純潔形象來欺騙他人

◆**原型人物：**

如果要提到與天使有關的現代人物，最廣為人知的可能會是朵琳．芙秋（Doreen Virtue），發展出天使療法的她被人稱為「天使夫人」，具有敏銳的通靈能力，並能與天使及其他存有進行溝通。

她一共設計了26套與天使有關的神諭卡，其中天使塔羅牌不只在大阿爾克那融合了所有最為人熟知的天使，例如麥可、拉斐爾、加百列……在四元素小牌裡，也以火蜥蜴、美人魚、獨角獸與精靈等她所熟悉的靈性存有，作為主要象徵意象。身為幫助人們認識天使的重要推手，從她身上可以感受到如天使般純淨的愛與良善。

天使，傳遞神訊的使者

天使在基督教中的意思是神之使者，負責傳遞上帝的訊息給人們，在新時代信仰的天使療法中，不同天使具有不同位階，各有其對應的光、顏色、脈輪、水晶與主要負責的療癒項目，例如拉斐爾大天使掌管所有的療癒功能，從祂身上散發出讓人感覺舒服的綠光；麥可大天使現身時必定持劍而立，祂帶給呼請者自信心與保護，並散發出紫色與白色的光芒；加百列大天使則渾身散發出金銅色的光芒，祂是訊息的使者，並庇佑著孕婦與作家。

天使可說是許多療癒師的助手，不少靈氣師或能量工作者，都會祈請祂們前來協助陪伴當事人，祂不像神一樣高高在上，很樂於親近人們，即使你是一般人，只要在需要時進行祈禱，天使都會迅速前來協助你渡過難關。

天使經常在身旁默默守護著我們

在日常生活中，我們身旁可能圍繞著一群「人間天使」，他平常可能不會特別主動來關心你，卻會在旁邊默默守護著你，他相信你可以好好照顧自己，然而當真的遇到什麼困難的時候，則會貌作不經意的走過來，或許是遞上一杯暖手的熱飲，或是上前拍拍我們的肩膀，或是詢問我們需要什麼樣的協助，通常直到這樣的時刻來臨時，我們才會驚覺原來天使一直都在自己身旁。

天使不會強勢介入我們的困難中，因為他深信每個人心中都有強大的自我療癒力量，只是藉由表達對我們的善意、支持與信任，讓我們再次有了面對生命難關的勇氣。

天使不一定都以正面形象出現，在《小靈魂與小太陽》的故事裡，講述小靈魂為了體驗什麼是寬恕，於是有另一群友善的靈魂自願扮演超級大壞蛋，好協助小靈魂可以學會寬恕。總是占我們便宜的朋友，或是容易一句話惹怒我們的伴侶，很可能就是這樣的「逆增上緣」，透過給予挫折感來支持我們活出自己的人間天使！

有時候和善只是一種別有意圖的偽裝

暗黑天使有如路西法，祂曾是最美麗的天使，卻因為嫉妒心而墮落至地獄裡，並熱中於搬弄是非火上加油。我們在生活中有時會將這樣的人叫做「綠茶婊」：表面純潔，實際上卻別有意圖，明著好像裝弱或讚美對方，暗裡卻挖了一個很大的坑。

暗黑天使喜歡製造對立，並對人性帶有濃濃的不信任感，他經常裝作不經意地在旁邊說一兩句話，搞得天下大亂，自己則在一旁看好戲。也像是伊甸園裡的蛇，表面像是替對方著想，實際上卻是誘惑對方做出自食惡果的事情，他喜歡挖坑讓對方跳下去，誤以為一切都是自己的問題。

在天使心中可能同時存在著小惡魔，讓他在對人性的信任與猜疑之間游移不定，純潔善良像是他的保護色，掩飾了因為不信任而產生的操弄行為。克里斯多夫．佛格勒在《作家之路：從英雄的旅程學習說一個好故事》裡提及：「要看一個人真正在想什麼，就看他在最困難的時候做出什麼行動。」天使需要學習檢視自己的內心，看清自己行為背後真正的動機，才能重拾言行一致的態度，找回內心善良的一面。

◆**天使能發揮的潛能：**

善良、信任、守護

◆**天使需留意的特質：**

偽裝、心口不一

抽到天使這張牌，你可以問問自己的幾件事

- 在我詢問的事情上，如何展現如同天使般的和善與溫暖？
- 我所感受到的靈性訊息，可以如何表達，最能傳遞愛的頻率？
- 我所展現出來的親切感，會是基於個人利益所形成的偽裝嗎？

◆天使、神跟女神◆

神、女神與天使都是屬於天界的神靈，同時具有明顯差異。

神象徵人類心靈中的陽性力量，特徵在於超然智慧與高高在上的權威感，在陰影屬性中容易產生疏離及冷酷的特質。

女神象徵心靈裡的陰性力量，在正面形象中，帶有享受歡愉跟自我滋養的意涵，陰影屬性則呈現出過度自戀跟嬌寵的形象，特徵在於滋養與生命力，如同大地之母的意象。

天使擔任神與人之間的橋樑，具有好親近、純淨的愛與信任的特質，光明潛能是默默從旁提供協助與守護，陰影屬性則有笑裡藏刀、心口不一的個性。

藝術家

Artist

「偉大的藝術家不是重現自然，而是藉由去蕪存菁，表現自然帶給他的最重要感受。」

——《藝術精神》

◆**解讀關鍵字：**

美感、藝術創作

◆**同義詞：**

工匠、工藝家、攝影師、雕刻家、裁縫師

◆**圖像描述：**

我們可以看見有個長髮女子，手上拿著調色盤，手上的畫筆沾著顏料，視線則專注地看著前方，就好像要把凝視的物品仔細的畫在畫布上一樣，在她身旁的背景裡，則有著許多不同顏色的方塊，彷彿暗示著我們，人生可以像是一張七彩顏色的畫作，充滿不同的色彩。

光明屬性：

- 以特定形式，呈現出感官經驗背後的心靈之美
- 將生活裡的深刻體驗，提升成具有美感的事物
- 推廣或分享藝術創作相關的資訊

陰影屬性：

- 因為擁有天賦而自大傲慢、拒絕善待他人
- 認為藝術不該與物質畫上等號，因而使自己貧困受苦
- 作品無法呈現生活中深刻的體驗，落入賣弄技巧

◆原型人物：

草間彌生是當代藝術家的代表，她9歲就有幻聽與幻覺，且患有高度性障礙，因此只能看到滿是圓點的世界，為了擺脫天花板、地板甚至在桌子上出現的圓點，她開始投入繪畫的世界，透過藝術來抒解痛苦，雖然她飽受疾病與情緒所苦，藝術卻成為了她昇華自我的出路，努力不懈持續投身於藝術創作的精神，讓我們得以透過她的作品，一窺深藏於人心中的生命力與美。

藝術家是美的淬鍊者

藝術家具有「第三隻眼睛」或「第三隻耳朵」，平凡無奇的天橋，在攝影師眼裡可是

充滿光影變化的魔幻風景，在鏡頭底下影子跟眼睛玩起了捉迷藏，美感竟從平淡的場景中迸發出來。美術家則用色彩跟線條點綴著畫布或白紙，藉由他的慧眼與巧手，一筆一畫勾勒出眼前景色，或許寫實或許抽象，讓我們跟著他的視線走入美的殿堂。

藝術家不一定只跟光影玩耍，流行歌手用他細緻的聲音振動，向我們訴說心中的情感，即使關掉了音響，我們胸口仍然感受得到情緒的餘韻；雕刻家則透過木材、石頭或各式各樣的媒材，向我們展現他心中的力與美。與其說藝術創作是工作，不如說這是種生活態度，草間彌生曾說：「如果不是藝術，我早就已經死了。」藝術家透過創作感受生命力，並不斷從從食衣住行等生活經驗裡萃取出美的元素，當我們欣賞這些作品時，也從其中感受到藝術家的靈魂。

藝術家敏銳的直覺天性，讓作品更加深刻

寫實主義藝術家，羅伯特．亨萊，在著作《藝術精神》中提到：「藝術學子真正要學習的是，如何培養孩提時代那種與生俱來的敏銳感受的本性，以及懂得欣賞一切的想像力。」藝術家之所以能夠從生活裡提煉出美學，除了對周遭事物的敏感度比常人更高，更是因為他懂得將感官經驗昇華，能從平凡無奇的事物中，看見不同的維度，並將我們日常生活中熟悉的場景，轉換為另外一層世界，呈現在我們面前。

藝術家能與內心直覺保持良好聯繫，將內心最直觀的經驗表達出來，這點光是透過意識思考，是絕對難以達成的。草間彌生曾說：「在畫筆與畫布前，我的手會對它們作出反應，我在開始思考前就已經在創作了。當作品完成的時候，我會看著它，並常常對結果感

到吃驚。」米開朗基羅也說：「我只是把困在石頭裡的大衛解放出來。」與其說他們雕琢著作品，不如說他們透過藝術發掘出靈魂深處的感動，正是這種深刻讓我們著迷不已。

自視甚高將使我們喪失與生活的連繫

藝術家懂得品味生活的深刻，然而陰影屬性卻可能使他有自命清高的問題，正所謂「文人相輕」，藝術家有時會以自身主觀的美，來評論身旁人們的品味，認為只有自己所宣稱的標準才有資格稱得上美，對他來說藝術不再與生活有關，而是功成名就的象徵，進而陷入傲慢自大的心態。

藝術家也可能會因為崇高的理想，而有過度輕視金錢的現象，認為困境最能激盪靈感，因而不願意接受合理的金錢報償，甚至認為金錢是邪惡的，刻意讓自己處於受困與貧窮的生活處境下，好追求精神層次的昇華。

藝術家可能因為輕視俗世價值，認為商業作品過於媚俗，而堅持只有「純粹」的藝術作品才具有價值，然而同時身兼藝術家與教育家的羅伯特．亨萊便說：「唯有讓藝術精神進入人們的生活，讓藝術不是生活附屬品，而是每個人生活最不可或缺之物，才得以彰顯藝術的偉大。」

在藝術家追求美感極致的同時，若能放下身為美學專家的成見，明白每個懂得生活的人，都可以擁有屬於自己的美學，他就可以藉由日常體驗中的不同角度，去豐富看待生活的眼光，進而創造作品的深度與廣度，如何在追求心靈昇華的美之餘，提醒自己適度謙虛，並且肯定俗世經驗的重要，是藝術家淬煉靈魂時可以留意的地方。

◆藝術家能發揮的潛能：

美感、創造力

◆藝術家需留意的特質：

傲慢、輕視俗世價值

抽到藝術家這張牌，你可以問問自己的幾件事

- 我如何從詢問的這件事情裡，找到深層的美？
- 我如何運用像是藝術家這樣細膩的感官能力，去發掘生活中的經驗？
- 我是否過度受困於貧窮思維，認定自身的天賦能力不值得獲得金錢回報？

運動家

Athlete

「自信可以是動力，也可以是魔鬼。」

——《破風》

◆解讀關鍵字：

紀律、體能、運動家精神

◆同義詞：

運動員、選手

◆圖像描述：

運動家這張原型卡的背景色調是深藍中帶點紫色，一身純白衣服的壯碩男子，他雙手向上伸展的姿勢，讓人聯想到奧運體操選手的制服，他身後那片遼闊的空間中，除了有綠色球體躍動，還有微小的星體點綴著，讓我們忍不住聯想到遼闊的宇宙，而上方帶有花紋的巨岩，襯托著男子的氣魄，就好像他能夠以一己之力撐起這片空間般的強健。

光明屬性：

- 具有良好的體能可投入熱愛的活動中
- 在生活中展現出自我紀律與熱情
- 致力於超越身體限制（或身體殘缺），以求個人心靈力量的發展

陰影屬性：

- 對待自己的身心過於嚴苛
- 不願公平與他人進行競爭，或是使詐以求勝利
- 缺乏榮譽感

◆原型人物：

講到運動家原型的台灣代表人物，這幾年可能最讓人熟知的莫過於王建民與林書豪這兩個人，曾有教練接受專訪時表示，王建民雖然不是隊上最傑出的投手，但他努力不懈的紀律與決心，激勵隊友們能夠時時保持警惕，以求保持自身表現，他不斷自我超越，使得整個團隊都保持在自我砥礪的狀態，對他來說，每一次的投球都是與自己的競賽，是種透過嚴謹紀律不斷突破自我的過程。

運動，是幫助我們感受身體力量的最佳方式

運動家熱愛各種活動，無論是舉重、有氧舞蹈、拳擊還是瑜伽，運動家之所以會把運動當成興趣，具有兩大原因：身體層面與心理層面。無論投入哪一種運動，運動家都會全

神貫注在身體肌肉的收縮上，他知道身體是構成一切生活運作的基礎，肩膀的肌肉缺乏鍛鍊，就很難負荷背包的重量，肺活量不足，就很容易在追趕公車或爬上樓梯時氣喘吁吁，而當自己透過運動感受著每一條肌肉的延展與緊繃感時，這股從核心迸發出來的力量，讓他感到心情愉悅。

當然大量運動所釋放出來的腦內啡，也像是替運動家打了一劑快樂針一樣，讓他戀上這種開心的感受，並享受著汗水流下來時的舒暢感，對運動家來說讓身體經常保持在活動狀態下，就跟每天固定需要進食一樣的自然，每天花些時間跑步、游泳或跳健身環，是他們不可或缺的行程。

運動家精神，反映出紀律與榮譽的堅持

運動家所投入的每項活動裡，鍛鍊的不只是強壯體魄，更是自己的心魂。幾年前的國片《KANO》裡，進藤教練率領嘉農棒球隊的學生們打棒球，並讓學生們立志打進甲子園大賽，他常對學生們說：「心不正，球就不正！」即體現出運動家看待事情的角度，表面上談的是打棒球，骨子裡則是培養學生鍛鍊出勇敢、堅持，接受現實打擊與不斷自我成長的生命態度。

運動家非常看重紀律，前美國海豹部隊指揮官威可・威林克在《自律就是自由》一書中提到：「輕鬆取巧純屬謊言，唯有紀律才是王道。」運動員可能每天早上五點就起來練投，一直到吃晚餐的時候才返家休息，無論今天賽事勝負如何，都不影響他練習的時間。

他也可能是職業自行車手，不只練騎，更替自己安排登山、慢跑與健行，透過不同的運動型態全方位的鍛鍊自己，並且一日都不鬆懈。

對運動家而言，嚴謹的自我紀律反映出對個人榮譽的堅持，以及不斷自我挑戰的決心，競賽只是反映出個人鍛鍊的成果，勝負不一定這麼重要，最珍貴的是為了設下的目標，持之以恆地不斷驅策著自己前進，就像村上春樹每天四點就起床，連續書寫五六個小時後，下午出門跑步游泳，晚上則聽音樂並準時就寢，雖然村上並非運動員，以內在紀律約束自己並持續操練，以求不斷精進的心態，相當能體現出運動家的風範。

過度執著容易讓運動家落入陰影屬性裡

被陰影特質擄獲的運動家，注意力容易從自我超越轉移到擊敗對手上，甚至為了打敗對方而不擇手段，在體育賽事中服用禁藥，或賄賂敵隊放水好取得勝利，都展現出運動家的陰影屬性，因為執著於勝負，於是使出了不公平的手段，這更像是一種自我欺騙的心態，長久下來將會毒害運動員的內心。

運動家的陰影屬性還包括了過度嚴苛，這同樣展現出運動家容易過度執著目標的特性，嚴謹的自我訓練與生活規律，原本是為了讓自己持續保持進步，然而當對自己懷抱過高期待，或執著於非得達到某個水平不可時，這份嚴苛很容易變成自我虐待，長期下來反而是自己身心受損，陷入焦慮跟失衡的狀態。

因此運動家在日復一日的嚴苛操練中，很需要記得適時放鬆，並用溫柔的心善待自己，高強度的自我訓練雖然帶來強大的體魄與心魂，若用力過猛卻也可能折損掉自己的身心平衡，反而帶來傷害，對暗黑運動家來說，學習「盡人事，聽天命」可說是很重要的自我提醒。

◆運動家能發揮的潛能：

紀律、自信、運動家精神

◆運動家需留意的特質：

競爭心態、自我要求嚴苛

抽到運動家這張牌，你可以問問自己的幾件事

- 在最近的生活裡，我可以如何增加紀律？（或反過來，如何讓自己可以放鬆？）
- 在我詢問的事情上，是否有為了達成目標而犧牲他人利益的動機？
- 我最近有什麼事情，需要靠著踏實與規律的行動來完成的嗎？
- 我如何超越身體的限制，促成內在心靈的成長？

復仇者

Avenger

「最高貴的復仇是寬容。」

——雨果

◆解讀關鍵字：

討回正義、打抱不平

◆同義詞：

復仇天使、救星

◆圖像描述：

這張原型卡一抽出來就會給人很強烈的視覺印象：一個看似蒙面俠客的人，置身於黑暗中，一盞燈光打在他身上，似乎象徵著他是人民的希望。如果再近一點觀看，會發現黑暗的背景裡，充滿了強烈的線條，似乎暗喻著不易覺察的騷動，俠客的衣服則是一張世界地圖，彷彿暗示著對於公平正義的追尋，是不分國界、種族及語言的普世價值。

光明屬性：

- 替社會上的弱勢族群平反權益
- 對政府與權威者進行正當的挑戰
- 透過較為激烈的手段來維護正義

陰影屬性：

- 為了個人私欲進行報復
- 在復仇的過程中被權力與仇恨吞沒
- 為了擁護的理念而採用暴力的手段

◆原型人物：

電影《V怪客》中的V可說是復仇者原型的最佳代表人物。他隻身一人對抗掌控英國政府的法西斯分子，他晝伏夜出，透過一次次規劃好的行動，不只打擊法西斯政府，也向大眾揭露出政府集權統治的陰謀，甚至爆料多年前的恐怖生化行動，只是政府為了收買人心自導自演的結果，他更將自己所戴的面具與披風寄送到人們家中，希望有更多人願意挺身而出對抗不公義的政府，他的嫉惡如仇與對政府暴行的挑戰，充分展現出復仇者的本性。

復仇，是種討回公道的行動

復仇者是在暗夜中悄悄突襲的反動分子，也是當人民籠罩在集權統治者爪牙之下的最後希望，光明復仇者或許會搞些破壞，卻絕對不會濫傷無辜，因為在他心中所有破壞與突襲的行動，只是為了替人民平反，他就像是隱居在森林裡的羅賓漢，擁有的武器與手段，是為了帶給社會最後的安定與真正的和平。

復仇的故事，一直是古今中外大快人心的劇情，大仲馬筆下的基度山伯爵，便是遭受好友背叛被關進死牢後，在貴人幫助下逃出監獄，展開向貴人報恩並對仇人展開報仇。在中國文學中則有七俠五義替天行道，幫助受壓迫的善良老百姓平反冤屈，甚至是長紅十年的漫威電影，也以 Avenger 一詞躍上大螢幕，復仇者的核心信念，不只是討回自身所失去的事物，並守護珍貴事物，更是為了保護社會不受傷害，一切都與捍衛公平正義的理念有關。

復仇行動雖微如星火，仍可點燃整片草原

《基度山恩仇記》中有句名言是：「痛苦的經歷一旦有人分擔，痛苦就減少了一半。」復仇者深知孤獨面對痛苦是多麼慘烈的折磨，當他看見旁人籠罩在不公義的對待下，總是會想辦法暗地裡替他們討回公道。

現代復仇者知道公眾事務的決定不該單純交給票選出來的「人民公僕」，他默默關注著政府官員是否依循當初政見來行動與性別平權、土地正義與人權議題等公眾事務的決策，一旦發現有什麼不對勁的地方，便會採取行動，或許是投書媒體，或者用匿名的方式表達抗議，這是他捍衛信念的方式。

正如同其中一集《蜘蛛人》電影裡所說的「只要願意，每個人都可以成為蜘蛛人」，復仇者知道氣氛是很容易渲染的，只要自己願意率先行動，就會有越來越多人願意挺身而

出，星火可以燎原，社會的公平與正義，需要眾人一起守護，而他非常樂於在暗處點燃這微小的火苗，慢慢讓其醞釀成一場革命。

當心中染上憤怒與仇恨，復仇也可能成為集體獵巫的毀滅行動

復仇者原型的陰暗面，就在於採取行動時被心中的憤怒與仇恨沖昏了頭，於是渴望對方付出超乎尋常的代價，甚至以摧毀對方為目的，一如DC電影中的中年蝙蝠俠，他將自己的憤怒投射到犯人身上，甚至不惜動用私刑，昔日正義使者讓民眾感到恐懼，更讓警察們束手無策。暗黑復仇者認同為達目的不擇手段，甚至會為了個人私欲而採取報復，就像是宮廷劇裡公報私仇借刀殺人的娘娘一樣。

落入陰影面向的復仇者，可能會煽動群眾加入私刑的行列，就像黑暗騎士三部曲《黎明昇起》中的稻草人，他對抗不公政府的方式，竟是鼓勵民眾闖入中產階級的家中搶奪財產，好讓人民「均富」，甚至設立法庭審判政府官員，卻故意讓憤怒的民眾表決意見，裁決官員們的死刑。

暗黑復仇者，很容易在社會上造成「獵巫」現象——假借行使正義的理由來洩憤，例如在鄭捷隨機殺人案中，讓民眾陷入很大的恐慌，當時網路上充斥以暴制暴的言論，許多「衛道人士」認為應該要血債血償，甚至直言凡是殺人者或精神疾患都該死，掀起社會上很大一波仇恨的情緒。如何不被仇恨沖昏了頭，在尋求公義的過程中，減少對立衝突與不理性的行動，是復仇者討回公道的過程中，值得留意的地方。

◆復仇者能發揮的潛能：

正義感、追尋公平

◆復仇者需留意的特質：

洩憤、撻伐異己、製造對立

抽到復仇者這張牌，你可以問問自己的幾件事

- 我在心中是否對公平正義懷有強烈的信念？
- 我對於覺得不公義的事情，習慣採取什麼樣的行動？
- 我是否容易在覺得權利受到剝奪時，採取激烈的回應？
- 我如何在詢問的主題上，替自己捍衛合理的權益？

◆**復仇者VS霸凌者**◆

復仇者強調公平正義的伸張，具有路見不平拔刀相助的特質，在維護合理權益時可能會採取比較激烈的手段，甚至可能被仇恨蒙蔽良心，做出不當的行為。

霸凌者則強調「暴力」的特質，以及在粗暴形象背後的怯懦，光明潛能具有設立界線阻止他人侵犯的作用，負面發展則易變成運用暴力來掩飾自身脆弱。

乞丐

Beggar

「流浪的人沒有權利受傷，因為他們要隨時上路。」

——《乞丐囝仔》

◆解讀關鍵字：

生存焦慮、自尊心

◆同義詞：

流浪漢、窮人

◆圖像描述：

乞丐這張原型卡背景以深藍色為主要基調，背後有著雪花與類似法輪的圖樣，給人飄蕩不安的感受，中央這個披頭散髮的人，身穿鮮豔的紅色服裝，與黯淡的背景形成強烈反差，在她面前放著一個杯子，然而她卻摀住眼睛，像是替自己感到悲傷，又像是對於周遭環境視而不見，自以為一無所有。

光明屬性：

- 確認自己能在物質層次上活下來
- 喚醒人們心中同理的感受
- 看見目前尚且感到匱乏的面向，並試圖穿越
- 發揮個人內在的生存力量

陰影屬性：

- 認為唯有仰賴他人才能存活
- 過度認同匱乏之感，失去自身的力量
- 無法停止向外追求的乞討行為
- 自尊心低落，難以自我認同

♦原型人物：

由周星馳主演的《武狀元蘇乞兒》，可說是乞丐原型意象的經典人物。比較特別的是電影裡的主角蘇燦原先是個公子哥兒，成天醉生夢死，這時候的他看似富有，卻更像是個需要仰賴外在形象求人肯定的心靈乞丐，直到遭受惡人趙無忌陷害後，他與父親被皇上抄家而淪落為街頭乞丐，才明白一無所有與遭人歧視的滋味。

受到貴人相助的他，沒有停留在失去一切的匱乏感，而是積極認可自身價值，認真修練武功，爭取丐幫幫主之位，並在重新獲得皇上信任後，明白金錢名利都只是一場虛幻，安然與心愛的人過著幸福恬淡的生活。蘇燦從被迫成為乞丐，到最後安然享受外在清貧卻內在充實的生活，可說是從乞丐原型意象的陰影屬性，轉化成光明屬性的寫照。

「窮」有時是種現實，有時卻是一種生活態度

每天沿街乞討是乞丐的日常，無論他得到了多少錢，仍然覺得不夠自己花用，另一種乞丐可能不需要向他人伸手要錢，卻很習慣要求別人的援助，甚至認定自己一輩子只能靠著他人幫忙，才能度過生活中的種種困難，與其說乞丐是沒錢的窮人，不如說他們是心態上的貧民。

「貧窮心態」使得乞丐即使有穩定收入，卻總是對未來生活感到茫然不安，覺得錢總是不夠多，無法滿足生活所需，當深入檢視這份信念時，會發現背後藏著商人的誘惑，商人說服我們生活裡需要擁有更多物質享受，才堪稱是「豐盛」，當總是去看自己所沒有的事物時，很容易因為比較而感到無力，加深覺得自己不足的匱乏感。

缺乏價值感，讓乞丐習慣往外討

被陰影特質擄獲的乞丐像是《武狀元蘇乞兒》裡的蘇燦，當他最落寞的時候遇到貴人洪七公，他諷刺對方不可能給他錢，還是別來打擾自己的午睡，洪七公回答：「給你錢也沒用，買不回你失去的東西。」蘇燦逞強地反問：「我失去了什麼？」洪七公一語中的：「尊嚴、自信，還有你心愛的女人。」

落入陰影面向的乞丐，不只往外索取金錢，更習慣向身旁的人討愛、討自尊、甚至索取關懷與肯定，他可能在工作上一遇到困難就向同事求救，不想費心思考解決策略，也可能在感情中不斷尋求伴侶肯定，深怕被對方拋棄，他很少想過自己需要有所回報，畢竟在

他眼中自己一無所有，怎還能夠付出什麼呢？

在乞丐心中存在一份很深的無價值感，他常覺得自己沒有用處，感受不到自己存在有何價值，他經常遮住自己的眼睛，縮在落寞的內心世界裡，雖然經常往外索求，然而無論旁人如何肯定他，他仍然覺得自己是世界上的爛人，為此他需要不斷運用金錢、名聲、關注等外在事物來定義自己。他的心中好像有個黑洞，所有的關心與肯定投進去後，很快就消失無蹤，這讓他們更拚命的想要抓住些什麼，好讓自己感覺好受一些，卻好像飲鴆止渴，陷入期待與寂寞的循環裡。

珍惜自己的美好，就不再需要因自卑而行乞

乞丐的最佳潛能即是認清自我存在的價值，有個隱喻故事這麼說：主流社會告訴我們黃金最有價值，所以即使我們本質是瑪瑙、翡翠或海藍寶，仍然爭先恐後想收集金箔碎屑貼到身上，這不只無法讓我們成為黃金，更在索求的過程裡失去了價值感。

乞丐的光明面向是堅信自己能夠靠雙手打拚，把生活過好，更能去擁抱理想。20 年前暢銷全台的賴東進自傳《乞丐囝仔》裡說到：「我的流浪生涯讓我深深明白世界沒有僥倖，只有靠自己的努力才能獲得生命中的一切，每一分的打拚都像是一塊堅實的磚，一點一滴的為我們的人生奠基，人生如此，工作亦如此。」在困頓之中發揮個人內在的生存力量，在自己需要幫助時請求援手，是乞丐光明面的發揮。

《悲慘世界》有句名言：「人，有了物質才能生存；人，有了理想才談得上生活。」當

乞丐能夠認清自己存在本身即有價值，就可以停下不斷向旁人索取關愛、肯定與認同的行為，轉而自我肯定並採取行動追尋理想，在他心中相信自己不只足夠，更值得接受他人的肯定與認同，這股強大的力量，將能替他的生活帶來真正的豐盛與富足。

♦乞丐能發揮的潛能：

自我肯定、信心

♦乞丐需留意的特質：

自我價值低落、失去力量、孤獨感

抽到乞丐這張牌，你可以問問自己的幾件事

- 我最近對金錢或收入感到不安嗎？這種感覺真有現實證據可以支持嗎？
- 我生活中的哪個部分，似乎只能依賴他人，否則就會活不下去？
- 我具有哪些能力或條件，可以讓自己在生活中過得還不錯？
- 我可以從哪些生活困境裡，重新喚醒心中的慈悲、愛與敬重？

霸凌者

Bully

「健康的人不會折磨他人，往往是那些曾受折磨的人轉而成為折磨他人者。」

——榮格

◆ **解讀關鍵字：**

倚強欺弱、暴力行為、用力量掩飾心中脆弱

◆ **同義詞：**

懦夫

◆ **圖像描述：**

霸凌者的圖案讓我們直覺想到了〈北風與太陽〉的故事，在圖像中央有個大大的人臉，像是由雲朵或強風所組成的，從他口中吐出一道道的冷風，讓下方既像是空氣又像是海洋的空間，似乎受到了強烈的擾動。

光明屬性：

- 適時展現出阻擋他人壓迫的魄力
- 協助我們面對自己內心的恐懼及暴力面向
- 透過瞭解暴力的本質，帶領自己與他人回到愛中

陰影屬性：

- 被暴力的陰影所控制
- 透過暴力使他人屈服於個人意志
- 將自身的恐懼，轉變為暴力行為

◆原型人物：

《多拉A夢》裡的胖虎，或許是最能夠讓我們迅速聯想到與霸凌密切相關的經典人物，透過胖虎的形象，我們得以直觀理解霸凌者內外在的反差：外強中乾與恃強凌弱。

在日本電影與戲劇中，常可見到對於校園霸凌的深刻刻畫，例如改編自湊佳苗小說的電影《告白》，故事講述班導森口悠子在女兒慘遭殺害被丟入游泳池後，因而向全班同學公布自己的復仇計畫，這使得當初殺害幼童的同學，成為班上集體排擠的對象，並引發後續一連串人際互動的化學變化，也更凸顯霸凌並非個體對個體的惡意，而是校園系統甚至是社會結構出了問題所導致的現象。

暴力，是人類競爭天性中的一部分

在霸凌者體內經常有種想要往外發洩的衝動，他們像是班級裡的老大哥，習慣用恐嚇的語氣來掌管班級秩序，必要時還可能送上兩顆拳頭，只要他看誰不順眼，就會號召大家一起排擠對方，藉此鞏固自己在班上的地位。他們長大後可能會成為職場裡帶頭欺負菜鳥的老鳥，憑藉自己的氣勢煽動同事們一起給菜鳥臉色看，甚至把分內工作丟到對方頭上。

霸凌者知道每個人的體內都存在暴力因子，畢竟人類祖先在面對凶猛野獸時，需要採取武力對抗，面對外敵時更需要敢於使用武器抵禦，人類文明就在相互競爭的暴力中不斷演進，只是現代文明人發展出越來越精緻的手段，讓大家不需要拿拳頭比大小，可是在他們眼中，這世界上弱肉強食的現象仍然沒有改變，因此他喜歡也習慣拿出氣勢與武力來搞定事情，溝通在他眼中並不具有太大意義。

霸凌經常是為了替心中情緒與壓力找尋出口

在心理學上的研究指出，相較於男性較常使用肢體暴力來掩蓋心中的脆弱，或是以脅迫手段來滿足自身需要，女性傾向採取人際關係的孤立與疏遠，針對自己排斥的對象進行關係攻擊。因此霸凌者知道自己的脅迫行為，與其說是個人恩怨，更像是系統問題，甚至是家庭與社會的問題。

霸凌者雖然展現出大聲恫嚇甚至動手修理人的行為，內心卻藏著一個哭泣的孩子，在封閉的群體裡，每個人都很容易因為競爭與比較而產生壓力，並不自覺地尋找代罪羔羊發洩情緒，霸凌者之所以經常有種想做點什麼的衝動，就在於他嘗試在別人幹掉自己前先下手為強，只要大家都害怕自己，就得以保全自己在群體裡的地位。

他喜歡找尋性別氣質或體型特別不符合主流價值，或是行為表現跟不上群體的人當成下手的對象，因為這些人本來就比較容易挑起旁人不滿，只要適度煽風點火，就可以成為待宰肥羊。一旦成功籠絡大家，就能把所有人拉到同一艘船上。這幾年來在心理學家與社會學者的研究下，發現霸凌現象是由加害者、旁觀者與受害者三者共同組成的系統問題，旁觀者的中立經常賦予加害者公然宣洩情緒的權力，如果群體領導者無力及早介入，原本中立的人們也可能因為害怕自己成為下一個攻擊對象，或為了表現向心力，而加入嘲弄的行列。

霸凌者也可能曾經是受害者，他可能幼年時在情感上被父母親忽略、在生活裡遭受過情感創傷，根據家庭暴力的研究，有時受到家暴的孩子，會為了保有對父母親的忠誠，而認同父母親施加在自己身上的暴力行為，進而在校園或未來的親密關係中成為施暴者。在親密關係與家庭中，暴力不一定限定於肢體上，有時沉默帶來的殺傷力同樣強烈，當伴侶用可怕的沉默來回應對方的需要，甚至是漠視對方的心情時，將會形成冰冷的殘酷感，我們可以稱之為冷暴力。

面對並處理心中的恐懼，讓我們更有機會免於成為霸凌者

光明的霸凌者有意識地選擇，自己要當寓言故事裡的太陽而非北風，他知道自己如果虛張聲勢，只是為了藏住內心因害怕而顫抖的孩子，並透過暴力來舒緩這份恐懼，在對他人出手前，他可能透過閱讀心理學書籍、參加專業課程等方式，好好檢視自己潛意識裡的

線索，明白暴力的習慣從何而來。當他走上與過去和解的道路時，慢慢地就可以有威嚇之外的選擇，因為當內心哭泣的孩子出現時，他懂得如何溫柔地安撫，並採取更合適的自我保護方式。

這樣的霸凌者有能力從群體中的加害者轉化為守護者，他的氣魄如今成為拒絕遭受他人侵犯的力量，甚至當群體中有人被欺負時，他也會第一個跳出來阻止帶頭的人，因為他能打從內心深刻感受到，害怕被別人攻擊是多麼不舒服的事情，他明白暴力源自於恐懼，而當自己帶著力量選擇愛，將可以替群體帶來安定的力量。

◆霸凌者能發揮的潛能：

社會化、魄力、影響力

◆霸凌者需留意的特質：

倚強欺弱、暴力、內在脆弱

抽到霸凌者這張牌，你可以問問自己的幾件事

- 在最近的生活裡，我隔離了什麼樣的恐懼與不安？
- 我是否透過壓迫他人或冷漠，來轉移自己心中的害怕與憤怒？
- 我如何面對自身的恐懼，拿出內在力量來抵擋他人給予的壓迫？
- 我如何在目前的處境中善用自己的力量？

神聖孩童
Child: Divine

「我很無知，因為我無知，所以可以發覺很多事情；因為我無知，所以可以跟別人一起發揮各自的能力；無知是最強力的武器。」

——小小哲學家．中島芭旺

◆解讀關鍵字：

聖潔的療癒力、純淨的愛

◆圖像描述：

整幅圖像都籠罩在溫暖色調裡，在原型卡的中央有位孩童正向我們張開雙手，以輕鬆純真的姿勢迎面走來，在他身後散發出如同太陽般的黃橘色光芒，注視著這樣純淨而充滿療癒力的孩童，讓我們心中也不禁溫暖了起來。

光明屬性：

- 以純潔之心提供旁人「救贖」
- 與純淨的神性進行心的連結
- 替周圍他人帶來轉化與療癒的感受

陰影屬性：

- 缺乏自我防衛的能力
- 無法抵禦陰影或心靈邪惡面的入侵
- 輕忽人性中陰暗面向的破壞力

◆原型人物：

耶穌與佛陀皆是對應神聖孩童的經典人物，他們在出生前都有異象徵兆發生，例如耶穌誕生前就有天使向牧羊人捎來訊息、東方三博士因為觀察到星象有異而前往耶穌誕生的地點祝賀，佛陀的母親在懷胎時夢見有白象入胎，本名悉達多的佛陀出生後，即一手指天一手指地說出宣告。

兩人後來都成為當時人民的精神領袖，並有諸多殊勝的事蹟，耶穌或佛陀的誕生，可說是聖嬰這一原型意象的經典代表，也讓我們得以從上述事蹟中感受到神聖孩童身上所獨有的純潔療癒力。

聖嬰的原型意象，呼應我們內在的神聖自性

神聖孩童體現出孩童形象中純淨飽滿的療癒力，除了在宗教故事裡，可以看見聖嬰的意象，在現代故事中，孩子往往也成為完滿一切的關鍵，例如在電影《靈異第六感》中，

布魯斯威利所飾演的精神科醫師，在生活頻頻遭挫的情況下，認識了一名自稱看得到鬼魂的幼童，在幫助這名孩子擺脫鬼魂糾纏的過程裡，醫師不僅開始敞開心房，最終更因此學會愛的真諦，療癒了塵封多年的心結。

神聖孩童睜著水汪汪的大眼睛，臉上帶著天真無邪的笑容，幫助我們回憶起自己心中，住著這樣一個本然完滿俱足的孩童，無論他面對的是誰，總是敞開雙手表達信任與歡迎，在他眼中，大人往往把事情想複雜了，許多事情的「真理」其實很單純。

只有9歲的圖文作家迷路，在《人生啊，歡迎迷路》一書中，用孩童的語言書寫著有些成人都不一定記得的生命道理，像是「慢慢走，慢慢體會人生，不行嗎？」10歲的孩童作家中島芭旺則說：「我很無知，因為我無知，所以可以發覺很多事情；因為我無知，所以可以跟別人一起發揮各自的能力；無知是最強力的武器。」他們的文字讓閱讀的人都重新做回單純的孩子，也改變了對生活的看法。

透過如同孩童的眼光，可以看見世界純淨的一面

光明面向的神聖孩童就像是新時代靈性說法中的「星際孩童」，內心純淨、在幼年時期即展現出超越同齡孩子的同理心與智慧，並常講出讓旁人感覺暖心的療癒話語，他們的眼神中散發出無盡的愛與純真，讓靠近他們的人都感受到愛的流動。

神聖孩童長大後很容易成為《奧修禪卡》中與螳螂戲耍的老人，他不因社會價值的框架而失去純真，相反的，人生歷練讓他更懂得如何保持初心，因為身為成年人的他，更有力量去守護好心中的純淨，也更懂得如何用對方可以理解的方式，傳遞愛與療癒的訊息。

國際催眠大師 **Gilligan** 即表示當他連結內在孩童的頑皮與純真時，內在的療癒力也隨之流轉，這不只幫助他改變自己的生活，也提供當事人很好的陪伴。

過於單純的心，可能忽略了人性的複雜

落入陰影屬性的神聖孩童，可能會因為不懂得人心險惡而讓自己受傷，在他眼中沒有壞人，每個人都有良善的一面，這種心態雖然讓他容易遇到善心人士，卻也可能遭到有心人的利用而被剝削。對神聖孩童來說，需要明白在人的潛意識中仍然有些值得留心的層面，榮格擁有與潛意識的豐富對話經驗，因此在他的著作裡，便曾經對我們提出警告：「在潛意識的世界裡，有時存在著帶著純粹惡意的存在，不可不慎。」

神聖孩童很值得看看《你的善良必須有點鋒芒》這本書，作者提到「倘若你無力承擔，沒人能代替你承擔，你無法跟執著於個人觀念而傷害你的人理論，你只能努力讓自己不被打倒」。避免被有心人利用除了自我保護，也是將這份純淨的愛保留給懂得珍視的人。

神聖孩童的陰影屬性還有凡事只以「光與愛」的純真角度來理解，過度簡化複雜人性，因而難以處理現實困境，曾經有西藏轉世活佛在接受採訪時提到，雖然擁有累世以來的智慧，在成長過程裡，自己仍然免不了需要遭受人生七情六慾、愛恨離別的考驗，在神聖孩童保有純淨之愛的同時，也要對人性有所學習，才能在入世生活與靈性觀點中保有平衡。

◆**神聖孩童能發揮的潛能：**

純淨、不帶成見、轉化

◆**神聖孩童需留意的特質：**

喪失界限、不懂自保

抽到神聖孩童這張牌，你可以問問自己的幾件事

- 我如何找回心中純淨的愛與慈悲？
- 當我用像是活佛般純淨又有智慧的眼光看待這件事，將會有什麼不同做法？
- 我對待這件事的態度上，有哪個地方需要多替自己設想？
- 我是否不願深入看待人性中複雜或幽微的地方，而想用光與愛來掩蓋真實？

永恆孩童

Child: Eternal

「儘管外表早已成年，他們的心態卻仍彷彿年少；雖然充滿活力，卻無法如成熟男子般腳踏實地。」

——《永恆少年：從榮格觀點探討拒絕長大》

◆**解讀關鍵字：**

永保青春、稚子之心

◆**同義詞：**

浦島太郎、永恆少年／少女

◆**圖像描述：**

在一片向日葵花海上，一名年輕的女孩飛舞在年輕男孩的身旁，女孩綁著長長的辮子，身穿橘色的洋裝，男孩則是白色上衣搭配格子狀類似睡褲的打扮，兩人很開心的在空中飛翔著，設法伸手捕捉眼前輕快舞動的蝴蝶，天氣看起來明朗暖和，圖像充滿歡樂與青春的氣息。

光明屬性：

- 讓身心保持在青春與充滿活力的狀態
- 用赤子之心看待世界
- 擁有無限的創造力與靈感

陰影屬性：

- 永恆男孩的陰影面向：不願意長大、承擔應有的責任，好保有對理想的憧憬
- 永恆女孩的陰影面向：過度依賴他人，好維持內心對安全感的龐大需要

◆原型人物：

永恆孩童又稱之為永恆少年（少女）。西方最知名的永恆少年之一，非彼得潘與溫蒂莫屬（註一），兩人在夢幻島上永遠停留在少年少女的青春形象，被心理學家們用來描繪現實生活中，那些抱持柏拉圖式愛情幻想的女性，或是不肯踏實努力，只願意永無止盡追求遠大理想的男性。

日本心理學者河合隼雄從浦島太郎的故事裡也發現永恆少年的足跡，浦島太郎在40歲前始終沒有結婚，並與母親同住，被視為無法與母親順利分化、長大成人的象徵，而他最後離開龍宮後忍不住打開乙姬叮囑不可打開的盒子，因而瞬間變成老頭子，意謂著他潛意識中渴望逃避責任，卻難逃被現實世界壓垮的下場。

讓人憧憬與崇拜的靈感化身，就是永恆少年的迷人魅力

有名年輕俊俏的男性，舉手投足都展現出高雅品味，身上可能還穿著不錯的行頭與配件，說起話來幽默風趣，總是懂得討人歡心，他逢人就提到自己心中的遠大夢想，以及如何努力不懈的追尋理想……然而，隨著時間過去，卻沒有真的看到他實現了什麼，或許有些小小的成功，但距離那些崇高理想來說，就像是通往宏偉宮殿那條長長的階梯底下，最下方那塊毫不起眼的磚頭。

這就是永恆少年，心理學家口中的「小飛俠症候群」，他總是可以用動人話語與崇高夢想打動女性芳心，然而一旦開始深入交往，卻難以承擔起現實壓力，無論這份壓力來自於工作、金錢還是與伴侶互動，對他來說都有如千斤石頭一樣沉重，當對方認識永恆少年的真面目進而導致關係幻滅。

換個角度想，永恆少年的最佳優勢，是心中永遠保持青春活力，甚至也因此在容貌體態上比一般人更年輕，他對夢想有超乎常人的執著，對他來說生活就是一個又一個的美夢，等待他進行探索，他也擅長鼓舞旁人大膽追夢，如同他自己一樣。

註一：在某些版本裡，溫蒂雖然受小飛俠邀請前往夢幻島，最後卻決定要離開島上成為大人，因此也有人認為永恆少女的形象應該是陪伴在彼得潘身旁的仙子。

崇尚精神美感，有如天龍國文青的永恆少女

永恆少女喜歡與富有才華且風度翩翩的人交往，因為她期待一場浪漫邂逅，並渴望受到對方的保護，然而她喜歡上的常是理想化後的形象，而不是對方的本來面目，這讓她在感情中容易受到挫折，並且感嘆自己缺乏眼光。她在工作上容易感到與主管及同事格格不入，因為她認為自己不該為五斗米折腰而諂世媚俗，認為自己如同蓮花般出淤泥而不染，即使旁人都覺得自己缺乏現實感，她仍堅守要獨善其身。

永恆少女與少年若要長大，需要在一份穩定的工作或親密關係中好好鍛鍊，在《文藝女青年這種病，生個孩子就好了》這本書中，作者幽默地提到打從孩子出生之後，每隔幾小時就要餵奶或更換尿布的生活節奏，讓她完全斷了過去那些風花雪月的庸人自擾，對於社會或伴侶懷抱著純真浪漫的幻想，可以讓生活增添一些風味，然而一旦把這些夢幻當真，往往會在現實考驗中吃足苦頭。對永恆少女來說，能夠在愉快的想像與務實的現實生活中流暢切換，是她保有自我又能適應生活的必備能力。

抗拒老化的恐懼，是永恆孩童潛意識裡不想轉大人的契機

永恆孩童內心最大的恐懼就是「變老」，這讓他發展出光明積極的一面：充滿活力，運用心中的理想來抵擋煩悶與枯燥的現實，他心中散發出來的夢想光暈，往往對旁人有種激勵作用。

然而害怕自己逐漸老去的事實，讓他有如王爾德筆下極力想要抵擋年老色衰的格雷，想要將自己的俊俏美貌保存在具有魔法的自畫像裡，故事中格雷容貌越紅潤，畫中人物就越衰老的情節，充分揭露出永恆孩童潛意識裡對老去的害怕。永恆孩童會因此迷戀健身、燃脂，或各式各樣的美妝與塑身課程，好讓體態維持在年輕健美的狀態，他也可能會崇拜影藝界中那些「女神」與「歐爸」，因為這些藝人最能滿足他心中對男人或女人完美形象的投射。

永恆孩童希望將自己的靈魂封印在永保青春的狀態，然而這種自我催眠就像南瓜馬車一樣，時間到了就會被打回原形，於是現實跟夢想的差距越來越大，這使得他變得越來越難以適應現實。讓自己「接地氣」地踏實幹活，在每日生活中持續鍛鍊自己的能力，縮短現實與夢想的距離，或許就是永恆孩童的成年儀式。

◆永恆孩童能發揮的潛能：

青春活力、懷抱夢想

◆永恆孩童需留意的特質：

不切實際、害怕老化

抽到永恆孩童這張牌，你可以問問自己的幾件事

- 我在詢問的主題上，可以如何維持如青春少年／少女般的活力與憧憬？
- 我可以如何抱持希望感，去創造內心的靈感？
- 我是否對這件事懷抱著過於浪漫天真的想像，刻意忽略事實？
- 我是否暗自期待可以依賴別人，好減輕自己的負擔？

神奇孩童

Child: Magical

「偶爾感到低落是很正常的。沒有艱困時期，我們又怎麼知道我們現在過的是好日子呢？」

——《腦筋急轉彎》

◆解讀關鍵字：

魔法般的奇蹟、心想事成

◆圖像描述：

這張原型卡的圖像讓我們不自覺想到小仙子或精靈，一名從長髮中不斷冒出小星星的少女，以單手托腮的姿態，若有所思地看著某處，她的背後有像是蝴蝶般大大的黃色翅膀，少女跪坐在一片像是草原又像是海浪的綠意裡，上頭開滿散發柔和黃光的蒲公英，在蒲公英之上是呈帶狀的星星，更高處則是遼闊的天空，布滿粉紅塊狀的雲朵，整幅圖像呈現出清新與夢幻的氣息。

光明屬性：

- 在事物中看見神聖與美好的本質
- 相信任何願望皆可成真
- 在逆境中以信念展現出韌性與勇氣

陰影屬性：

- 對於奇蹟抱持不切實際的期待
- 認為不需經過成長即可完成願景
- 對世界過度悲觀，否定轉機出現的可能性

◆原型人物：

皮克斯動畫《腦筋急轉彎》的樂樂與憂憂，在不小心被吸入女主角萊莉的長期記憶區後，遇見了萊莉的童年幻想人物小彬彬，他有大象的鼻子、貓咪的尾巴，身體由棉花糖所組成，還可以發出海豚的聲音，哭泣時則會掉出糖果，充滿童趣的外觀，加上樂觀卻欠缺思考的個性，活脫脫是神奇孩童原型意象的最佳代言人。

他三番兩次帶領樂樂與憂憂走上捷徑，差點遭遇危險，卻也是他在關鍵時刻透過歌聲啟動彩虹火箭，幫助樂樂得以重返大腦總部。他的戲劇化特質，體現神奇孩童的雙極性：充滿不切實際的神奇想法，以及在過度悲觀與樂觀中快速跳躍。他最後為了幫助樂樂而自願消失在萊莉的記憶裡，或許也可視為長大成人的隱喻：在我們發展自我意識時，必然需要放棄過度天真的幻想，才能用謹慎的態度，保有對世界的正向展望。

相信一切終有希望，有助於我們平安活下去

聖修伯里曾說：「所有的大人最初都是小孩子，只是多數的人都忘了。」神奇孩童就是始終記得這個孩子的人，他一直到年紀很大的時候，可能都還相信世界上有聖誕老公公；在他心中有個充滿神奇想法的孩子，對於世界有著各式各樣特殊的看法，像是「如果喜歡的人今天正好傳LINE給我，就表示我們有機會在一起」、「從 iPad 隨機播放的第一首歌歌詞，將會是今天生活的預言」。這些想法聽起來有些幼稚，但若仔細想想，神奇孩童或許只是誠實地接受一件事實：為了讓自己對這荒謬世界多一些掌握感，我們需要創造一些有趣的規則，來讓不可預測的事情變得合理一點。

雖然肉體看似長大了，童年時孩子氣的幻想，其實並沒有隨著長大而消失，取而代之的是更複雜的潛意識信念，例如「只要我夠努力，就可以證明自己值得被愛」、「只要我夠有錢，就可以感覺安心」。神奇孩童試著建立一套自己對事情的看法，雖然旁人可能可以舉出十個反駁的理由，他仍然會堅信不移，這是因為這些看似荒謬的信念，都是他用來解釋世界運行的規則，對他來說，重要的是依循規則後帶來的安心感，至於事情是否真的實現，有時並不那麼重要。

調整潛意識的細緻頻率，可以讓我們更容易心想事成

神奇孩童看待世界的方式充滿樂觀與積極，這讓他比別人更容易實現「心想事成」的潛能，他對吸引力法則深信不移，並因此替自己打造出強大的「自我應驗預言」氣場，因

為當他對事件抱持期待時，更容易刻意去搜尋那些符合期待的人事物，最後當然會更容易看到、聽到、感受到與這些期待相符的人事物。

小王子曾說：「真正重要的東西用眼睛是看不見的，得用心去感受。」對神奇孩童來說，最重要的就是內心所懷抱的正向信念，他不只持續朝潛意識發送正面訊號，強化對相符線索的注意力，這也讓他更容易因為心懷希望而採取行動，最後終於美夢成真，實現自己當初的神奇預感。他們在人際關係裡有時會因為這股正能量而如魚得水，例如因為總是心懷善意而在困難中遇到貴人，或是因為抱持堅定信心，於是讓事情化險為夷，神奇孩童擅長對自己進行正向自我暗示，增加了心想事成的可能性。

過於執著神奇的想法，可能反而餵養了飢渴的自戀心態

落入陰影屬性的神奇孩童，可能會像是這幾年來許多療癒師所提醒的那樣，太過於沉溺於吸引力法則之中，而忽略現實努力的重要性，他可能習慣引用靈性法則來替自身欲望背書，認為一切船到橋頭自然直，只要真心祈禱就可以讓願望實現，實際上只是讓自戀心態變得更加膨脹。

「信念創造實相」或「心想事成」如果缺乏足夠的務實判斷，很容易會被解釋成他人或宇宙有義務回應自己所有的期待，甚至讓神奇孩童以為只要靜心冥想，保持內心平靜，好事就會自動發生。從深度心理學的眼光來看，這種想法是源於嬰幼兒時期需求未被滿足，所遺留下來的神奇幻想，就像是「吃下一百架飛機，就可以願望成真」的靈性版本。

對於凡事都往好處想的神奇孩童來說，能夠以信念來強化行動力是讓他更快實現願望的動能，同時也需要記得回頭檢視現實環節，才能真的讓自己美夢成真。

◆神奇孩童能發揮的潛能：

正向展望、心想事成、創造奇蹟

◆神奇孩童需留意的特質：

自我矇騙、空想

抽到神奇孩童這張牌，你可以問問自己的幾件事

- 我如何以樂觀積極的態度，看見這件事情光明與正向的一面？
- 我該如何用帶有韌性的眼光，來看待目前所遭遇的挫折？
- 我會過度悲觀，以致忽略事情可能的轉機嗎？
- 我對事情的樂觀想法，會是一廂情願的自我矇騙嗎？
- 我是否正拿靈性法則當擋箭牌，迴避實際上該付出的努力或行動？

自然孩童

Child: Nature

「疏遠自然，人心將會變得如鐵石般冷硬；對於萬物的不敬，終將成為對人類本身的蔑視。」

——路德・史丹汀・貝爾（美國印第安作家）

◆解讀關鍵字：

親近大自然、動植物

◆圖像描述：

這張原型卡的背景讓人聯想到森林，更仔細看的話會發現，這些植物是由不同的葉子與花朵所組成，中央的女性抱著一隻棕色的野兔，就像是懷抱著嬰兒一樣，她深色的皮膚以及充分融入環境的綠色衣裳，讓人忍不住猜想，或許她是大地之母或這整片植物叢林的化身。

光明屬性：

- 與大自然或動植物和諧相處的能力
- 具有在環境中強韌存活的能力
- 可以與環境場域融洽相處的能力
- 喜歡親近大自然或動植物

陰影屬性：

- 以虐待動植物為樂
- 濫用大自然的資源
- 具有奪取他人及環境資源的習慣

◆ **原型人物：**

電影《泰山》的故事最可以讓我們聯想到自然孩童的意象，他從小被母猩猩所收養，與叢林裡的動物們都可以成為好朋友，甚至在危難時獲得動物們的幫助，這種能與大自然及動植物和諧共生的能力，幫助我們回憶起，其實在科技文明尚未將動植物驅逐出人類生活，甚至將自然環境破壞殆盡之前，我們原本就是地球的一分子，並具有與各式生物共同生活的能力。

熱愛動植物與大自然，是他們的天性

美國自然主義者梭羅曾說：「我步入叢林，因為我希望生活得有意義，我希望活得深刻，並汲取生命中所有的精華。」自然孩童天生就可以感受到自己是地球萬物中的一員，他們熱愛戶外活動，像是郊外踏青、登山與泛舟，在他們的身體裡似乎有種本能，總會一次次引導自己回到天然的純淨環境裡，去接受山、水、風、土所帶來的滋養。

他們深知動物具有看不見的療癒力，有些人會擔任訓練師，訓練馬、海豚或狗兒擔任「治療師」，讓一些久病難癒或行動不便的病人，可以獲得與動物們的親密接觸；他們也知道如果讓受暴婦女或獨居老人飼養寵物，可以加速心靈復原，有些人則出於發自內心的愛，選擇成為寵物溝通師，擔任人類與動植物間的溝通橋樑。

有些自然孩童喜歡安靜地接觸植物，他們從細心照料盆栽的過程裡，獲得莫大的心靈慰藉，甚至成為園藝治療師，運用植物及盆栽幫助人們度過心靈傷痛。也有些自然孩童對花精、芳療等自然療法深感興趣，對他們來說，這些藏在自然環境裡的療癒寶藏，可說是最天然的滋養工具。

以自然為師，是他們對生態環境的敬意

自然孩童以地球生態為師，像是花店 CN Flower 的總監凌宗湧，在他眼中花不只是花，更是人們傳遞情感的媒介，而花藝不只是將花朵們擺放得美美的，在花藝中蘊含著人與自然之間的關係。在自然孩童眼中，花朵、植物、動物與自然氣候，都有值得認識與學習的地方，他將自己放在與萬物同等的位置上，一切都是自己的同伴。

在全球各地推廣樸門農業的澳洲生態學家比爾．莫利森與大衛．霍姆格倫，則認為工業化毒害了土地與水源，使得農作物不再健康，他們觀察到在完整的自然環境中，各種動

植物本來就能和諧永續共生，因此研究出樸門這套「永恆的農業」。這樣的概念充分體現出自然孩童眼中的世界觀，天地萬物都應自然共生，人類在追求進步的同時，也需將自己視為生態系統的一分子，並且努力維護自然環境的平衡。

掠奪與剝削環境，讓我們活得越來越匱乏

暗黑自然孩童像是影集《諸神黃昏》中自視甚高的尤圖家族，他們身為挪威第五大企業公司，表面上宣稱工廠符合檢驗標準，卻完全無視於工廠排出的廢水含有毒素的事實，對他們來說整個挪威都是自己的地盤，小鎮居民的生死都握在手掌心裡，大自然存亡更與自己一點關係也沒有，他們視自己為地球的中心，無視於系統平衡的法則。

如果把大自然進一步延伸為我們所身處的環境：家庭、職場、社會，自然孩童的陰影面向，暴露出他們心中對利益的渴求，高過於與他人或環境之間的互利平衡。他們是生態鏈頂端的掠奪者，不受文明禮教約束，他們心中的「自然」是種野蠻的動物本能，社交禮貌是人為偽裝，掠奪資源適者生存才是大自然的法則。

這樣的心態最後往往會導致他們與旁人雙雙蒙受損失，因為人無法獨活，漠視系統與環境的破壞，最後終將招來反撲，將自己視為系統中的一分子，會是自然孩童需要放在心中的提醒。

◆**自然孩童能發揮的潛能：**

生命力、環保意識、尊重自然

◆**自然孩童需留意的特質：**

掠奪、粗野

抽到自然孩童這張牌，你可以問問自己的幾件事

- 我有多久沒親近大自然，出門看看山與海了？
- 如果在居住的地方增加寵物或盆栽，我的生活品質會有什麼不同？
- 我可以與環境中的其他人和諧相處嗎？
- 在詢問的主題裡，我是否有意無意剝奪了他人的權益？

◆六種不同的孩童原型◆

在我閱讀過的榮格理論文獻中，並沒有將孩童原型區分得這麼仔細，若要進一步仔細區分這六種孩童原型，首先可以從圖像細節的感受進行區辨，此外也可以透過下列描述迅速掌握重點：

1. **神聖孩童**：其特色在於具有聖童的形象，突顯療癒的特質，他們通常給人純真的形象。
2. **永恆孩童**：他們具有青春活力，給人長不大的感覺，像是浦島太郎或輝夜姬，對於事情常有理想化的傾向。
3. **神奇孩童**：他們思考事情時具有魔幻性質的幻想，面對困難時容易仰賴奇蹟的力量，並認為船到橋頭自然直。
4. **自然孩童**：他們對動物、植物及大自然環境有濃厚興趣，並且在意人與環境之間的互利平衡。
5. **孤兒孩童**：他們害怕被遺棄，因此容易有過度依賴或獨立的現象，容易成為群體中的邊緣人物。
6. **受傷孩童**：他們具有玻璃心，內心敏感脆弱，這些特質有時與童年創傷的影響有關。

孤兒孩童

Child: Orphan

「孤獨並不是來自身邊無人。感到孤獨的真正原因是因為一個人無法與他人交流對其最要緊的感受。」

——榮格

◆解讀關鍵字：

遺棄感、孤單感

◆同義詞：

孤兒、棄嬰

◆圖像描述：

遠遠看向這張原型卡，會覺得是一個身穿紅衣的金髮少年，如同小王子般坐在自己的星球上，眺望遠方，在遼闊的空間裡，周圍存在著不同的星球，感覺少年似乎有些孤單，然而拿近一點仔細看看，我們會發現每顆星球都散發出一道道波動的能量，彼此之間其實存在著無形連繫，而少年所身處的這顆星球上，有其中一塊地方的紋路，近似於人類的大腦，這讓我們忍不住沉思著，在孤單感背後，是否隱藏了值得留心的潛意識訊息？

光明屬性：

- 透過孤獨發展出獨立自主的力量
- 能夠克服生存焦慮，相信自己能好好獨自生活
- 在群體中仍保有自我獨立的價值感

陰影屬性：

- 害怕遭受遺棄
- 沉迷於尋找替代性父母，拒絕獨立、發展個人力量
- 不習慣向他人求助，覺得凡事只能靠自己

◆原型人物：

在《神隱少女》這部電影的開頭，女主角千尋的父母因為貪吃而變成了豬，千尋在驚慌失措的狀態下冒險進入神靈的世界，並付出改名為「千」的代價後，在湯婆婆的油屋裡接受一連串的考驗，這種失去雙親，獨自在異世界冒險的形象，十分呼應孤兒孩童的原型意象。

宮崎駿電影的主角們幾乎都至少失去父母親中的其中一位，甚至父母雙亡，好讓主角們可以在接下來的生命考驗中逐漸成熟，這種設法獨自面對考驗，並因而將心境磨練得更為成熟的過程，便是孤兒孩童長大成人的心路歷程。

在我們心中都有害怕被遺棄的一面

孤兒孩童有如電影中失去父母的主角們，感覺自己被拋棄在這世界上無所依靠。換個角度說，每個人心中可能都有個孤兒孩童，或許我們從小到大多少都曾經感受過「被拋

下」的時刻，尤其是幼年時只能仰賴父母親的照顧，大人們卻不一定能夠經常給予即時的陪伴與協助，這更讓人感到隱隱不安，雖然長大後這份感覺慢慢被推到潛意識角落，然而每當面臨分離時，這份孤單感都可能會重回心頭。

對落入陰影屬性的孤兒孩童來說，特別懂得孤單的滋味，當伴侶沒有回應他的需求、在工作時被主管訓斥、與同事意見不合，或因為被同儕排擠而覺得失去群體歸屬感時，不安全感就會被挑動，他們心中可能會默默想著：「反正也不會有人理會我。」進而想要放棄溝通表達的意願。

長期孤單容易讓我們害怕再次被遺棄

孤兒孩童的童年通常經歷過一段被忽視冷落的歲月，或是在求學時代受到長期霸凌與同儕孤立，這種長期的孤單感，讓他們發展出兩種看似截然相反的因應策略：過度依賴，或過分獨立，其實這兩種態度的背後有著相同的信念，那就是不希望自己在關係中被拋下。

有些孤兒孩童因為嘗過被拋棄的滋味，變得害怕獨處，因為特別容易感到孤單，所以不斷安排社交活動，好讓自己感覺到身處在人群裡的溫暖，他們可能會緊抓著朋友、老師不放，深怕一個不留神又會被拋棄。有些人則是害怕自己再次被拋下，所以乾脆先一步遠離人群，以免讓別人有機會遺棄自己。

孤兒孩童可能會是群體中的邊緣人，他們甚至可能會刻意讓自己處於邊緣的位置，因為「沒有期待，沒有傷害」，只要不主動建立人際關係，就不會再次遭到遺棄，長大後他們習慣成為獨來獨往的獨行俠，過著人不犯我我不犯人的生活，生活中最重要的任務，就是確保自己可以不靠他人的獨活下去。

擁抱孤獨感，讓我們活得更有力量

蔣勳在《孤獨六講》裡提到：「孤獨是生命圓滿的開始，沒有與自己獨處的經驗，不會懂得和別人相處。」對進入光明屬性的孤兒孩童來說，獨處並不等於孤單，獨處是我們處在一個人的狀態，可是心情有可能是平靜的，孤單則是即使身處在人群裡，仍然難以跟別人產生真實連繫，心中擔心著如果自己跟對方在想法與價值觀上不一致，就無法被接納與喜歡，於是只能跟對方在表面互動，無法真正「走心」。

千尋在離開父母之後，在油屋遇見許多神奇的人物，最終找回自己的名字，這個故事可以看成是孤兒孩童勇敢迎接生命挑戰，拿回力量長大成人的隱喻，一如孩童需要離開父母親的保護傘之下，才有機會在接受挑戰的過程裡成長，在生理、經濟與心理層面都長大成熟，光明屬性的孤兒孩童懂得接受「人終究獨自來到世界，獨自離開世界」的存在性孤獨感，找到安然獨處的方式。

蔣勳也提到：「即使我們與最親密的人擁抱在一起，我們還是孤獨的，在那一剎那就讓我們認識到倫理的本質就是孤獨。」孤兒孩童最大的潛能，就是看見「我需要另一個人才能讓自己的生命圓滿」只是逃離孤單感的無謂手段，就像是榮格提及凡是心理成熟的人，必然能勇敢活出自己，擁抱孤獨感，並因此能與他人建立起深刻的情感關係，因為這樣的人最能明白每個個體都是獨一無二的，只要願意深入探尋，就能從存在性孤獨裡，照見支持著生命存續的心靈力量。

◆孤兒孩童能發揮的潛能：

獨立自主、堅強、沉靜

◆孤兒孩童需留意的特質：

獨善其身、無法建立關係、生存焦慮

抽到孤兒孩童這張牌，你可以問問自己的幾件事

- 我在詢問的主題上，是否存在潛藏的獨立議題？
- 我在生活中會顯得過度依賴或堅強獨立嗎？
- 我如何找到信任自己、獨立自主的力量？
- 在我心中，還有哪些與被拋棄相關的主題需要療癒？

受傷孩童
Child: Wounded

「所有的問題都來自於早期互動的失敗，雙親的態度，形成了孩子的價值觀。兩人相見，六人在場。」

——佚名

◆解讀關鍵字：

敏感、容易受傷、擔心被傷害

◆同義詞：

受虐兒

◆圖像描述：

圖像中的三個人物全部都背對著我們，只能依稀看出有兩個金髮的人物，被中央看起來比自己身形更為龐大的人所簇擁環抱著，這個巨大的人身穿的服裝，看起來像是用不同圖案所編織成的百衲被。光從動作很難猜測這三個人究竟正在做些什麼，他們所面對的方向散發出金黃色光芒，然而在這光芒之外，我們隱約可以看見有紅色的氣流正隱隱流動著，整幅圖像似乎可以做出截然相反的兩種詮釋：中央這位人物，要不就是呵護兩名幼小之人的照顧者，要不就是控制他們的監視者，然而更有可能的答案或許會是兩者皆然。

光明屬性：

- 喚起人們心中的慈悲
- 將心比心，願意協助其他內在受傷的人們
- 在傷痛中學習寬恕與原諒的功課
- 發展出深刻同理他人的能力

陰影屬性：

- 將所有失功能或不健康的關係，都歸因於幼年創傷
- 用拒絕寬恕或原諒曾傷害過自己的人，來懲罰自己
- 因為受傷過重而封閉自己的內心
- 對於受傷害的可能性過於小心翼翼

◆原型人物：

在電影《大夢想家》裡，描述華特迪士尼如何取得潘密拉崔佛斯所撰寫的《歡樂滿人間》版權，好將故事改編成電影的過程，裡面的女主角崔佛斯小姐可說是受傷孩童原型意象的代表人物。

崔佛斯尖酸刻薄的個性背後，藏著一名受傷的孩子，雖然父親非常愛她，卻也因為酗酒而造成工作不穩、與妻子長期衝突，並且無法妥善呵護年幼的她，甚至最後因此身亡，這都讓她心中對於父親有極為矛盾的感受，而最讓她痛苦的卻是無法原諒童年時無能為力的自己，電影充分刻畫出受傷孩童的內在世界，敏感纖細又容易受傷。

過去的創傷經驗，有可能會讓我們不由自主的一再受傷

受傷孩童在成長經驗中，大多都經驗過童年逆境，隨著心理治療的研究不斷更新，受到照顧者身體或情感的虐待、持續受到冷漠忽略，同樣被視為創傷經驗的一種，被稱之為複雜性創傷壓力症候群（ＣＰＴＳＤ），心理學研究指出，生活上無法被妥善照顧、被同儕孤立排擠、需要在童年時即擔負照顧失能雙親的責任，都可以被歸類在童年逆境中。受傷孩童長大之後，比一般人更容易產生焦慮症、憂鬱症、情緒與人際困擾，甚至會影響到婚姻關係與工作表現。

受傷孩童心中有著刻畫較深的傷痕，別人無心的一句話，都可能勾出不愉快的回憶，他覺得處處需要受人保護，擔憂自己會不會又再次受到傷害，創傷經驗所帶來的強烈情緒衝擊，讓他即使想要奮力擺脫過往陰影，卻覺得無能為力，就好像掉進了流沙裡難以自拔，這時候尋求專業心理師協助，會是很重要的一步。

不斷讓自己跌入受傷的深井裡，可能是不願背叛當年的自己

落入陰影屬性的受傷孩童看上去滿腹玻璃心，即使擁有真誠關懷自己的朋友，以及全心全意愛著自己的伴侶，卻仍然會不自覺反覆沉浸在悲傷痛苦的情緒裡，甚至可能會把一切不順利都歸結到過去的經驗，讓人覺得他們似乎不願替此刻的生活負責。

受傷孩童經常會有不允許自己開心的現象，這可說是對過去受創事件「延長的自我哀悼」，有些人從痛苦離開後，會緊抓著受傷所帶來的悲傷與憤怒，強迫自己記得過去的這

段經驗，以避免再次「重蹈覆轍」，甚至有些人在心中遲遲不肯原諒當年傷害自己的人，是因為如果輕易饒恕對方，將對不起當年那個脆弱或無力反擊的自己，唯有不斷提醒自己有這道傷口，才能向過去這個受傷的自己宣示忠誠。

因此受傷孩童，即使明白寬恕有助於幫助自己邁向復原，有時候仍容易緊抓著過去不放，從心理治療的角度來說，寬恕涉及複雜的身心層面，受傷孩童目前擁有的人際與社會支持、當年受創的嚴重程度、創傷發生時的年紀……都會有所影響。因為受傷孩童親身走過這一切，他明白寬恕不該被當成從傷痛中復原的唯一指標，並且更容易對深陷絕境的人們產生同理心，同時他也知道，寬恕的重點並不在於原諒傷害自己的人，而是跟當初那個受傷的自己和解。

培養面對傷痛的能力，是我們可以替自己所做的最好選擇

能夠發揮光明屬性的受傷孩童，揭露出人性中非常珍貴的一面：如何從受傷的狀態中復原，再次起身，學習照料傷口，並因此成為更溫柔慈悲的人，唐鳳曾說：「缺口是讓光進入的地方」，每個傷痛中都藏著成長與蛻變的力量，引導我們去整合那些曾經被壓抑與否認的心靈面向。

受傷孩童懂得留一份溫柔給自己，好好疼惜當年受傷的自己，明白有些事情不是自己的錯，也可能不是他人的錯，意識到自己現在已經長大了，擁有足夠能力好好保護自己，是創傷療癒裡很重要的一步。他們學習成為自己理想中的父母親，練習發揮力量保護自

己，並且從自己的傷痛裡，長出對他人溫柔細膩的關懷與善意。

多數充滿同理心與人道關懷的助人者，都曾經是受傷孩童，他們透過療癒心裡的傷口、學會與內在自我和解，進而能夠經驗療癒轉化的微妙，最終培養出面對傷痛的能力，甚至可以將這種強大又溫柔的力量，與其他仍在受苦的人們分享，這也是受傷孩童所要帶給我們的生命禮物。

◆受傷孩童能發揮的潛能：

敏感、將心比心

◆受傷孩童需留意的特質：

過度警戒、卸責

抽到受傷孩童這張牌，你可以問問自己的幾件事

- 在我心中，還殘餘著什麼樣的過往舊傷需要被療癒？
- 我是否習慣以過去受創經驗為藉口，迴避自己應負起的責任？
- 我如何去照顧容易感覺受傷的心情？
- 我可以如何運用受創經驗，發展出對自己與他人的同理心？
- 我從過去的受傷經驗裡，學習到什麼？從這當中發展出哪些值得肯定的能力或特質？

友伴

Companion

「若要評斷一個人，當審視其與何人為敵、何人為友。」

——約瑟夫．康拉德

◆**解讀關鍵字：**

堅貞友誼、親密情感、同儕支持

◆**同義詞：**

同伴、朋友、跟班、夥伴

◆**圖像描述：**

如同這張原型卡的名稱，圖像裡有兩名互相扶持依偎的女子（從中性的五官來看也可能是男子），她們一同捧著美麗的花束，左側女子的衣著花紋與綻放開來的花朵相似，右側女子的衣著顏色則與下方的花束莖葉相仿，兩人相擁的姿勢，以及沉浸在親密互動中的神情，加上暖黃色的背景，讓我們也跟著感染到她們情誼中的溫馨與親密。

光明屬性：

- 對他人表達友好與情感忠誠
- 展現人際互動上的親和力
- 對親近的人提供情感支持與協助

陰影屬性：

- 背叛友人的信任
- 為了迎合他人而失去自我認同
- 順從群體而產生從眾效應

◆原型人物：

友伴本質上更像是一種人際關係中的情誼展現，像是日本經典漫畫《美少女戰士》中的水手服戰士們互相扶持的女性情誼，以及《航海王》裡的魯夫跟夥伴們共同出生入死的友情，都呈現出友伴之間相互打氣、彼此幫助，容易因為同一件事情而同仇敵愾的氣氛。

著名偵探小說裡的福爾摩斯與華生，可說是友伴經典代表，華生不僅是福爾摩斯的得力助手、與他一起拌嘴的知心好友，在必要時刻時，更願意捨身相救，兩人之間可說是偵探界的歡喜冤家，越吵感情越好。

朋友是願意與你同甘共苦的這個人

梭羅曾說：「我的朋友乃是那些對我有真正理解，並且以此理解相待的人。」友伴就像是漫畫《火影忍者》裡，結束一場戰鬥後會肩並著肩一起去吃拉麵慶祝的忍者們，一起出生入死並分擔喜樂，她是那個經常邀約妳一起喝下午茶聊聊生活近況的姊妹淘，或是看到好東西就會想到與妳分享的閨密，也可能是白天看到你被老闆臭罵一頓，下班時約你去喝一杯的職場老戰友，當能與朋友歡聚，快樂將會倍增，當能向朋友吐露心事，內心煩悶也可以大大減緩。

心理學家阿德勒在他的治療理論裡，提到「社會興趣」是評估一個人心理健康程度的重要指標，他認為健康的人除了關注自己的生活發展，還會對他人展現同理心。友伴親切和善，樂於邀約他人成為自己的夥伴，這顯示出他有不錯的社交能力，也是內心健康的展現。

這輩子你至少要有一個交心好友

亞里斯多德說：「何謂朋友？就是一個分居在兩個軀體內的靈魂」，具有光明屬性的友伴，至少會具備下列特點中的其中幾樣：

1. 當他知道你正面臨低潮，或有緊急要事，即使已經深夜十二點，仍然願意跟你講電話。
2. 當你向他傾訴難以啟齒的困擾時，他不只願意無條件接納你，還答應保守祕密。
3. 他願意不離不棄的提供陪伴，直到你走出人生低潮為止。
4. 他真心祝福你的成功，當你分享喜訊時，能夠真誠為你感到開心。
5. 他在至少一個方面上，激勵你成為越來越好的人。
6. 即使明知道可能會讓你不開心，仍願意對你說真話，因為他誠摯地替你著想。

友伴知道所有的人際關係都需要經營，會將與朋友的聚會排入行事曆，將談心時光列為生活中重要的事情之一，他會練習記住朋友的喜好，隨手分享朋友感興趣的資訊，並把對方放在心上。他們不只樂於聽你訴說心事，當有困難時也會分享自己的脆弱，因為他打從心底信任著你，透過共同的休閒活動，以及共享私密的內心話，他用這些方式展現友情的忠誠度，持續鞏固雙方的情誼，讓彼此成為生活中的最佳盟友。

同溫層，可能會讓我們變得盲目

落入陰影屬性的友伴，可能會出現從眾的反應，社會心理學用這個概念來解釋，為什麼黑暗友伴容易人云亦云。當友伴對自己的想法跟決定缺乏信心時，即使明知事情不太對勁，仍會盡可能做出跟群體中大多數人意見相同的決定，因為公開表達相反立場，會讓他們擔心遭受同儕排擠，進而失去歸屬感。

同溫層效應也可能加深友伴盲從的傾向。人很容易受到所處的群體影響，尤其現在社群平台的演算法，讓我們只看得到自己想看的，每當我們點了一篇文章，社群媒體就替我們篩選出更多類似的文章，久而久之我們跟同儕的意見變得越來越相近，這導致我們認為自己的想法就是真理，卻不知道早已受到媒體與社群的潛在影響。

此外，暗黑友伴容易放大關係中競爭與比較的心態，當看到朋友過得比自己幸福、擁有比自己更多的好處時，可能會暗自感到不快，進而把朋友化為假想敵，暗地裡貶低他們，甚至暗中背叛朋友的信任，做出讓對方傷心的事情，為的就是讓對方因此感到痛苦。此時友伴的注意力已經從彼此間的情誼，轉為利益上的衝突，這時候如果可以再次回憶起彼此當初成為朋友的契機，想想這段友情帶給自己的滋養與支持，或許可以讓友伴再次找回與人為善的這份心意。

◆友伴能發揮的潛能：

忠誠、支持力量

◆友伴需留意的特質：

盲從、背叛信任

抽到友伴這張牌，你可以問問自己的幾件事

- 我如何展現自己的親和力？
- 在我詢問的主題上，是否存在著跟友誼或親密情誼有關的部分？
- 為了獲得同儕或朋友的認同，我不自覺付出了什麼代價呢？
- 我是否因為個人利益或嫉妒心，有意無意做出傷害友情的事情？

少女

Damsel

「只有當你有優雅的意念，優雅才有可能自然地出現；出自內在的優雅，就是神性的展現。」

——奧修

◆**解讀關鍵字：**

純潔、柔弱、依賴

◆**同義詞：**

公主

◆**圖像描述：**

圖像中最吸引人的可能是正中央這位金髮少女了，她身穿畫有花紋的洋裝，用手扶著精緻的金色橢圓鏡框，最特別的是在鏡框背後，出現了一抹與背景不太吻合的紅色花紋，似乎暗示著鏡中少女所身處的地方，並不如表面上看到的舒適典雅。右方有著由淡藍色與白色混雜而成，像是雲朵或霧氣的空間，似乎顯示出少女在安全與自由之間的猶豫。

光明屬性：

- 在感情裡享受健康的浪漫愛
- 能以純潔的心面對外界
- 放下依賴的心，善用自己的力量
- 即使經歷生命起伏，仍對愛保有純真的感受，不受世俗遮蔽

陰影屬性：

- 相信自己脆弱嬌貴，只能被溫柔對待
- 等待王子或騎士來拯救自己
- 沉溺於浪漫的愛情幻想中
- 放棄自己的力量，無法在心理或物質上獨立生活

◆原型人物：

在希臘神話中的波瑟芬妮（Persephone），或許可被視為由純真少女轉為成熟女人的經典原型人物，在神話故事中，波瑟芬妮是大地女神迪米特（Demeter）的女兒，並受到母親無微不至的呵護與照顧，甚至被藏入山中以避免她與眾神接觸，在她某天與其他仙女一起出外採花時，冥王黑帝斯忽然從地底竄出，並將其擄至冥府，誘騙她吃下四顆石榴種子，使得波瑟芬妮最後雖能返回地面上，仍然有四個月需要待在冥府。

在這個神話裡，我們可以清楚感受到在複雜的人世間，少女身上的純真無邪是份珍貴的特質，卻也可能潛藏著過於無知的危險，因此純潔少女往往需要在危難中，才有機會磨練出守護自己的能力。

透過發展機智與陰性力量，女性得以邁向成熟之路

在榮格童話分析裡，格林童話〈牧鵝姑娘〉是講述少女成為女人的經典故事：公主帶著豐盛的嫁妝與一名侍女，前去與鄰國王子結婚，沒想到她被侍女奪走首飾跟服裝假扮成自己，甚至被派去放牧一群鵝，最後她憑藉自身機智，成功讓國王發現她才是真正的公主，並讓侍女得到了應有的報應。

少女起初多半青春浪漫，對人世間的險惡幾乎一無所知，當她準備要邁向自身生命的成熟與完滿時，往往需要鍛鍊機智與細膩的辨識力，甚至故意展現柔弱來讓對手輕忽大意。相對於男性總以蠻力取勝，這些所謂的「陰性能量」更帶巧勁：富有情感、擅長人際連結、幽默、靈活、包容、具有女性智慧，透過發展這股陰性能量，才能從懵懂無知的少女，蛻變成優雅堅毅的女人。

少女需要成熟，因為缺乏辨識力的純真容易使自己深陷險境，成熟的陰性能量並非毫無作為，而是懂得人性幽微複雜之處，並懂得用圓融的態度與黑暗打交道，一如暢銷書《脆弱的力量》中所描述的，比起陽性能量總是爭得你死我活，對陰性能量來說，世界是由各式各樣的灰色地帶所組成，脆弱並非軟弱，而是能夠不怕受傷，並懂得修復生命破碎。

公主病的背後，暗示著缺乏自己生存的能力

蔡康永曾說：「有公主病的，大部分不是公主，只是有病。」在生活裡習慣凡事都需要男人代勞、養尊處優的女性，旁人常戲稱她們有「公主病」（狀態相似的男性也可說有王

子病），暗喻這群凡事都需要有人服侍的女性，就像是童話故事裡嬌弱的公主，其實如果仔細凝視那備受呵護的身影，就可以發現在她們心中，可能藏著無法獨力生存的擔憂，只能被動等待他人拯救自己離開這場不幸。

無論是認為自己缺少男人就活不下去的少女，或認為只要不斷利用旁人就不需要自己出馬解決的公主，都帶有「我很柔弱、沒有別人保護我很難活下去」的想法，她們一心認定自己需要王子或騎士保護，才能免除被邪惡傷害，只能將自己生命的重量交付給另外一個人，並且拒絕運用自己的力量，因而只能生活在粉紅泡泡裡，難以適應現實生活。

懂得呵護自己的少女心，就可以讓生活在豐盛裡美麗綻放

精神科醫師鄧惠文強調不少女性可能原本都帶著少女心，甚至是玻璃心在過生活的，直到在婚姻中發現身旁那個男人似乎不太可靠，或是無法如童話故事的王子一般完全滿足自己的需求後，生活就崩解了。少女如果想要自我成長，就需要明白在愛情或婚姻裡，雙方都需要替自己的生命負起責任，認清自己有玻璃心的特質，懂得覺察與自我對話，慢慢讓自己的心靈強壯起來。

成熟的少女或許就像是《百吻巴黎》中的楊雅晴一樣，婚姻並沒有磨去她的少女心，她臣服於上天安排，從戀愛交往到結婚生子，雖然一路走來有許多辛苦，但她不滿足於只是受到老公寵愛與呵護，而是從中找到身為人妻與人母值得喜悅的地方。她在《親愛的女生》中寫下：「我們可以結婚生子，也可以縱橫職場；我們可以是蕩婦，也可以當廚娘。而

所有決定，都該是妳自己的選擇。」從她的故事裡我們看見少女的圓滿結局，其實掌握在自己手中。

◆少女能發揮的潛能：

純真、浪漫

◆少女需留意的特質：

依賴、嬌弱

抽到少女這張牌，你可以問問自己的幾件事

- 我這輩子曾經有過的純真時刻是什麼？我如何再次保有這份純真？
- 我在詢問的主題上，是否仍帶著依賴、期待被拯救的心態？
- 面對眼前的困難，我如何找到屬於自己的力量與因應方式？
- 我如何在現實考量裡，保有一絲理想與浪漫的情懷？

毀滅者

Destroyer

「毀滅是通往改變的道路。」

——《享受吧！一個人的旅行》

◆**解讀關鍵字：**

破壞與毀滅、殺戮

◆**同義詞：**

連續殺人犯、瘋狂科學家、掠奪者

◆**圖像描述：**

從圖像裡可以清楚看見一座猛烈噴發的火山，熊熊火焰從火山口噴發，夾雜著看起來像是火山灰的黑點，火山附近被一大片白色的雲霧所包圍，然而背後的天空看起來仍然是藍色的，深褐色的火山側面帶有一小片綠色紋路，似乎暗示著毀滅者這張原型卡，帶有字面之外的意義。

光明屬性：

- 釋放潛在的破壞力量
- 準備迎接新的生命階段
- 善用「破壞—重建」這股反覆循環的衝動

陰影屬性：

- 沉溺於破壞性的力量
- 破壞他人潛在的夢想
- 認同毀滅力量，專注破壞而無法重建

◆原型人物：

濕婆神（Shiva），是印度教中重要的神祇之一，與掌管創造的梵天（Brahma）、負責維持世界的毘濕奴（Visnu），並列三大重要神祇，相傳只要祂睜開第三隻眼睛，就會讓世界進入毀滅的狀態，並從毀滅中重新誕生。因此對印度教的信徒來說，濕婆同時是毀滅與重生的神祇，濕婆神這樣透過毀滅來進行轉化的特質，可說是對應毀滅者這張原型卡意象的代表人物：毀滅並不只是單純破壞，而是為了掃除舊有不合宜的一切，讓新事物得以誕生。

佛洛伊德提出死之本能，描繪出我們心中渴望毀滅的一面

毀滅者可能會是佛洛伊德的信徒：這位奧地利的心理學家在建構自己的心理治療理論時，提出凡是人皆有生之本能與死之本能。用比較簡化的方式來說，佛洛伊德認為，在我們每個人心中都有渴望生長、積極求生、自我突破的心靈力量，幫助我們完成創造，生活

中舉凡事業晉升、結婚生子、提升專業，多半是靠這股力量所推動，他也發現人們有時會產生一股想要毀滅眼前事物的破壞衝動，他稱之為「死之本能」。

佛洛伊德認為死之本能是人類的天性，當生物面臨壓力與焦慮時，潛意識會渴望透過破壞與摧毀，讓生命回歸到原初的虛無狀態，進而獲得平靜與解脫，自殺、戰爭、對他人的攻擊，都源自於這股本能驅力。

毀滅者很能夠感受到自己身體裡這股破壞的衝動，並且小心翼翼地收藏著，除非遇到壓力或重大事件，否則不會輕易爆發。他們心中很清楚明白一件事：在人性底層並不只有創造與美好的一面，同樣存在具有毀滅與破壞的面向。

當我們過度認同傷痛時，可能會默默引爆毀滅能量

暗黑毀滅者心中有一座休火山，平時依循社交禮儀設法讓他人留下好印象，即使心中懷抱不滿，甚至懷有嫉妒心情，仍會設法私下宣洩或默默壓抑，然而當他身處在巨大壓力之下，例如攸關收入與成就競爭，或是面臨關係斷裂的情感危機中，就有可能讓火山引爆，再也無法克制地表現出破壞與毀滅的行為，像是惡意羞辱、故意破壞他人成就，甚至是刻意傷害自己，破壞自己曾經累積起來的成就。

毀滅者如果不願意面對自己曾經遭遇過的挫敗，忽略這些憤怒與不滿的感覺，一心只想用正向情緒加以壓抑，累積久了便會讓潛意識的火山越來越炙熱，最後一發不可收拾。如同布袋戲裡黑白郎君的名言：「別人的失敗，就是我最大的快樂。」以他人的痛苦與失

敗，甚至是落井下石的批評與破壞，彌補自己在失敗裡所感受到的陰鬱。

經歷舊結構的破壞，才有機會迎接新生

從積極的角度來看，毀滅者深刻明白毀滅的力量可以多加善用，這是一種砍掉重練的狀態，電影《享受吧！一個人的旅行》中，離婚的女主角感到生命失去意義，她決定放下手邊所有的一切，給自己一年的時間重新找回自己，好替心靈來場斷捨離，最後她找回了內心的平靜與愛人的能力。

毀滅者能將破壞的力量視為邁向成熟與新生的大好機會。在靈性療癒中有個說法：「你可能跟上帝祈禱著希望自己可以擁有一段美滿的感情、工作順心，並且可以過著真正喜悅平靜的生活，上帝聽到了，祂也很想好好幫助你完成這個夢想，於是他大手一揮，直接破壞掉你現有的生活步調，好幫助你直接躍入新生活裡。」就好像一棟地基已經搖搖欲墜的房子，想要煥然一新最快的方式，就是開來怪手直接打掉重建，毀滅者非常懂得利用這種大刀闊斧的心靈潛能！

在電影黑暗騎士三部曲《黎明昇起》中，蝙蝠俠被反派角色打得一蹶不振，並被丟棄到深不見底的地牢裡等死，原本他努力壓抑恐懼奮力一搏，直到牢友告訴他：「雖然你不害怕死亡，事實上這卻是使你虛弱的要害。爬出去，就像那個孩子一樣，沒有用繩子。然後恐懼將會幫助你。」於是他聽從牢友的建言，大膽「摧毀」那個總是愛逞強的自己，重建出新的自我，帶著恐懼前行，因而找到躍過斷崖的方法。正如心理治療師歐文．亞隆所說，

「從你舊生命的灰燼上，建立起一個新的自我。」在生命裡，有時毀滅帶來的不是終結，而是新生的開始。

◆毀滅者能發揮的潛能：

大刀闊斧、斷捨離

◆毀滅者需留意的特質：

自暴自棄、破壞他人成就

抽到毀滅者這張牌，你可以問問自己的幾件事

- 在我心中，對什麼樣的事情抱持著憤怒與渴望摧毀的念頭？
- 我是否出於某種原因，潛意識裡期待破壞他人的成就或喜悅？
- 在我詢問的主題上，有什麼舊有習慣或心態，值得毀滅與更新？
- 我如何善用大破大立的態度，讓不合時宜的人事物離開，好迎接新機會？

偵探

Detective

「因世間的一切就像根鏈條；我們只需瞧見其中一環，就可知全體的性質。」

——福爾摩斯

◆**解讀關鍵字：**

注意細節、客觀推理、追尋真相

◆**同義詞：**

間諜、偷窺者

◆**圖像描述：**

圖像中的人物讓我們感到雌雄莫辨，雖然有著一頭金髮、裸露出單側肩膀，但沒有被書本遮住的半邊臉龐，卻又有點像一名男人，用來遮住另一側臉頰的書本上挖了個洞，讓我們不禁想起老派電影裡，偵探或間諜總是運用挖了小洞的報紙作為掩護。這個人身後的紅色條紋與紫色潑墨背景，也呈現出偵探的雙面特性：看似低調實則積極收集線索，默默等待真相大白的時刻到來，才一舉揭露事件背後的陰謀。

光明屬性：

- 具有敏銳的觀察力與直覺
- 執著於追尋真相
- 擅長推理線索，辨識事件或人性背後的潛藏模式

陰影屬性：

- 帶有病態的偷窺欲望
- 捏造證據進行不實指控
- 藉由看穿他人內心，防衛自己心中的不安與脆弱

◆原型人物：

說到偵探，許多人可能心中第一個想到的會是老牌的英國偵探福爾摩斯，他擅長全方位的觀察人們的穿著、談吐與不自覺的小動作，也擅長從環境收集大量資訊，好做出縝密推理，找出問題解答，並執著於追尋真相。

福爾摩斯總是語出驚人，這歸功於他不著痕跡的觀察功力，以及擅長從人們談吐中推敲出隱而未說的線索，最後像是拼圖一樣地一塊塊將資訊拼湊起來的彙整能力，偵探依靠的不只是內心直覺，還有對於人類心理的熟悉，使他能夠一眼洞穿事件真相。

敏銳的觀察力，有助於找到隱藏在表面事物下的線索

在《波希米亞醜聞》裡，福爾摩斯曾對華生說：「在你左腳那隻鞋的裡側，其面上有六道幾乎平行的裂痕，這些裂痕是由於有人為了去掉沾在鞋跟的泥疙瘩，粗心大意地順著鞋

跟刮泥時造成的。因此我就得出這樣的雙重推斷，認為你曾經在惡劣的天氣中出去過，以及你穿的皮靴上出現的特別難看的裂痕是倫敦年輕而沒有經驗的女傭人做的。」偵探最核心的能力，就是推理，這份能力建立在從細處觀察人事物的基礎上，就像在拼拼圖一樣，先觀察、後推敲，一條條整合凌亂的資訊，直到水落石出。

對偵探來說，對人的敏銳觀察已經如同吃飯睡覺洗臉一樣，成為身體的自動反應，當他面對看似雜亂無章的表象，總能逐漸抽絲剝繭找出潛在模式。有些偵探擅長投資股票，很容易在各式各樣的交易資訊裡，看見投資標的未來的發展，有些偵探則在心理師的行業中如魚得水，因為他們可以從當事人口中的話語，聽見他們尚未說出口的意思，進而反映出來，偵探喜歡在生活中把握觀察的機會，並以命中推論為樂。

明察秋毫，讓一絲灰塵都逃不過他的法眼

心理學家佛洛伊德說：「就算他的唇齒緘默，指尖也會喋喋不休，每個毛孔都會洩漏他的祕密。」這句話可說是偵探的座右銘，他們眼神犀利，總是不放過人們臉上任何一絲微弱的肌肉顫動，並且追蹤著人們眼球的左右移動，靈敏的耳朵則聆聽人們話語中微妙的轉折起伏，偵探不只聽人們說了什麼，還會觀察他們怎麼訴說，因為對於推敲線索來說，這兩者同樣重要。

偵探像是總能知道孩子在外面闖了什麼禍的爸媽，從孩子開門進來時的神情與腳步，他就可以拼湊出事情的輪廓，並在孩子回答說「我沒有什麼事情啊」的時候，猜出刻意保

持平淡的語氣背後，藏著什麼祕密，卻不一定會說破，因為偵探知道揭露真相需要靜候時機，在此之前他們耐心等待，並持續收集更多線索，好讓結論顯得完美無瑕。

過度想要窺探祕密，有可能會侵犯到對方的界線

偵探可能經常拉著你一起做些事情，希望盡可能參與你生活中的大小事情，渴望跟你之間沒有祕密，然而一旦你想保留一些隱私，他就設法動用其他朋友或方法來「瞭解」你，他尤其想要知道你心中不為人知的祕密，並將其看成是親密的展現，對他來說別人內心的祕密具有某種致命吸引力，以窺探來滿足個人慾望即是偵探的陰影屬性。

暗黑偵探擁有懷疑、窺探他人隱私的特質，他們很擔心自己的心思被他人看穿，因而發展出強大的觀察力，好在被別人摸透心思之前，先一步看穿對方，他甚至會刻意收集檯面下的資訊、挖掘他人不想透露的隱私，做為自我保護的籌碼。

從心理學來看，這種窺探他人的欲望，也許出自於內在渴望與他人建立深刻聯繫，卻又不願真正在關係中暴露自己，這讓偵探採用旁敲側擊的方式，來滿足自己對親密感的需求。因為覺得自己太過脆弱，擔心被他人攻擊或出賣，於是先一步設法洞悉對方的心理狀態與習慣，好取得在關係中的主控權。當偵探可以覺察到這種不恰當的人際相處方式，就有機會重新檢視自己的安全感議題，並且學習尊重自己與他人的心理界線。

◆偵探能發揮的潛能：

觀察力、推導力、敏銳

◆偵探需留意的特質：

窺探、疑神疑鬼

抽到偵探這張牌，你可以問問自己的幾件事

- 我如何在詢問的事情上，發揮敏銳的觀察力？
- 對於我想瞭解的事情上，有哪些隱藏線索值得留心與觀察？
- 我是否無意識的想收集更多資訊，「看清」事情，好增加安全感？
- 我的行為是出於必要資訊的釐清，或是單純出於八卦與獵奇心態？

業餘玩家

Dilettante

「從一個人喜愛的事物，就能窺見他的品格。」

——索爾・貝婁（美國小說家）

◆解讀關鍵字：

多而不精、將藝術當成興趣而非專業

◆同義詞：

Amateur 業餘愛好者、素人、斜槓

◆圖像描述：

這張圖像中的人物，以不可思議的方式同時操作好幾樣藝術器具，仔細一看我們會發現這是因為這個人擁有五隻手臂：一隻手拿著畫布，一隻手拿著畫筆好畫出美麗的花朵，一隻手捧著作為臨摹對象的盆栽，一隻手扶著方形盒子，另外一隻手則從奇特的角度伸出來，攪拌著放置在膝蓋上的顏料。

光明屬性：

- 積極投入業餘的興趣
- 能夠從許多不同的活動中享受樂趣
- 善於發揮巧思來增加生活樂趣

陰影屬性：

- 誇大自己所擁有的專業能力
- 樣樣通，樣樣鬆
- 以業餘或興趣為藉口，不肯持續磨練自身才能

◆原型人物：

因為動人歌喉而讓歌唱比賽評審與成千上萬的歌迷為之驚豔的「蘇珊大嬸」（註一），可說是業餘玩家這張原型卡的經典代表人物之一，她在演出前，有些土氣的穿著打扮，加上不受社會主流評價所喜愛的肥胖身材，使觀眾與評審似乎都不看好她的表現，然而當她唱出《悲慘世界》的曲目〈我曾有夢〉（I Dreamed a Dream）後，卻讓評審們完全改觀。非科班出身的她，一直心懷成為職業歌手的夢想，並努力練習，終於讓她獲得讓人耳目一新的機會。

註一：本名蘇珊・波爾，出生於蘇格蘭。

科技與各式工具的便利性，讓素人更容易崛起

業餘玩家因為科技與各種工具的普及，變得越來越容易研究自己有興趣的事情，而網路與豐富的社交平台，則讓他們可以輕易分享自己鑽研的技能，供同好交流與切磋，喜歡彈鋼琴的人可以在家穿得漂漂亮亮彈上一曲《鬼滅之刃》主題曲，放到 YouTube 上供人欣賞，熱愛攝影的人則可以大方架設網站，與同好們分享自己捕捉到的光影變化，甚至有些人因此多了份額外收入，成為「斜槓」。

業餘玩家的興趣相當多元，喜歡在一成不變的生活中找點樂子，在《斜槓青年》一書中就提到：「未必要辭職去旅行，拋棄麵包追逐詩與遠方。但是你該捫心自問，除了一份安穩的工作，你還會什麼？」有些人可能很愛做甜點，意外成為親友們熱烈下單的對象，有些人則可能因為對羊毛氈有興趣，藉由部落格成為網紅，業餘玩家喜歡把握機會將興趣轉為斜槓技能，增添生活樂趣。

培養多元的興趣，讓我們的生活多采多姿

榮格曾說過「創造不是來自智力，而是來自源於內在需要的遊戲本能」，業餘玩家之所以投入某項活動，通常都與「專業」無關，而是抱持著玩耍心態，希望藉由這些活動來滿足內在的創造需求，他們不會在看食譜時想著「我要成為大廚」，而是對於等一下將能夠嚐到的味道感到雀躍，他們像是凡事都懷抱好奇心的小孩，瞪大雙眼躍躍欲試。

業餘玩家不一定飽覽學問，卻能從多方嘗試裡培養出豐富的創造力，例如有些人擅長將生活中不再需要的盒子或衣服，重新製作成收納櫃或環保袋，有人則懂得發揮巧思將剩菜剩飯，做成美味可口的料理，這些都是身為素人或「業餘者」的生活小樂趣——運用天性發揮的創造力，運用這份創造力來替生活注入活水，甚至成為支撐生命意義的來源。

斜槓，有時掩蓋華而不實的表面標籤

陰影屬性的業餘玩家像是什麼東西都要拿起來把玩一番的孩子，看到每件事情都會眼神發亮，容易對事情只有三分鐘熱度，他們缺乏定性，一個興趣換過一個興趣，讓自己陷入華而不實的窘境。例如有的業餘玩家會廣泛上課去收集各式證照，表面上似乎收穫豐碩，然而背後的心態可能是不想花時間慢慢在同一個領域裡累積經驗，雖然這讓他看起來短時間內快速學會很多技能，卻也讓他的時間過於分散，反而讓每一個課程的學習都被拖慢了。

《斜槓青年》說道：「當你的才能還撐不起你的野心的時候，就應該靜下心來學習；當你的能力還駕馭不了你的目標的時候，就應該沉住氣來歷練。夢想不是浮躁，而是沉澱和累積。」有些業餘玩家看起來樣樣通，卻也樣樣鬆，這種透過大量嘗試來找尋「真愛」的過程很重要，然而若一直持續這種八爪章魚式的接觸方式，很可能是缺乏耐心的結果，講求「速成」，是業餘玩家可能落入的致命傷。

因此對具有陰影屬性的業餘玩家來說，培養自己的耐心與定性，一次一件事情慢慢做好，將一項技能的基礎打好後，再去接觸下一件事情，會是很重要的功課，當他願意循序漸進地擴展自己的才能與興趣，就有機會將這些不同的元素碰撞出新的火花，讓這份樂趣不只玩得廣，也走得深。

◆業餘玩家能發揮的潛能：

享受生活、創造

◆業餘玩家需留意的特質：

分心、貪快

抽到業餘玩家這張牌，你可以問問自己的幾件事

- 我可以如何幫自己在生活中創造出不同樂趣？
- 面對我所詢問的事情，是否該結合多種不同的能力或特質？
- 我是否以興趣廣泛為藉口，迴避該認真深入學習的事物？

唐璜

Donjuan

「雖然出軌，但我對妳的感情都是真的。」

——佚名

◆**解讀關鍵字：**

性魅力、風流倜儻、性愛成癮

◆**同義詞：**

風流小生、舞男

◆**圖像描述：**

我們可以看到在圖像裡，一對男女舞者正在五線樂譜上，進行熱情的舞蹈，男子身穿有玫瑰花圖飾的黑色服裝，牽引著自己的舞伴，身穿紅色舞衣的女子，則踩著紅色高跟鞋傾身上前，兩人注視彼此的眼神，以及雙唇間的愛心，都散發出濃情蜜意，他們身旁充滿流動感的紅色波紋，更襯托出這支舞蹈中的熱情與浪漫。

光明屬性：

- 大方展現個人魅力
- 善用對他人的吸引力，創造和諧關係
- 熱情、溫柔而善解人意

陰影屬性：

- 運用性魅力來達成自己的個人利益
- 把性當成征服他人的方式
- 沉迷於性愛的征服快感

◆原型人物：

唐璜是西班牙文化裡的傳說人物，據說擁有英俊外表與瀟灑態度，經常被用作情聖的代名詞，傳說中他具有懂得欣賞不同女性容貌與內在特質的天賦，也因而精熟於打動他所追求的女性芳心，在不同作品中，他有時被形容成單純的好色男子，有時則被形容成他真心善待每個自己愛上的女人，只是難以信守傳統價值裡，我們所認定該有的一對一承諾。

在東西方的影視作品裡，都可以見到呼應唐璜原型意象的人物，例如英國情報特務007與龐德女郎的情愛纏綿，就是對於情聖特質的經典刻畫，而古龍筆下的楚留香，不僅被江湖中人稱為盜帥、香帥，更是眾多美人簇擁的武功高手，從楚留香與007的身影中，我們得以一窺多數人心中對情聖的想像：才華洋溢，處處留情。

性是人類最原始的慾望，卻也容易變成征服他人的手段

唐璜溫柔多情、風流倜儻，他善待每個相遇的女子，上館子時替她們拉椅子，說話時總是深情款款注視她們的眼睛，並會說許多浪漫情話。然而對他來說，關係不在乎天長地久，只在乎曾經擁有，當雙方進行親密接觸後，似乎總會出現下一個值得追逐的對象，催促著他開啟下一支運用魅力征服女性的舞步。

唐璜明白性作為人類生命底層的原始慾望，不只是生理活動，也與權力、慾望跟征服控制有關。他知道發生性行為時，對方不僅需要暴露自身的不完美與脆弱，更可能因此敞開心房，身體接觸可以成為攻陷對方心房的有效策略，甚至是關係裡進一步征服對方的籌碼。

有些唐璜熟悉PUA，PUA早期只是運用心理學技巧來增加街頭搭訕成功機率的方式，後來卻慢慢被發展成操縱女性的技巧，在他們的潛意識裡女性只是獵物，快速破除女性心房，盡可能製造與對方上床的機會，帶給他們充滿權力的掌控感，也讓他們對自己的「手腕」感到自豪。

為什麼有些人寧可弱水三千，也不取一瓢飲

對於落入陰影特質的唐璜來說，雖然並不想總是讓身旁的女性傷心，然而就像韓劇《夫妻的世界》裡，李泰伍曾說：「我對她們的感情都是真的，這難道不行嗎？」他困惑著為何自己會被旁人認定為渣男（註一），給出承諾對他來說充滿困難，又或者他有股衝動想要同時給予好幾個對象相似的承諾。

如同龐德女郎伊芙．莫尼彭尼對007所說：「你有一個祕密。這祕密你不能告訴任何人，因為你誰也不相信。」在唐璜心中對於與人親密感到恐懼，如果無法在關係裡獲得控制感，往往會讓他感到焦慮不安，而「性」與「魅力」就成了最佳方式，讓他可以巧妙地擄獲對方的心，卻可以躲在炫目光芒的背後，不需要吐露自己的真心。

在這股焦慮感的背後，藏著他脆弱的自戀感受，雖然意識上知道不可能有個人完全滿足自己的需要，卻又像個嬰兒一樣期待得到母親完全的照顧，只好把不同的親密需求投射到不同對象上，「娶了紅玫瑰，久而久之，紅的變了牆上的一抹蚊子血，白的還是『床前明月光』；娶了白玫瑰，白的便是衣服上沾的一粒飯黏子，紅的卻是心口上一顆硃砂痣」。

熱情、溫柔與善體人意，是我們值得學習的感情態度

雖然唐璜風流多情，他力求讓眼前的人備感呵護，他明白自己有著無盡的熱情與溫柔，而人們正是喜歡他所展現出的這一點，對擁有光明特質的唐璜來說，他願意極力克制征服對方的欲望，一如007總是展現出紳士風度與善體人意的一面，並在萍水相逢裡盡可能善待對方。

唐璜明白自己樂於追求人生樂趣，他會是很好的玩伴，只要彼此願意共同跳一首刺激的探戈，那麼他將傾盡全力使對方感到開心愉悅，只要不被承諾所束縛，他甚至願意把天上的星星摘下來給對方，當處在短暫的浪漫裡，他最能夠發揮自己的潛能，而他深知自己絕對不會讓自己的舞伴感到失望。

◆唐璜能發揮的潛能：

熱情浪漫、性魅力、溫柔

◆唐璜需留意的特質：

征服欲

抽到唐璜這張牌，你可以問問自己的幾件事

- 我對於性的看法是什麼？
- 我對於展現自己的性魅力有多自在？
- 在人際關係裡，我願意展現出多少的吸引力，來共同創造美好的交流？
- 我是否將性或施展性魅力，當成人際互動的籌碼？
- 我有過度貪求肉體慾望的情況嗎？（註二）

註一：雖然劈腿不是男性的特權，但為了方便稱呼。在此統一用渣男作為慣性劈腿者的稱呼。

註二：關於性愛成癮，可以參考〈上癮者〉這張原型卡裡的說明。

◆唐璜VS蛇蠍美人◆

唐璜跟蛇蠍美人各自象徵性魅力的陰陽特質：陽性力量具有征服、積極、用旁人可觀察到的行動力來達成目標的特質，有時也讓人聯想到侵略性；陰性力量多半具有接納、柔順、在行動上較為隱密低調的特性。

因此唐璜凸顯的性魅力是周旋於眾人之間，主動施展個人魅力來吸引並征服對方，蛇蠍美人則是以靜制動，讓對方願者上鉤，還以為一切都是出自於自由意願所做的選擇。

工程師

Engineer

「比完美更重要的是完成。」

——馬克・祖克柏

◆**解讀關鍵字：**

解決問題、邏輯分析、將想法落實為成品

◆**同義詞：**

建築師、設計師、謀士

◆**圖像描述：**

深藍色為主的背景色調，凸顯出這張原型卡想傳遞的理智與邏輯，圖像中央的人物是個光著頭、身穿深紫色襯衫的男子，從他臉上我們看不太出來有一絲情感，也很難猜測他腦袋裡在想什麼，在他身後畫滿了看起來像是工程圖案的符號，更增加了這個人所散發出來的理智與機械性。

光明屬性：

- 將抽象概念落實為具體成品的能力
- 當落入兩難抉擇時，建構解決方法的能力
- 能在困境中找到最佳的化解方式

陰影屬性：

- 過度信奉機械論的解決之道
- 在解決困境時忽略情感面向
- 為了完成目標而拋棄生命中其他的重要面向

◆原型人物：

在知名影集《星艦迷航記》中的史巴克，可說是工程師原型意象的經典人物，出身於瓦肯星的他，具有嚴謹的邏輯與推理能力，卻會盡力摒除情感對自己的影響，他博學多聞，並富有人生哲理，然而有時會因此而顯得有些不近人情，並因此做出讓人感到不太恰當的舉動。

臉書創辦人馬克．祖克柏是另一個讓人聯想到工程師意象的人，他當初為了解決大學聯誼交友評比的困難設計出簡易程式，並進而開啟一連串演變成臉書的點子，每一個關於臉書的設計，都源自於一個社交情境上的需求，臉書可說是充分體現了「將抽象需要化為實體產品」的最佳範例。

縝密思考加上務實行動，是解決問題時的必備能力

工程師擅長觀察需求，並致力於提供解決方案，他們相信科技始終始於人性，如果人們因為出了社會交友圈縮小，又有認識異性的需求，那就建立交友網站；如果人們有想宅在家吃美食的需求，那就設計 Uber Eats 的制度；如果人們覺得出門看電影好麻煩，希望在家就能欣賞高品質的影集，那就創造 Netflix 的平台吧！

工程師邏輯性強，擅長縝密思考，因此很容易發現事情出錯的環節，並全力以赴地找到克服方法，當你的 Office 不能使用時，他們會從電腦設備問到軟體版本，不只找到是哪一個地方出現問題，還可以提供你三種不同的解決方案。當你告訴工程師家中冷氣出了問題，他們會從電源、插座一直到裡面的各式組件一一測試過一次，讓你驚訝地發現原來小小一台冷氣藏著這麼大學問。

過度重視事務，容易讓我們忽略了同理心

工程師解決問題的效率一流，卻也因此讓他容易失去對他人的同理心。由諾蘭製片的《全面進化》中，因為被意外槍擊而將意識輸入超級電腦的威爾博士，雖然獲得感知環境變化的超能力，因而可以迅速調節各地使人不適的氣候，卻將妻子對他性格轉換的不安簡化為「荷爾蒙失調」，並建議她泡個熱水澡補充維生素，顯示出當工程師落入陰影面向時，對問題可能做出深刻的分析，卻完全忽略人性中的情感需求。這也讓工程師面對伴侶詢問「當我跟你媽一起掉入海裡」時，無法體會伴侶關心的重點，而會說出「你可以學游泳」的回應。

工程師傾向於使用心理學中的第一類問題解決風格：以事務完成為導向，這讓他們可以盡情發揮最擅長的高效率思考與問題解決能力，卻也藉此迴避了不擅長與人交心的麻煩。對他們來說，第二類問題解決的方式：傾聽他人需要、同理並關懷對方，顯得困難重重，因為心情既無法量化，也難以有準確的預測軌跡，他們對自己的心情變化已經夠陌生了，想要聽懂他人的心情更是個困難的任務。

工程師或許能夠謹記代表人物馬克．祖克柏所說：「我們的使命是讓世界更加開放、聯通。透過讓人們分享想要分享的內容，與想聯繫的人進行溝通，無論他們身在何方。」溝通裡必然包含著情緒，有意識培養自己解讀情緒的能力，將可避免忽略他人情感所帶來的傷害。

有時過度理智，只是因為不知道怎麼與情緒共處

暗黑工程師有時之所以選擇用理性來隔絕心情起伏，是因為不曉得如何疏通情緒，於是遇到被主管指責、伴侶挑剔等生活中不順心的事情時，也就只能設法用邏輯跟理性，說服自己努力撐下去了。

《蔡康永的情商課》提到與情緒相處其實是一種能力，對落入陰影屬性的工程師而言，由於不熟悉感受與表達情緒的能力，不知道如何與自己及他人的心情共處，所以只好選擇以有效率的行動迅速撲滅亂源，避免感受到自己心中的那些不舒服。

工程師想要練習如何感受心情，可以善用原先分析消化資訊的能力，透過閱讀來學習，例如美國諮商博士留佩萱所撰寫的《療癒，從感受情緒開始》，即設計了一系列的練

習活動，從身體感官的覺察到心情日記，以及如何從衝突事件中覺察自己的心情變化。情緒看似變化莫測，在心理學家眼中，其實仍然有跡可循，當工程師能夠藉由閱讀與課程，逐漸認識情緒的「程式碼」，就能在效率解決問題的同時，仍然保有情感溫度。

◆工程師能發揮的潛能：

理性、善於分析、邏輯

◆工程師需留意的特質：

不近人情、缺乏同理

抽到工程師這張牌，你可以問問自己的幾件事

- 我如何善用思考與分析，妥善解決眼前的困難？
- 當我可以靜下心來時，重新看看，這件事的最佳解決之道會是什麼？
- 我是否太聚焦在問題解決上，忽略了自己或他人的情緒感受？
- 我看待這件事的態度，是否過度客觀而忽略了同理與包容？

驅魔師

Exorcist

「每個人心裡都住著魔鬼。」

——佚名

◆**解讀關鍵字：**

面對心魔、穿越恐懼

◆**同義詞：**

伏魔師、道士

◆**圖像描述：**

圖像中的男子穿著的服裝，讓我們忍不住聯想到古代部落的薩滿或巫醫，他一手握著兩支大大的羽毛，另一手握著繪有彩色花紋的球，不僅如此，他胸前掛著一塊綠色的礦石，在他身後的背景是由紅色與黑色花紋構成的複雜圖案，看起來像是身處於部落的帳棚裡，也像是從這人身上流瀉出來的旺盛生命力。

光明屬性：

- 替自己與他人釋放恐懼
- 展現勇於面對內在陰影的力量
- 勇敢穿越自己生命中陰暗的課題

陰影屬性：

- 害怕面對自己的心魔
- 利用他人心中的恐懼來進行操弄及控制
- 被內心陰影束縛或擊敗

◆原型人物：

1973 年上映的《大法師》片中講述墨林與卡拉斯這兩名神父，致力於對抗一名寄宿在 12 歲小女孩身體裡的惡魔，這名惡魔不只造成多人死亡，甚至殺死墨林神父。卡拉斯神父為了拯救小女孩，命令惡魔轉而寄宿到自己身體後，自己跳出窗外自殺好阻止惡魔的詭計。

從神父與惡魔的對抗劇情裡，我們可以發現驅魔電影表面上講述的是神父如何驅逐受害者身上的魔鬼，實際上談的是受害者如何面對自己的心魔，以及驅魔者在儀式裡如何面對內心被引發的恐懼。外在的魔鬼是心魔的象徵，一旦驅魔者陷入恐懼不安的幻象裡，就無法有效行使儀式，與受害者雙雙落入心魔的掌握中。

惡魔是內心陰暗面的顯化

在熱門日本動漫畫《鬼滅之刃》中，每個會傷人的鬼，都曾經是個渴望好好活下去的人。透過炭治郎一行人的斬鬼之行，我們瞭解人會成為鬼不一定是基於邪惡，而是因為自身的執念，或是為自身所恐懼的事物所束縛。

《鬼滅之刃》裡炭治郎斬鬼之行，實際上是一趟面對內心陰影的過程，炭治郎與其他少年漫畫的主角們最大的不同，正是每當他斬下鬼的首級時，心中充滿著慈悲與對鬼的理解。從潛意識心理學的角度來說，他既不過度認同陰影的面向，同時也不抗拒陰影的存在。

當炭治郎深陷夢魔給予的美夢與家人團聚時，他發現唯有從夢中醒來，才能拯救夥伴們免於落難，這才意識到自己內心深處並未真正接受家人離世，於是真誠面對這份傷痛，進而斬斷夢魔的誘惑。表面上他的行動是「斬鬼」，或許他也在替這些鬼們驅散心中的恐懼時，也一併驅散了自己心中的執念。驅魔師正是這樣的原型角色——看懂人們內心黑暗，繼而深入其中，驅散迷障。

成為驅魔師，意謂著成為能勇敢面對陰影的人

「可怕的往往不是鬼，而是人心」，生活中有許多未知，而這一切都可能帶給人們恐懼，或許是害怕死亡、或許恐懼被遺棄，也可能是對某人的執著，當人心被恐懼扭曲時，往往會做出比鬼還可怕的事情。驅魔師之所以有能力替他人驅散心中恐懼，源自於他有能力先看見自己所恐懼的事物。

就像在驅魔電影中，主持儀式者替受害者驅趕惡靈的時候，需要在惡魔的挑釁中，面對自己最深沉的恐懼，驅魔師能夠看見別人的陰影，源於他可以真誠地從自己的人生中學習，覺察與直面自己的陰影，看見每個陰影背後所藏著的人性弱點是什麼，當驅魔師親自走了一趟自己的驅妖伏魔之路，才有力量去驅散他人心中的魔。

驅魔師與惡魔，其實是一體兩面

能面對內在恐懼的驅魔師可以指認出他人的內在魔鬼，然而正因為他太懂得人性的脆弱，懷帶私心的驅魔師，會下意識利用他人的恐懼不安，來滿足自己的利益。看準他人內心脆弱，誘導對方做出自己想要的選擇，這時驅魔師聽任內在魔鬼的耳邊細語，從驅鬼的人搖身一變成為被魔附身的傀儡。

許皓宜心理師曾提及：「『驅魔者』原型的陰影，也可能令我們與他人處在一種不平衡的關係中。這背後意謂著我們不敢去面對自己心底的魔鬼，所以不知不覺地把這種心魔形象，投射到別人身上。」暗黑驅魔師表面上似乎成功戰勝了自己的陰暗面，其實更像是透過利用他人的陰暗面，來逃離自己的陰暗面，最後變成了「鬼」。

「凡是凝視深淵者，深淵也同時回望著你」，人在感到孤單時最容易受到陰影吞噬，雖然從心理學的角度來說，陰影是屬於個人的，然而在面對陰影的過程中，仍然需要他人的支持。對驅魔師來說，獨自面對內心恐懼與執念，很容易走火入魔，因此很需要適時接受另一個驅魔師的協助，不只幫助自己重新回到清明的狀態，也透過這股支持再次讓心頭感到溫暖，不被深淵所吞噬。

當我們願意向另一個人揭露內心的害怕，讓這些恐懼攤在陽光下，在這過程裡感受到被支持與陪伴的美好，並且見證了揭露陰影所能達到的心靈釋放，陰影就可以被轉化成力量，並且將這股力量分享給他人。

◆驅魔師能發揮的潛能：

面對陰影

◆驅魔師需留意的特質：

利用他人的恐懼、被執念掌握

抽到驅魔師這張牌，你可以問問自己的幾件事

- 在我最近的生活裡，有什麼潛藏的不安需要被看見嗎？
- 在詢問的事情上，我可以運用什麼方式穿越恐懼？需要尋求專業協助嗎？
- 我是否太害怕，以致無法做出決定，或聽信他人的讒言？
- 我是否為了讓對方聽我的話、對我好一點，而刻意操弄對方的情緒？

父親

Father

「對一個男人來說，生下孩子是件容易的事，但如何當個真正的好父親才是一大挑戰。」

——教宗若望二十三世

◆**解讀關鍵字：**

具有支持性質的界線、安全與保護

◆**同義詞：**

家長、長輩、前輩

◆**圖像描述：**

圖像裡是一對父子正坐在綠色草地上，抬頭仰望著青藍色天空上的點點繁星，父親身上的衣服看起來似乎有一大片深色痕跡，孩子身上也有少許痕跡，或許是因為沾染到地面上的泥土，然而兩人仍然放鬆地凝視星空，不僅父親的姿勢呈現出放鬆的感覺，孩子靠在他身上似乎也獲得充分保護。

光明屬性：

- 在生活中提供他人支持
- 在群體中成為中流砥柱或領導者
- 能夠在人際關係中設立清楚的界線

陰影屬性：

- 濫用權威去壓迫他人
- 嚴苛或殘酷的控制別人
- 在生活中設立過度僵化的教條

◆原型人物：

《當幸福來敲門》是2006年上映的美國電影，除了講述黑人男主角克里斯努力替自己掙得夢想中的工作，全片最感人的地方在於他與兒子之間的父子情，甚至讓已經身無分文的他，能夠撐過在證券公司長達六個月無薪實習的最大動力，就是他五歲大的兒子。

當他們被迫住在廁所一晚時，他發明了時光機器的遊戲，好讓兒子感到有尊嚴，在一次兒子打完籃球感到氣餒時，他則告訴兒子：「如果你有夢想，請保護好它，你想要什麼的話，就得努力去得到」，他全力支持兒子追尋夢想，即使實習繁忙，他仍然準時四點去接兒子放學，兌現用愛照顧兒子的承諾，種種表現都體現出父親原型意象中光明屬性的極致。

父親的陽性力量，是守護與安全的來源

在大約60年代之前的台灣社會裡，父親的形象有點模糊，可能是一大早就出門上班，回到家後在餐桌上沉默的吃飯，會關心我們書讀得怎麼樣，或是生活費是否夠花，總是以行

動代替言語表達關心，他是家規的制定者，並提供安全與保護的空間。

過往心理學家們比較關注母親的角色，然而近代研究指出父親不只容易影響青少年的自我認同，更是他們想要仿效的對象，也很容易成為青少女尋覓戀愛對象的依據，當女性尋覓親密伴侶時，心中往往帶有理想父親的形象。擁有光明特質的父親界線分明，並且擅長激勵與保護他人，他是孩子們的港灣與安全基地，支持孩子們活出自己。

父親是渴望提供支持的權威者

對於具有光明特質的父親來說，支持孩子活出自己是天經地義的事情，電影《創：光速戰記》中，當兒子因為網路虛擬世界的豐富而讚嘆不已時，曾經掌管虛擬世界的父親，在他身後淡淡說了一句：「我寧可用這一切來交換與你相處的時光」，充分顯示出父親內心深處渴望見證兒子成長軌跡的期盼。

在團體中具有理想父親形象的人，很容易受到崇拜與信賴，他們不只具備讓人安心的特質，還有務實解決問題的能力，他們可能在言談間散發出權威的氣息，說的話常能讓人買單。這或許是因為在我們潛意識裡，不只渴望得到滋養，也希望能進一步發展出自信與自我肯定，透過他們的支持與認同，我們就像是孩子一樣，開始有信心去追求自己所渴望的目標。

濫用權威或迂腐守舊，讓守護者黑化成迫害者

暗黑父親從原來提供安全保護的人，搖身一變成為傷害者，這是因為他們害怕有人會擅自離開自己所設下的界線，對他們來說離開等於背叛，而這是不可原諒的行為，這使得原

先提供保護的場域界線，變成了束縛他人的牢籠，為了不讓他人反抗自身權威，暗黑父親可能會以言語恐嚇、羞辱甚至是肢體暴力，來威脅想要脫離掌控的人，這在家暴案件裡最容易看見。

落入陰影特質的父親，會使為了守護親人所制定的規條，搖身一變成為迂腐與守舊的鐵則，並且造成親人成長上的限制，像是子女已經上了大學，父親卻仍要求他們不可以超過晚上十點回家，並且要按時報備行蹤，以支配、控制的態度對待家人。這種因為無法容許他人擁有自主性而設下的限制，可說是暗黑父親帶來的傷害，當他能夠認知到每個人都需要擁有自由呼吸的空間，保持適當距離不等於拋棄時，或許他就能夠找到界線上的彈性，並且尊重旁人的自主性了。

◆父親能發揮的潛能：

支持、榜樣

◆父親需留意的特質：

威嚴、控制

抽到父親這張牌，你可以問問自己的幾件事

- 我如何提供他人安全感與支持？
- 我該如何建立明確界線，阻隔那些不屬於我的責任或情緒？
- 在詢問的事情上，我潛意識中渴求著被保護的安定感嗎？
- 我有適當使用自己被賦予的權力嗎？
- 在詢問的事情上，我有哪些信念與行為守則過於守舊或僵化？

◆父親VS母親◆

抽到父親與母親這兩張原型卡的時候，都很值得檢視自己與父母親的互動如何影響到現在的生活，以及自己如何承襲了父母親所具有的特質，這些特質對自己形成哪些影響。舉例來說，我們在婚姻中複製了父親溫暖支持的特質嗎？又或者是跟他一樣有點控制狂？這對伴侶相處帶來什麼影響呢？都是值得思考的事情。

想要明確區分兩者，父親強調界線與保護功能，以及留心是否會為了避免旁人拋棄自己，而讓規則變得僵化與束縛。母親則強調滋養與孕育的特質，以及是否會以關心之名行控制之實。相對於父親具有較為威嚴與強硬的形象，母親的形象較為柔和與充滿情感。

蛇蠍美人

Femme Fatale

「只有小孩子才談情說愛。」

——黑寡婦

◆**解讀關鍵字：**

柔媚、以性作為利益交換籌碼、為達目的不計手段

◆**同義詞：**

卡門、黑寡婦、調情女子、女妖姬

◆**圖像描述：**

圖像中的女子裸露出整個背部與肩膀，身穿黑黃條紋組成的華麗裝扮，回眸時以一把扇子遮住自己的下半臉，眼神中透出誘人、若有所思的神態，女子所倚靠的沙發以大紅色為基調，甚至整個房間裡都瀰漫著紅色的流動氣息，散發出煽情氣氛。

光明屬性：

- 大方展現陰柔的魅力
- 懂得看見自己的魅力與美
- 不因他人拒絕自己的要求而失去自信，仍能敞開心胸

陰影屬性：

- 將性愛或性誘惑當成操弄他人的工具
- 魅惑他人來獲得金錢或權勢
- 為了達成自己的目的，犧牲他人利益

◆原型人物：

電影《復仇者聯盟》裡的黑寡婦，可視為蛇蠍美人原型意象的光明代表，擔任多國間諜的她，雖然擅長使用自身美色來達成目的，卻也能與其他男性發展深刻與互信關係，並將不計代價達成目的的手段，運用在保護地球的任務上。

2006年再次由莎朗史東主演的《第六感追緝令2》裡，女主角凱薩琳即是蛇蠍美人原型意象的負面代表人物，她不僅設計意外造成男友死於車禍，更進一步色誘自己的辯護律師，一步步誤導他案件的真相，最後甚至誘導他殺害替自己評估心理健康的治療師，讓這名律師陷入精神分裂，被關入精神病院裡。

為達成目的不擇手段的黑寡婦

蛇蠍美人只要一出場，經常都會引發周遭空氣中陣陣騷動，她會精心挑選自己的衣著，

適當妝點面容，細心擦上指甲油，再噴點香水，為的是在眾人面前展現出自己最好看的樣子，好獲得現場人們足夠的注意力，從她身上所散發出來的魅惑力，是周旋人際間的最佳武器。蛇蠍美人擅長以嬌媚卻不柔弱的姿態，向對方投其所好，好交換到對自己有利的東西，無論是金錢、職位、信任甚至是對方的心，她都可以手到擒來，猶如寶座上的皇后。

蛇蠍美人像是蜘蛛界的黑寡婦，牠被稱為蜘蛛界的「新郎殺手」，母蜘蛛在交配後會為了補充體力而吃掉公蜘蛛，因此黑寡婦與蛇蠍美人都常被用來形容為了利益不擇手段傷害男性的女人，或是為了攀附地位而以性行為當成交換籌碼的女性（註一）。

歷史上有名的蛇蠍美人或許當克麗奧佩托拉七世莫屬，她是眾人皆知的埃及豔后，兼具有美色和聰明才智，先後迷倒凱薩與安東尼，替她剷除政敵，並持續鞏固在埃及的統治權力，「不斷蠶食，終能鯨吞」是她的名言（註二），象徵著女性如何善用自己的陰柔特質，來掙得地位與成就。

魅惑人心的背後藏著害怕親密的恐懼

暗黑蛇蠍美人很懂得人性，利用對方的好感，在自己有需要的時候大方請對方幫忙，一旦困難順利解決了，就又將對方甩得遠遠的。就像是運用自身美色賺進大量粉絲「抖內」的直播主，充分運用人類的慾望來獲得自己需要的關注與金錢。

註一：每張原型卡都可以同時對應不同性別，當我們以文中的形象理解牌意時，需要記得這張卡片同樣可以用來指涉具有相似特質的男性。

註二：語出電影《埃及豔后》。

對於落入陰影特質的蛇蠍美人來說，性與誘惑可說是一把雙面刃，既可以藉此獲得好處，卻也隔開了與他人之間的親密交流，對她來說親密意謂著需要展現脆弱，而這是她內心深處最大的恐懼，於是她以美貌為盾，身體魅力為權杖，將自己打點成柔媚的樣子，好讓對方臣服於自己的權勢之下，無法深入打探自己的心。

為了在關係中獲得凌駕對方的主控權，蛇蠍美人會將施展自身魅力來交換好處，變成無意識的習慣，她以這種方式來對抗任何可能被他人控制的機會，以此掩飾內心焦慮。蛇蠍美人雖名為「美人」，骨子裡卻是沉迷權力欲望的陽性力量，將性作為延展權力的武器，可說是她最深的陰暗面。

敞開心胸展現陰柔之力，是蛇蠍美人的氣度

當蛇蠍美人內心懷抱著對旁人的關愛時，即是她散發光明特質的最佳時刻，此時她既能運用美貌來吸引目光，也懂得使用自身影響力催化大眾關心重要議題，女神卡卡以及其他知名女星，都可視為光明蛇蠍美人的代表人物。女神卡卡以專輯《超人氣》中的〈撲克臉〉等曲目一炮而紅後，不只開始倡議女性的身體自主權，後續也投入許多心力展現對LGBTQ與慈善事業的關懷，她更大方分享自己遭受性侵的創傷經驗，鼓勵受害者們勇於求助，重新發現自己身上獨特的美麗。

現代的蛇蠍美人們凸顯出當代政治與社會權力不再只是男性獨享的專利，相較於男性運用權謀來征服他者，女性更擅長以合作、包容與邀請的特質，來創造彼此雙贏的局面。

更進一步來說，或許在我們心中都有個蛇蠍女，懂得善用這股陰柔力，會更容易達成心中的想望。

◆蛇蠍美人能發揮的潛能：

自信、性感、魅力

◆蛇蠍美人需留意的特質：

不擇手段、操弄他人、目的性

抽到蛇蠍美人這張牌，你可以問問自己的幾件事

- 我對於展現性感或魅力，感到多自在？
- 我能夠在被他人拒絕之後，仍然在關係裡繼續展現自我嗎？
- 我是否有時會將自己對他人的吸引力當成利益交換的籌碼？
- 我潛意識裡會有不顧他人感受，只想奪取利益的念頭嗎？

小丑

Fool

「現在我會去看事情有趣的那一面，保持自己笑口常開。」

——《黑暗騎士》

◆解讀關鍵字：

幽默、隱藏情緒、大智若愚

◆同義詞：

愚人、弄臣、傻瓜、太監

◆圖像描述：

如果稍微仔細凝視，會發現這位身穿小丑服裝的人，在許多細節上呈現出雙面特質，像是頭上的帽子分別呈現不同紋路的綠色與紅色，身上衣服也由直條紋與圓圈花紋拼湊而成，更重要的是，他手上是個笑容咧開到嘴角的面具，而他本人卻正默默流淚，讓我們得以進一步感受到這張原型卡所要傳遞的雙重訊息。

光明屬性：

- 不畏懼表達個人真實的情緒
- 幫助陷在悲慘狀態中的人們重新感受到喜悅
- 以幽默話語來傳遞生命智慧

陰影屬性：

- 以嘲諷他人的方式來傷害他人
- 用幽默來阻隔自身情緒
- 只能以歡樂的形象跟他人建立關係

◆原型人物：

2019 年上映的美國犯罪驚悚電影《小丑》，男主角「快樂」可說是經典代表人物，他雖然每天遭遇路人冷漠忽視甚至惡意戲弄，仍然強顏歡笑，以避免被踢出小丑一職，當他遭遇同事不當對待時，因為害怕而設法展現笑容，甚至在面對喜怒無常的母親時，他強迫自己面帶笑容。當他向醫生說「精神病最糟糕的是，人們仍然希望你保持正常」，充分傳遞出小丑這張原型卡的陰影屬性：運用幽默與表面的歡笑，來掩飾心中的憤怒與悲傷。

看似滑稽的甘草人物，有時話語裡反而藏有智慧

小丑在古代歐洲宮廷裡，常以幽默與滑稽的演出，娛樂眾人之外，也常需要藉此向國王提出睿智建議，擔任這個職務的人對國家來說往往是把兩面刃，若是忠心耿耿、大智若愚，國王將能從他口中聽取合適建言，反之若是像經典奇幻小說《冰與火之歌》裡的小指

頭這號人物，一方面提出忠告給冰原狼家族掌權者艾德史塔克，另一方面卻背叛他的信任來鞏固自身權勢，表面笑臉迎人實則笑裡藏刀，則國家可能會陷入空前危機。無論是正是邪，小丑所提出的建言多半是國王所不樂見的，容易弄巧成拙惹來殺身之禍，小丑往往需要具備高度幽默感來化解建言中苦澀，並懂得收斂自己的真實情緒。

小丑懂得以詼諧態度來面對人生苦澀，因為已經嘗過人生裡酸甜苦辣的滋味，於是懂得如何以輕鬆態度回應每個來到面前的挑戰，甚至可以用同樣的心態，幫助旁人走出他們的生命難關。幽默是在緊要關頭時，仍然可以保持彈性看待事情，進而採取不同因應方式，甚至在因應挑戰時，仍然保有一絲喜感。

「幽默是荒謬的解藥。」小丑就像劇作家蕭伯納，擅長以黑色幽默來提供有益的建議，他對於流行現象提出了很有意思的觀點：「流行的就一定高尚嗎，那流行性感冒應該也是很高尚唷？」從他打趣的話語中，透露出人們不需要隨波逐流，每個人都應該保有自身主見的想法。

樂觀是一種對困難處境的積極預防

小丑經常會是群體裡的開心果，他可能很擅長在氣氛緊繃時說個笑話，讓在場的人們感到如釋重負，他們也是社交聚會裡的寵兒，因為只要他們在的地方，就充滿歡笑與樂趣，一如卓別林所說的：「人生近看是場悲劇，遠看是場喜劇。」他們很懂得適時從鑽牛角尖的狀態裡抽身，讓幽默感帶給自己與旁人滋潤。

光明小丑並不認為凡事只要笑出來就能解決，他們只是相信坦然接受現實，並從中思考如何積極處理這些困難，會比坐困愁城來得更有幫助。當受到重大打擊，例如失業、離婚、喪親等情況，他們允許自己沉浸在哀傷一段時間，然後他們會想辦法將檸檬做成檸檬塔，好讓這份苦澀變得比較容易承受，這是他們對待自己的方式，也是體諒別人的態度，因為他們希望分享歡樂，而非傳遞悲傷。

幽默感有時是一種迴避真實感受的方式

對落入陰影特質的小丑來說，幽默感成為阻隔真實情緒的方法，在薩提爾家族治療裡，提到人們通常有四種不一致的溝通姿態，其中一種叫「打岔型」，習慣在需要溝通時岔開話題、在關係中扮演開心果、炒熱聚會氣氛，卻也讓人難以知道他內心真正的感受與想法，一旦偵測到氣氛不對，小丑可能就會開始講笑話、轉移注意力，甚至故意避而不答，好阻隔心底的負面情緒。

對暗黑小丑來說，要接受事情不如意，或是讓人知道自己過得不如意是困難的，他也很難接納自己感受到憤怒、悲傷與不安等不舒服的心情，笑臉迎人、樂觀面對一切，是唯一感到安全的溝通方式，這是他的人格面具，用來阻隔自己內心的負面情感。

當小丑對自己的情緒感到疏離及壓抑，有可能會將這些心情轉為對他人的嘲諷，運用被動攻擊排解心中煩悶，然而真正的幽默是能自我解嘲，克服內在的障礙，創造自己與他人之間的親近感，當小丑可以找到抒解情緒的方式時，就有機會真正帶給旁人歡樂。

◆小丑能發揮的潛能：

幽默、樂觀

◆小丑需留意的特質：

壓抑、嘲諷

抽到小丑這張牌，你可以問問自己的幾件事

- 我比較容易接納哪些情緒？哪些情緒我比較無法接納呢？
- 我可以如何找到屬於自己獨有的幽默感？
- 如果我用比較輕鬆的方式看待這件事，會有什麼不同的可能性？
- 我是否壓抑了負面情緒而不自知？
- 我是否只能與人維持表面和諧的關係，而無法深入交流？

賭徒

Gambler

「上帝沒有創造上等人與下等人，只要抓住機會的人就是贏家。」

——《賭博默示錄》

◆**解讀關鍵字：**

衝動、冒險、信任自己的好運

◆**同義詞：**

投機分子

◆**圖像描述：**

圖像裡的男子正單腳踩在一條很細的繩索上，另一腳則高高懸在半空中，看起來很像是正要往前跨出下一步，驚人的是男子的雙眼蒙上了一條白布，周圍充滿律動感的線條與星星，顯示出他正處於一個動態平衡的狀態裡，身上穿著的衣服繪有紅磚、黑桃、紅心與梅花四種撲克牌花色，以及ＪＱＫ的宮廷人物頭像，讓人聯想到撲克牌也常拿來當成博弈工具，或許這個人正在進行生命的豪賭。

光明屬性：

- 即使在眾人反對下，仍然依循內在直覺行動
- 大膽嘗試他人所不敢進行的活動
- 能夠避開頭腦意識的陷阱，清晰聽取潛意識的建議

陰影屬性：

- 仰賴運氣而非個人努力
- 過度冒險，使自己遭遇危險
- 將內心欲望與直覺混為一談

◆原型人物：

電影《鐵達尼號》的男主角傑克可說是賭徒原型意象的代表人物，他在賭博中贏得搭上鐵達尼號的三等艙船票，上船後更是展開一連串大膽行動：搭訕身處上流階級的女主角蘿絲、偽裝成貴族階級參加晚宴、勇敢挑戰蘿絲的未婚夫……等等，也顯示出他不顧一切大膽挑戰傳統，即使遭受重重阻力，仍然堅持傾聽內心聲音的勇氣。

賭徒精神，是一種甘冒風險不願服輸的性格

賭徒不一定只是喜歡吃角子老虎這類的賭博活動，每當面臨人生重大抉擇，像是職務升遷、投資機會，甚至是結婚生子……賭徒往往更喜歡讓自己冒險賭一把，日本漫畫《賭

博默示錄》裡有段話說：「機會總是意外的發生在近處，只要你目不轉睛盯著，不放棄希望，死了再活都是可能的。」對賭徒來說，冒險嘗試或許仍會失敗，但若不放手一搏則鐵定毫無機會。

對於夠機靈的賭徒來說，膽大心細很重要，既然行動中存在著機運成分，為了提高勝率，細心觀察他人反應與周遭狀況，增加自己可以控制的因素，減少無法預期的變數，是他們總能出奇制勝的關鍵。他們對於自己的直覺總是深信不疑，而且總是再接再厲，因為「輸了並不代表你就是個廢物，真正的廢物是那些放棄希望的人」。即使這一次不小心猜錯了，沒關係，還可以有下一次投入的機會，因為只要不斷大膽嘗試，總有一次會帶來成功的甜美果實。

光明的賭徒猶如善於把握機會的投資者

《一個投機者的告白》作者，德國證券界教父科斯托蘭尼，從十幾歲時即開始研究投資交易，並在35歲就賺到了足夠一生花用的金錢，他不放過任何一個可以投資的機會，也從過程中累積出自己的一套投資之道，更從50歲開始出書分享自己的投資經驗，雖然這一輩子曾經破產兩次，但他仍認為「成功的投機者在100次投機中，成功51次，失敗49次，他就靠這差數維生」，對他來說失敗是必然的，如何從每一次失敗中獲得教訓，並繼續獲利，才是最重要的事情。

賭徒相信世事無常，凡事都可能在最後一刻產生變化，對他們來說，過於強調安穩跟一成不變，反而是對生活造成的巨大阻礙，正因為凡事都存在風險，所以謹慎觀察、大膽嘗試，才更有可能把握改變與翻身的機會。與其勉強接受已經失去熱情的工作、伴侶或生活模式，賭徒總是選擇縱身一躍，想辦法抓住改變的機會，替自己的生活打開更好的可能性。只要有一次命中，那就值得了！

過於冒險可能會帶來無法承受的結果

賭徒對於「賭」本身帶有些上癮性質的熱切，《賭博默示錄》說得很到位：「真正讓人飄飄欲仙的快感，正因為它脫離常規，才能最終到達高潮。」當賭這個行為本身變成目的，忽略自己可能無法承擔必要責任，或是凡事都交由運氣決定，把「一切都是最好的安排」掛在嘴邊，可能已經逐漸落入賭徒的陰影屬性了。

暗黑賭徒不喜歡需要耐心與毅力才能完成的事情，在他們心中渴望的是一次次瞬間回彈所帶來的快感，以及憑藉運氣一擊中的的舒暢感，踏實按部就班完成一件事，感覺會是沉悶、無趣且枯燥乏味的過程，為了獲得下一個豪賭的機會，他們容易誇大自己的能力與運氣，以致無法對現實風險做出評估。

不少投資失利或在股票上遭受重大損失的人，都曾分享自己滿心認定只要堅持下去，就可能讓交易起死回生，最後卻傾家蕩產的經驗。一如前人諺語：「如果你在牌桌上看不出來哪個傢伙是待宰肥羊，別懷疑，大家都等著扒你一層皮。」對賭徒來說，「賭」本身不會是問題，如何讓自己培養出承受風險的能力，並在一次次嘗試裡，將直覺打磨成如同鋒利的剃刀一般，會是賭徒行走江湖的最佳配備。

◆ **賭徒能發揮的潛能：**

大膽、直覺、臨機應變

◆ **賭徒需留意的特質：**

衝動、無法承擔後果

抽到賭徒這張牌，你可以問問自己的幾件事

- 我可以在這件事情上冒險嗎？我可以承擔的風險底線在哪裡？
- 我做決定時，會過於謹慎，以致錯失良機嗎？
- 在詢問的主題上，是否存在其他我還沒注意到的盲點？
- 我是否太仰賴運氣與靈性法則，而忽略自己所必須付出的努力？

神
God

「神說：『要有光。』就有了光。」
——《聖經》

◆**解讀關鍵字：**
至高無上的權威、宏觀視野、慈悲心

◆**同義詞：**
上帝、造物主、玉皇大帝

◆**圖像描述：**
圖像中這位金髮男子，以充滿威嚴的姿勢坐在雲端，一雙眼睛似閉非閉，讓我們無法確定他是否在乎著眼前所看到的景象？隨風飄逸的藍色長袍融入身後藍色的場景裡，在他身後則有像是太陽一樣的金色圓盤，讓人聯想到神明畫像或佛像中，頭頂上的那一輪光環。

光明屬性：

- 以慈悲心對待他人
- 看見自己與他人心中本然存在的神性
- 對生活中的人事物，擁有超然層次的理解力

陰影屬性：

- 專制而殘酷的心
- 自認為開悟者或神本身，因而輕蔑他人
- 包裝在靈性話語下的靈性冷漠

◆ **原型人物：**

提到神這個詞彙，很容易直接聯想到基督教裡上帝的形象，在我們眼中的上帝，是全知全能、無所不見的存有，只要願意誠心信仰著神，祂就能給予我們日常所需的一切，並且保佑我們遠離誘惑及凶險。

在東方文化裡，道教的至高神明之一玉皇大帝可能是比較接近西方全能之神的形象的神祇，在民間信仰裡，祂被視為「天」的代表，並且統率眾神，我們常說「舉頭三尺有神明」，意謂著無論是玉皇大帝或上帝，總能看見我們以為沒有被他人察覺的一面。

具有超然覺察力的神明

提到「神」這個字，我們心中可能會浮現出這樣的畫面：祂端坐在雲端寶座上，與其他諸神俯瞰雲端下的塵世，對於凡人來說不可知的命運，看在神的眼中都是一種必然，因

為自己位居高處，擁有足夠遼闊的視野，神幾乎可說是無所不知、無所不能的存在，這種神聖感與超然感，便是神的日常。

神全知全能又能洞悉一切，對於世人懷抱著無條件的愛，聖經曾提及「不是我們愛神，乃是神先愛我們」、「因為耶和華本為善，祂的慈愛到永遠」，即使可以預見一切，神不會輕易干涉他人命運，這是祂展現對世人慈愛的方式，因為祂知道每個人都有自己的生命道路安排，祂只是從高處注視著一切，並用關愛從旁守護。

當你可以看見每個人心中的良善，便連結了內在神性

發揮光明屬性的神，能夠清晰連結到內在神性的力量，並懂得與潛意識深處的智慧取得聯繫，好讓自己保有對事情更遼闊的解讀（註一），當一件事情爆發開來時，他不跟著大家人云亦云，而是保持一段距離，仔細觀察事情的各個面向，從中獲得結論，他盡可能讓自己保有「上帝視角」，因為他明白同一件事情往往具有許多不同層次，拉高視野才能保有客觀角度。

神明白自己需要保有崇高視野，並非要擔任高高在上的權威者，而是透過看見每個人心中的良善，培養內在的愛心，如同《聖經》所說：「你們當中誰若沒有過錯，就可以拿石頭丟他」，他不輕易從表面行為來論斷他人是非，因為對悲天憫人的神來說，他知道每個人都有自己的軟弱、好惡及良善，對他來說每個人都值得被善待，而他願意盡力保持對每個人的客觀立場，設身處地地去感受他人內心的感覺。

神的陰暗面，會造成疏離與冷漠

盧貝松執導的電影《露西》，講述平凡的美國女子因為意外吸收了促進心智發展的藥物，最後進化為如同神一般無所不在的心智狀態，她可以心電感應、感知到遠方發生的事情，甚至隔空取物，她發現自己逐漸喪失人類情感，以及對生命消逝所具有的同理心，而這即是神的陰暗特質：疏離與冷漠。

當神自認為對事情瞭解得如此透澈，自己靈性發展較為優越，而認為他人比自己更為無知，並產生輕蔑，猶如佛教中提及的「我慢」，或是俗稱的「靈性冷漠」。

這種傲慢的抽離感，可說是神處於上帝視角中的副作用，當他知道越多、懂得越多，越能夠感受到他人內在的種種情緒，很容易會感覺情緒超載，並以形而上的方式來阻絕自身感受，進而做出看似冷酷的行為。例如認為生病的人一定是因為他內在具有負向信念、告誡正面臨生命困境的人「信念創造實相」，是他自己創造了受苦的事件，這些看似對受苦者的攻擊，是神為了保護自己不被他人痛苦淹沒的自我保護。對神來說，建立起與他人之間的良好界線，好讓自己保有原本的慈悲心，是很重要的事情。

註一：在潛意識裡不只存在著我們所壓抑的情感與想法，也儲存著超越比我們所能意識到的自己，來得更有智慧與超脫的層面，在靈性領域中俗稱內在神性，或內在智慧。

◆**神能發揮的潛能：**

超然、智慧

◆**神需留意的特質：**

界限分明、自恃

抽到神這張牌，你可以問問自己的幾件事

- 如果我用慈悲與平靜的態度面對這件事，會有什麼不同的結果？
- 我如何找到自己與所討厭的人之間，內在深層的共通點？如果我認知到彼此在人性底層的共通處，會有什麼不同的觀點或感受？
- 如果我以第三者的角度來檢視這件事，可以看出什麼之前沒發現的地方？
- 我如何以對他人有益的方式，使用權力或權威？
- 身為重視靈性的人，我的言談間透露出不自覺的優越感嗎？
- 我心中是否期待透過進修、靈修或特定方式，追求與眾不同的感覺？

◆神 VS 救世主◆

神著重於發揮內在神性的愛與智慧，以及避免落入全知全能所帶來的冷漠與疏離感。救世主則是將他人的生命視為自身責任，認為只有自己是群體裡的唯一救星，肩負起不必要的承擔。

女神
Goddess

「把憎恨和批評拋在腦後，只要為你創造的事物而活，為保護它而死。」

——女神卡卡

◆**解讀關鍵字：**
展現陰性能量中的優雅與美、豐饒的生命力

◆**同義詞：**
大地之母

◆**圖像描述：**

圖像中是一名膚色黝黑的女子，點綴有愛心圖案的衣物只遮住了她一半的身體，而她閉著眼睛的神情，似乎沉浸在愉快的心情裡，在她身後有華麗花紋的柔軟綢緞、讓人聯想到大自然的綠色花紋，以及看起來像是天空的藍色條紋，這個豐富的構圖，讓我們感受到女子身上所散發出來的自我陶醉與旺盛的生命力。

光明屬性：

- 欣賞與肯定自己的陰性特質
- 能夠享受身體感官上的愉悅或展現性感
- 提供他人支持與滋養
- 展現智慧與優雅的行為舉止

陰影屬性：

- 物化自己或他人的女性特質
- 以滋養他人的姿態，暗地操控他人的行動
- 極度嬌寵與放縱感官享受
- 濫用陰性力量的陰暗面

◆原型人物：

早期的人類文明多半為女神崇拜，不同的女神，呈現出陰性力量中的不同面向，例如中國的女媧是補天之女神，台灣本土民間信仰的瑤池金母，則混合了刑罰、婚姻與生育等不同的職掌，媽祖與觀世音菩薩象徵慈悲及安定守護的力量，這些是華人文化中我們較為熟悉的女神形象。

在其他不同文化的女神，則有埃及神話裡與療癒、重生有關的伊西斯（Isis）、希臘神話裡象徵智慧的雅典娜（Athena）、以及象徵豐饒的大地女神迪米特（Demeter）。少數的女神原型意象比較具有破壞性，例如印度教中卡莉（Kali）具有震懾妖魔的恐怖形象，這些看似恐怖的形象，顯化的是陰性能量中為了守護重要事物時，所需要的破壞與吞噬能力。

女神是受萬人膜拜的魅力偶像

走到舞台上，女神帶著笑容將右手放在耳朵旁，引來台下觀眾一陣熱烈歡呼，更有不少人高聲喊著：「妳是我的女神！」她聽了覺得很滿意，她向觀眾們拋出自己的笑容，並用自己的聲音及舞蹈帶給現場視覺與心靈的撫慰。

女神深知真正吸引眾人目光的是她打從心底對自己的寵愛與自信，發自內心讓來到面前的人感受到愛與溫柔呵護，並且為她的美麗與優雅發出讚嘆，女神深深沉浸在慈悲、愛與療癒的品質裡，等待懂得欣賞的人前來與自己一同分享。

女神與大地緊密相連，遠在古老歷史當中，人們知曉土地能夠孕育生命，並提供足夠的支持與滋養，因此在崇拜女神信仰的同時，也是在尊崇土地的生命力。女神可以直覺地感受到在自己心中仍然存在著這份力量：耐心守候、享受生命歡愉，並且溫潤滋養身旁的人，她們不急著趕赴目的地或完成什麼偉大成就，光是「在」本身，已經很足夠了。

我們常在女神身上尋找理想女性身影

現代的網路女神們，雖然不像古代時期需要在神殿裡接受信徒供奉禮拜，或是給予前來尋求安慰的人們神諭指示，卻仍可以感受到旁人對自己投射出來的想像，對她們來說，電視與網路就是自己的神殿，每個從媒體上看見自己身影的人，都可能是虔誠的信徒。

女神很清楚知道那些歌頌自己、迷戀自己、崇拜自己的人，眼中看到的不一定是真實的自己，人們很容易將對理想女性的渴望，投射到女神身上，甚至自己只是被物化後的慾望對象。女神知道自己某程度上就像是現代版的媽祖或觀世音菩薩，面對信徒時，她只是一個屬於眾人的身分，人們並不一定想認識真實的自己。所以當新垣結衣宣布與星野源結婚時，才會掀起廣大信徒們的憤怒與悲傷，因為從這一刻起，她不再是眾人的國民女神，而是某位凡人的妻子。

隨著女性不再需要依附於男性權力之下，女神們開始選擇不同於過去的道路，例如知名歌手女神卡卡，即以充滿生命力及自成一格的視覺形象，奠定她的女神形象，更公開自己曾經被性侵的往事，希望可以給予擁有相似處境的女性們一些支持與鼓勵。她曾說過：「如果你從未體驗任何事情的黑暗面，那麼你的所在之地，鐵定沒有任何光芒。」充分解構女神一定要柔美、充滿氣質的刻板印象。

看似美好的女神，也有自己的陰暗面

落入陰暗面的女神，會有與〈蛇蠍美人〉類似的狀態，陰柔力量失衡，導致過度沉溺於享受、歡愉，甚至是過於嬌寵放縱的生活態度，她會因為旁人都如此崇拜與迷戀自己，使得心底生出一股「我是全世界最美好的人」的自戀感，於是她的柔美、氣質與撫慰人心的能力，變成了攏絡與控制信徒的工具，她希望對方都能心安情願的交出自己的心，使自己成為名副其實受萬人膜拜的女神，將高人氣當作籌碼，她不僅將自己物化為慾望投射的化身，也將信徒視為可供利用的工具。

女神的自戀也可能會帶來嫉妒，就像童話《白雪公主》裡的邪惡繼母一樣，總是詢問魔鏡「誰是全世界最美麗的女人」，並暗中打擊可能威脅到自身地位的人；就像天后赫拉在「金蘋果之爭」裡，因為帕里斯王子沒有選擇自己，而挑起了特洛伊戰爭，女神的陰影面充分展現出自戀與嫉妒所帶來的毀滅性。當女神可以從眾人賦予的光環中離開時，就有機會可以重新檢視自己，並對自己有更完整的認識。

◆女神能發揮的潛能：

溫暖、滋養、撫慰

◆女神需留意的特質：

自戀、吞噬

抽到女神這張牌，你可以問問自己的幾件事

- 我如何發展自己內在的陰柔特質？
- 我如何好好享受生命中的歡愉，創造可以自我陶醉其中的經驗？
- 我看待女性的想法，有哪些地方潛藏著物化與歧視？
- 我是否把愛自己當成藉口，過度放縱自己的物質欲望？
- 我是否太執著於要被他人寵溺，而不願意替自己的行為負起責任？

八卦者

Gossip

「一群人想合作共處，『說壞話』這件事可是十分重要；智人有了八卦能力，於是部落規模變得更大、更穩定。」

——《人類大歷史》

◆**解讀關鍵字：**

資訊交換、辨識資訊真偽、交換祕密

◆**同義詞：**

三姑六婆、小道消息、情報販子

◆**圖像描述：**

圖像中有兩名身穿深色衣服的女子，其中一名黑色長髮的女子從口中傾瀉出一道藍色的能量，另一名頂著橘色長髮的女子則側身以耳朵靠近這道能量，兩人看起來有點像是在說悄悄話，如果仔細觀察，我們可以發現在藍色能量中有許多不同顏色的細長條狀物，兩人所身處的背景裡一樣有大量的彩色條狀物，讓我們可以聯想到，這兩名女子可能正在交換什麼祕密資訊。

光明屬性：

- 停止謠言的持續傳遞
- 懂得辨別消息來源是否可靠
- 協助自己與他人認清信賴感的重要性

陰影屬性：

- 背叛他人的信任
- 透過散播謠言來鞏固自己的權力
- 道聽塗說，助長不實消息的傳遞

◆原型人物：

電影《白雪公主殺人事件》描繪化妝品職員三木典子被發現身中數刀身亡後，當天即消失無蹤的城野美姬被推測為殺人凶手，藉由赤星雄治在推特與新聞報導中不斷拋出片面訊息，輿論也跟著陷入各種揣測與八卦推斷的浪潮中，雖然一直缺乏實際證據，指出城野美姬就是凶手，然而眾人信誓旦旦的言論，卻形成了「她就是真凶」的氣氛，這讓我們見識到八卦者最具影響力的不只是他們一個人所說出的話語，而是每一句話都像是漣漪一樣迅速擴散出去，造成更多的漣漪效應，最後形成一整個池塘的激烈震盪。

聊八卦，有時候是我們用來增進感情的方法

八卦者深知自己熱愛議論的行徑，在人類老祖先的眼中可說是非常有幫助的舉動。牛

津大學人類學及演化心理學教授鄧巴（Robin Dunbar）早在1997年就曾出版著作《修飾、八卦，以及語言的進化》，提到八卦是一種高度社交參與的行為，遠古時期的人類生活在相對小的群體中，為了在艱險的自然環境中正確識別誰是敵人，誰更加可靠，誰可能做叛徒，誰是最佳的搭檔甚至配偶，都透過他人對某人的評價，也就是「聚眾八卦」獲得的信息來判斷。因此八卦不只能幫助人們和周遭建立更密切的關係，還能助你區分身邊的敵友。

八卦者像是鄰里街坊裡的三姑六婆，茶餘飯後聊聊八卦，透過交換資訊來促進彼此感情，對他們來說這比較像是一種休閒活動。在朋友之間有時候交換資訊意謂著「我信任你」，或是向對方表示「我們是同一國」的態度，因此雖然不少人都厭惡聊八卦，但八卦卻從來不會消失。

現代職場裡的八卦者，經常會向同事與主管相互「打聽」，好避免自己被排除於辦公室人際圈外，他們透過這些談話獲得資訊，進而採取對自己有利的人際互動，如此一來可以保護自己不會成為邊緣人，甚至可以藉此結交盟友或排除競爭對手的威脅，懂得適時八卦，對他們來說，可說是職場叢林生存法則中的重要項目。

擅長分辨資訊，更有利於人際結盟

所謂謠言止於智者，對於能夠發揮光明特質的八卦者來說，他們懂得在收到消息後先行查證的重要性，擅長辨識提供資訊者背後的動機，並冷靜判斷對方希望透過分享這則資訊來達成什麼樣的目的，甚至先一步警告身旁其他人，提高警覺避免被不實消息所蒙蔽。

八卦者有時候很容易成為被朋友同事仰賴的對象，因為他們消息靈通，又懂得分辨訊息真偽，當有什麼風吹草動時，問他們包準沒錯，因此八卦者知道自己雖然熱愛打探消息，以此鞏固自己的情報網絡，好讓自己在人際上不被孤立，卻仍需要高度看重自己的誠信，正因為自己經常成為消息集散地，因此更需要懂得釋出對旁人有幫助的資訊，及早阻絕不實消息的傳遞，因為一旦事情發生，人們會很仰賴自己對於真假訊息的判斷，而這也是他在人際交往中賴以存活的重要手腕。

出賣他人來鞏固關係，是八卦讓人厭惡的原因

落入陰影面的八卦者讓人討厭的地方，就在於他們不僅會洩漏他人祕密，還可能暗地裡扯你後腿，更讓人感到不安的地方，在於我們本能地知道「那些跟你說別人閒話的人，也會跟別人說你的閒話」。八卦者對人際關係帶來最深刻的破壞即是背叛。

暗黑八卦者就像是宮廷劇裡的公公一樣，平常看起來毫不起眼，身旁有什麼風吹草動卻都聽得最清楚，正因為他不會大肆張揚，讓人毫無防備，因此誰家的孩子怎麼了、哪個人正悄悄想要發展自己的勢力、誰跟誰表面交好實際上卻互相角力……這一切他都看在眼裡，等待有需要時把資訊不著痕跡的散布出去，好達成自己的利益。相較之下，喜歡道聽塗說人云亦云的八卦者，殺傷力就顯得小多了。

八卦者之所以這麼喜歡分享小道消息，可能是因為心中非常需要歸屬感，打從心底害

怕受人背叛，收集資訊以備不時之需，成為他自保的手段，然而讓自己在人際關係中感到安心的方式，卻是以出賣他人為代價。

◆八卦者能發揮的潛能：

敏銳、社交性

◆八卦者需留意的特質：

背叛、道聽塗說

抽到八卦者這張牌，你可以問問自己的幾件事

- 我在人際交友上，會為了獲得認同或接納，而說出他人隱私或謠言嗎？
- 我是否具有辨識謠言與正確資訊的能力？
- 在我詢問的事情上，哪些資訊可能需要進一步釐清？
- 我是否為了保護自己的利益，而對他人隱藏特定資訊？

引導者
Guide

「人類唯一的引導人，就是他的良心。」
——邱吉爾

◆**解讀關鍵字：**
指引、透澈理解

◆**同義詞：**
大師、智者、智慧老人、精神導師

◆**圖像描述：**
場景看起來似乎是個有月亮的夜晚，圖像中的人物一頭黑髮，黝黑的臉龐，一襲深藍色的衣服幾乎要跟夜色融合在一起，畫面中最明亮的地方，是他手上所提的這盞燈，蠟燭的火光從燈具裡透出來，點亮眼前的視野，他的手上停著一隻貓頭鷹，讓人聯想到智慧的化身。

光明屬性：

- 在生活中展現自性的智慧
- 給予有需要的人內在指引
- 能夠辨識出生命方向，踏實前進

陰影屬性：

- 將金錢利益與控制置於心靈洞見之上
- 給予他人錯誤的引導
- 將心靈洞見用於有違靈性法則的目標上

◆原型人物：

在《愛麗絲夢遊仙境》裡，柴郡貓現身時總是面帶神祕的微笑，即使身體消失後，仍然會在空氣裡留下一抹微笑，當愛麗絲在森林裡迷路，遇到牠的時候，愛麗絲詢問：「請問你可以告訴我，我人在哪裡嗎？」牠回答：「如果妳不知道妳要去哪裡，那麼現在妳在哪裡一點都不重要。」柴郡貓就像是其他電影裡，偶爾會向男女主角提出建言的人物一樣，都是具有引導者原型意象的角色，他們充滿智慧，卻不干涉主角們的命運，只在必要時刻，提供他們可以重新見證內心智慧的箴言，引導他們得以活出心靈最大的潛能。

智慧老人是潛意識世界裡，引導我們發掘智慧的重要象徵

引導者如同禪師，因為對自己的生命有過透徹體悟，於是成為能夠指引他人生命方向的人。他們就像在一片漆黑的森林裡，留下一盞明燈，使我們可以藉由微弱燈火照亮眼前

的視野，並在指引之下摸索走出森林的方向，如同禪宗「指月之手」的公案一樣，當引導者提供指引時，他更像是邀請我們回到自己的內心找尋答案，就像是指著月亮的手指並非月亮，引導者不輕易給予確切答案，因為他們明白每個人都需要替自己的生命找出獨特的解答方式。

引導者像是榮格理論中所說的智慧老人，在《紅書》裡，榮格描繪他如何透過與內在智慧老人菲利普對話，促使他對自己的潛意識有更加深刻的認識。引導者也常見於神話或童話故事裡，他們往往會在主角生命陷入兩難與挫折時，提出有益的建言，例如《愛麗絲夢遊仙境》的柴郡貓，或是輔佐亞瑟王的梅林，以及默默指引佛羅多完成任務的甘道夫，他們平日低調，只在關鍵時刻主動現身，或是等待有緣人自行上門求教。

想要成為指引者，就需要能夠對自己的生命經驗有所整理

生活中的引導者很像是我們眼中很有智慧的長者或前輩，他們通常對於人生有一套自己的哲理，就像聖嚴法師能夠說出有名的四句話：「面對它，接受它，處理它，放下它」，不僅是因為他對佛教典籍的精熟，更是因為他用心以佛家眼光來參透自己的人生，並且不斷對於自己身為修行人的角色時刻省思，才能淬鍊出廣為流傳的四句話。

引導者有一顆清明的心，能夠不被世俗表象蒙蔽，因為他對於自己生命經驗有了透徹的整理，就像是榮格理論的個體化歷程中，不斷地覺察潛意識中尚未整合的部分，進而讓內在的自性（Self）得以越加完滿（**註一**），能夠指引他人的引導者，都曾經驗過人生的黑夜，並對人生感到迷惘，最後也在茫然中找出屬於自己的生命解答，就像當我們因為徬徨

而去詢問長輩們意見時，往往會發現他們之所以可以給出安心的回應，是因為他們也曾經感到徬徨過，於是這份從心底給出的回應，才能讓我們感到如此可靠。

太想要指引別人，會變成只出一張嘴

引導者的陰暗面會是好為人師，處處都想提供別人建議，如同逢年過節總是對我們人生有意見的親戚，又或者是當我們遇到困難時，在旁邊只出一張嘴的朋友，很容易讓人感到厭煩。最重要的是，陰影引導者並沒有打算為自己的建議負責，卻很喜歡說得天花亂墜，講得好像只有自己才知道事情該怎麼解決。

在暗黑引導者的心中，存有自視甚高的傲慢心態，他們覺得自己吃的鹽比你吃的米還多，過度相信自己的經驗法則，因而覺得別人都該照著自己的話去做，卻忽略了一樣米養百樣人，適用於自己的方式不一定都可以套用在別人身上，學習謙遜與保持開放心態，可以讓引導者避免落入陰影特質裡，讓自身的話語保有參考價值。

陰暗的引導者可能會有斂財、騙色或是操弄人心的問題，他們喜歡在七分實話裡摻入三分虛假，讓人難以分辨這番話的虛實，進而讓事情往對自己有利可圖的方向發展，這樣的引導者更像是詐騙集團，假裝自己無所不知，可以提供別人任何問題的解答，進而利用人心脆弱與人性裡的欲望，操弄他們做出引導者所想要的決定。

註一：關於自性（Self）的解釋，可以參考神（God）這張原型卡裡的解釋。

◆**引導者能發揮的潛能：**
智慧、自我認識、指引迷津

◆**引導者需留意的特質：**
利益、別有所圖

抽到引導者這張牌，你可以問問自己的幾件事

- 我如何幫助自己靜下心來，尋求內在智慧的指引？
- 我如何整理自己的生命經驗，讓自己的經驗成為他人的參考座標？
- 在我提供對方的建議裡，有多少成分是替自己的利益著想？
- 我如何接收那些真正可以帶來平靜的心靈訊息？

療癒者

Healer

人們稱之為「瑕疵」，但其實不然。「不完美」那才是好東西，能選擇讓誰進入我們的世界。

——《心靈捕手》

◆**解讀關鍵字：**

療癒、照護、治療

◆**同義詞：**

護理師、治療師

◆**圖像描述：**

圖像中有兩個人，位於前方的金髮女子，雙手交叉放在自己的腹部上，頭偏向一邊，神情看起來似乎在放空、沉思，也像是身體有些不適，身後的黑髮男子，身穿白衣，以雙手放在女子的頭頂上方，雖然他的手並未碰觸到女子的頭部，卻有一股股紅色能量從女子頭頂冒出來。

光明屬性：

- 對於提供身心靈療癒服務具有熱情
- 能夠將創傷與痛苦，轉化成支持性或療癒性的力量
- 能夠運用穩定平靜的狀態，陪伴與服務他人

陰影屬性：

- 趁機剝削接受療癒者
- 無法善待與照顧自己
- 將傷痛投射到他人身上，並以療癒來滿足個人需求

◆原型人物：

神話人物凱龍（Chiron），可說是療癒者們很常提及的經典人物，他因為中了學生海克力斯的毒箭，終身飽受毒害折磨身體的痛苦，於是不斷嘗試學習醫療技藝，希望可以解開自己身上的毒，在替自己解毒的過程裡精通了許多醫術，成為幫助到許多人的醫療之神。對於從事療癒工作的人來說，凱龍神話具有深刻的象徵意義：當一個人願意深入探索自己的傷痛，就有機會從中長出力量，並將自身穿越困境的過程，分享給身旁有需要的人們。

療癒的本質，是心的安放

在療癒者眼中治療與療癒是不太一樣的兩件事，前者把跌倒後的傷口處理好，後者在過程中還不忘關懷受傷的人，不只進行身體的照護，也安放了他原來忐忑不安的心。

療癒者不只專注於自身的手藝，更懂得深刻理解他人的心情，並透過自己所擅長的方式，提供人們深層的撫慰與支持。除了心理師、靈氣療癒師、芳療師、牌卡諮詢師等助人工作者，療癒者隱身在各式各樣的職業裡，他們可能是我們經常會報到的早午餐店店長，用他專注的手藝替我們沖泡一杯耶加雪菲，讓味蕾甦醒也開啟我們心情愉悅的一天；他也可能是一邊用心替我們彩繪指甲，一邊關心我們生活近況的美甲師，不僅讓我們變得美美的，心情也跟著美麗起來。

療癒是一條雙向道，透過療癒別人我們也照顧了自己

療癒者總是心懷謙卑，明白表面上好像是自己提供對方協助，事實上每個人的潛意識裡本來就擁有自我療癒的力量，他只不過像是鏡子一樣反射出對方未曾看見的部分，更重要的是，在提供療癒的過程裡，有時候受到更多幫助的反而是自己。

2020 年年底上映的電影《靈魂急轉彎》，即講述熱愛爵士樂的喬，意外進入靈魂世界後，為了返回人間替自己爭取到上台演出的機會，於是自願擔任22號靈魂的導師，協助他找到火花的過程。喬原本一直以為是自己「熱心」替22號靈魂想盡辦法找到再次降生地球的方式，最後卻發現22號不只啟發他真正去認識自己的朋友，並與母親和解，甚至他更懂得爵士樂的核心精神了。

在這個感人的故事中，喬與22號靈魂可說是療癒旅程中的同伴，表面上喬是提供支持的人，22號靈魂的豪邁不羈其實也打破了他原本壓抑的自我。在現實生活中，療癒的能量

經常也是雙向流動的，因為在這過程中，療癒者需要敞開自己的心，去感受對方的心情狀態，當療癒師運用深度同理心與另一個人產生連結時，往往會因為這種深刻經驗而使自己的生命有所啟發。

勇於面對自己的生命議題，是重要的修練功課

對療癒者來說，最需要留心的功課是「投射」。佛洛伊德將「投射」列為心理防衛機制，人為了維持自尊或安全感，會將壞的特質排除於自身之外，加諸在他人身上，舉例來說，一個心中存有外遇意圖的人，很可能會將這個慾望投射到伴侶身上，並指控伴侶不忠。

以榮格心理學的角度來說，當療癒者太認同自己身為療癒者的身分時，「療癒師」很容易變成人格面具，因而無意識地壓抑自己心中的負面情感，並投射到當事人身上。選擇成為療癒者的人，很多是因為自己的生命曾經卡關，因為曾經痛過，希望可以陪伴他人度過傷痛，這是很可貴的心態，然而療癒者也因為自己尚未處理好的過往傷痛，於是無意識地透過努力「療癒」別人，來滿足自己心中的遺憾與失落，甚至以療癒他人來迴避面對自己生命中的傷痛。

落入陰影面的療癒者，也很容易無意間對別人產生剝削，例如鼓勵當事人依賴自己、過度推銷產品、跟當事人陷入情網，或是提供當事人錯誤的建議，甚至是為了賺錢而向對方推薦其實並不需要的產品與課程。想要避免這個情況發生，最好的方式是經常詢問自

己：「我現在做的事情，是為了滿足誰的需求？」誠實面對這個問題的答案，或許會有助於療癒者覺察自己的起心動念，以清明的心來提供服務。

◆療癒者能發揮的潛能：

陪伴、給予支持

◆療癒者需留意的特質：

投射負面觀點、剝削

抽到療癒者這張牌，你可以問問自己的幾件事

- 我對於哪一種（些）療癒方式感興趣呢？
- 我有哪些可以幫助他人恢復身心平穩的好能力？
- 我將滿足個人利益的需求，包裝成替對方著想的行動了嗎？
- 我投射了哪些個人生命議題，在被幫助的人身上？

享樂主義者

Hedonist

「你必須積極參與自己的各種福氣，一旦達到快樂境界，你永遠不會懈怠。」

——《享受吧！一個人的旅行》

◆ **解讀關鍵字：**

物質感官享受、因品味生活而帶來樂趣

◆ **同義詞：**

主廚、老饕、懂得享受生活之人

◆ **圖像描述：**

這名女人身穿鮮豔的紅色洋裝，上頭還繪有鳥兒飛翔的白色花紋，她一臉放鬆的坐臥在看起來像是綠色叢林的地方，一手抱著裝滿各式水果的盤子，一手將一整串葡萄拿到嘴邊，整個畫面充滿了享受、愉悅與大自然的生命力。

光明屬性：

- 享受生活中對自己好的事物
- 懂得欣賞自身存在的美好
- 以輕鬆、歡樂的態度過生活
- 從美食、酒或性慾中品味生活

陰影屬性：

- 為了追求娛樂而傷害自己的身心健康
- 為了滿足自己而過度消費他人與環境
- 過度沉迷於物質享受，或是放縱慾望

◆原型人物：

2010年，改編自伊莉莎白．吉爾伯特回憶錄的同名電影《享受吧！一個人的旅行》裡，描述女主角因為離婚而開始重新省思人生意義，「快樂是個人努力的結果。你去爭取、追求、堅持，有時甚至周遊世界找尋它。」她在出國旅行途中，重新享受食物與性愛的美好，進而將物質享受與心靈成長整合到生命裡，最後學到物質欲望跟心靈成長都是完整人性的一部分，唯一差別是旅行前的她被欲望束縛，蛻變後的她開始懂得享樂卻不被拘束。

重視物質享受，有時意謂著我們用心品味生活

享樂主義者顧名思義，是一群懂生活的人，他們可能會想好好坐在餐廳裡享受和牛在舌頭上綻放的感覺，或是為了追求聽覺上的極致而精挑細選一副降噪耳機，又或許是認為

衣服不只要耐穿耐看，還講究質料貼合在皮膚上的觸感，對他們來說，生活應該帶有熱情與樂趣，而不是為了生存，過著最低下限品質的生活。

享樂主義者懂得品味生活，並致力於在視覺、聽覺、嗅覺、皮膚觸感等感官敏銳度上，不斷增加細緻度與廣度，例如喝酒時可以好好欣賞杯中晃動的色澤、在漫步大自然時用心聆聽周圍的聲音、用餐時細嚼慢嚥的品嚐原始食材的味道與香氣，外人可能覺得他們太過於「享受」了，然而對享樂主義者來說，身體感官能力可說是上天的贈禮，值得好好珍惜與發揮。

享樂不只是物質享受，更是心靈上的體驗

享樂主義者明白若只讓樂趣停留在物質層次，可說是非常可惜的事情，因為每一層物質體驗都可以帶來更深一層的心靈感受，就像他們聆聽音樂時，並不只是單純享受歌聲美妙，而是細緻去聆聽音符顫動中所帶來的心靈洗滌，享樂主義者欣賞音樂時，會深入旋律裡，打開內在想像力，讓自己彷彿置身於另一個心靈空間，對某些享樂主義者來說，音樂就是他們的信仰。

希臘神話中的酒神戴奧尼索斯可說是最佳享樂主義者典型，他熱愛飲酒，也鼓勵信徒們狂歡作樂，總是舉辦派對讓大家來參加，他透過這種方式替眾神抒解壓力，也讓信徒們透過享樂來洗滌心靈，啟發愉悅帶來的生命力，相對於凡事理智積極的太陽神阿波羅，戴奧尼索斯掌管的酒神原則，象徵著藉由物質享受觸發潛意識情感流瀉與釋放的心靈模式。

對能夠發揮光明面向的享樂主義者來說，物質與靈性是一體兩面的事情，靈性修練不一定只能苦哈哈的遠離塵世，而是藉由感謝上天賜予的感官體驗，去享受內心盈滿的熱情與喜悅。

當失去與心靈的連結，物質享受將會把人變成奴隸

享樂主義者的陰暗面，是當他們失去了與內在心靈的連繫，單純把物質欲望當成生活重心時，所會出現的縱欲問題，電影《華爾街之狼》裡的男主角貝爾福充分向我們展現這層陰影面，「表現得像是一個現成的高富帥一樣，這樣你就肯定會變成真的高富帥。」他毫無節制的嗑藥、召妓、狂歡，盡可能的讓自己沉浸在烈酒與毒品裡，甚至有時在洽談生意前喝得大醉，完全不把警察跟法律看在眼裡，最後終於招來ＦＢＩ的注意與調查。

以榮格心理學來說，落入陰影面向的享樂主義者，可能存在著太看重生活中的感官經驗，而忽略了心靈感受的功能，就像塔羅牌中的〈惡魔〉，認為一切只能眼見為憑，無法碰觸到的、肉眼所無法看見的都視為不存在，當他過於認同感官享樂時，也就將鎖鍊交給了物質享受，因為靈魂變成了肉體的俘虜，無法自由地在心靈世界裡翱翔。

享樂主義者面臨最大的挑戰，可能是為了追求生活享樂的極致，而養成奢侈揮霍的習慣，並因為縱慾過度而導致身體出現危機，甚至可能會出現酒、藥物、性愛成癮的現象，最後變成物質享樂的奴隸。懂得將這些身體感官刺激轉化成對生活品味的鑑賞能力，而不過度沉迷其中，是使享樂主義者發揮光明面向的不二法門。

♦享樂主義者能發揮的潛能：

品味、愉悅、生命力

♦享樂主義者需留意的特質：

揮霍、沉迷慾望

抽到享樂主義者這張牌，你可以問問自己的幾件事

- 我可以如何在生活中培養物質感官上的樂趣？
- 我可以如何學習用心過生活？
- 我可以如何避免過度依賴物質享受，造成身心負擔？
- 我在享受生活時，如何平衡自己與他人之間的需求？

隱士

Hermit

「天地閉，賢人隱。」

——《易經》

◆**解讀關鍵字：**

孤獨、靜默修行、隱居

◆**同義詞：**

遁世修行者

◆**圖像描述：**

圖像中的男子閉著眼睛，屈膝蹲坐在看起來很堅固的房子裡，這層房屋形狀的建築物，隔絕了外面充滿線條形狀的混亂處境，男子身旁放著一本看起來像是書籍的物品，他的動作彷彿正在拉開身上所穿著的厚重衣物，從他胸前迸射出紅色的光芒，既像是鮮血，也像是從胸口散發出來的心靈能量。

光明屬性：

- 追求孤獨以獲得內在洞察力
- 專注於靈修，離群索居
- 致力於透過靜心冥想來深刻探索自我

陰影屬性：

- 遠離紅塵俗世，好逃避需要面對的課題
- 因退縮而拒絕對有需要幫助的人伸出援手
- 因為害怕承擔責任或遭受批評，選擇迴避與退縮回個人內心世界

◆原型人物：

陶淵明可說是歷史上知名的隱士，「採菊東籬下，悠然見南山」以及不為五斗米折腰的故事，可說是他一生最佳寫照，為了維護心中理想，他選擇歸隱田園，讓自己可以恬淡地享有清淨生活，透過他的創作，我們可以明白對隱士來說，無論身處何地，都仍能保有澄澈的心，因而得以「結廬在人境，而無車馬喧」。甚至正是因為處於紅塵俗世裡，才更能凸顯出自身心境的清明。

獨處是種讓我們可以保持自在的能力

隱士從不害怕獨處，甚至在每天的生活裡都需要刻意留點時間保持獨處，因為他們明白大腦容量有限，當自己一直身處於人群當中，注意力將被各式各樣的資訊所影響，而當

大腦感受到資訊超載又不知道如何消化時，容易產生煩躁感，因此刻意讓自己在一段時間中保持靜默，好能靜下心來傾聽內在智慧的聲音，是隱士很重要的日常功課。

蘇珊．坎恩（Susan Cain）在２０１２年的ＴＥＤ演講「內向者的力量」裡，分享不善社交並非壞事後，有越來越多人發現，原來獨處對我們的生活可以產生很大的幫助。當我們可以安靜與自己在一起時，各種在生活中無暇注意的情緒與想法，就有機會獲得關注，我們也有機會深刻而認真的去思考許多事情，小至最近生活行程的安排，大至伴侶相處或工作轉職，甚至是接下來十年的人生發展與生命意義，這些事情都需要在安靜獨處時，才有機會一一省思。

在生活中有許多獨處時可以進行自我對話的方式，例如靜心、禱告、自由書寫或畫曼陀羅，隱士知道一旦用這些方法淨空思緒，潛意識的智慧就有機會浮現，就好像盧梭喜歡在湖邊散步沉思，或是福爾摩斯喜歡抽著菸斗想事情一樣，許多吉光片羽都在轉向內在時，逐一浮現，隱士之所以能夠擁有對事物的洞察力，正是因為他們習慣將自己抽離世俗，隔著一段距離平靜觀看，於是更能從中獲得啟發。

在人群裡，我們仍然可以保有獨處空間

現代隱士不像他們的祖先一樣，會選擇成為修士住進深山懷抱的修道院裡，透過與世隔絕來追求內心寧靜，因為他們很清楚在人群中一樣可以替自己營造獨處空間。當他們參與親友聚會時，可能會是最沉默的那位，卻絕不會是最疏離的那個人，他們會用心傾聽同桌的人都說些什麼話，去體會這些人的心情與內在渴求是什麼，也會尋找一兩個能夠談談

內心話的對象，與其建立深刻的情感連結。

因此大隱隱於市，隱士知道只要找到方法維繫自身的寧靜，那麼自己的職場、家庭或社交聚會，都可以是自己專屬的修道院，默默在深山靜坐很棒，透過每天跟各式各樣的人相處，則有利於探索內在更深刻的自我。

從榮格心理學的角度來說，每個人都像是我們的一面鏡子，隱士可以從那些自己最不喜歡的人身上，看見潛意識深處用力壓抑的陰影，他們經常會刻意在與人交談時，想像自己心中有個安全舒適的房間，一旦感受到自己與人相處時浮現憤怒與焦慮的心情，就會悄然隱退到房間裡，默默覺察自己剛剛發生了什麼事，透過這樣的方式，隱士每一天都在紅塵俗世裡更認識自我。

獨處有時可能成為逃避責任的藉口

心理學者阿德勒說：「對別人不感興趣的人，他一生中遇到的困難最多，對別人的傷害也最大。」阿德勒認為對他人懷抱著社會興趣，保有對他人的關注與熱情，是一個人身心健康的指標，因此當隱士過於專注在自我探索，而忽略對旁人的關心時，可能會顯得冷漠而疏離，甚至顯得過於自我中心。

雖然獨處可以帶來很多好處，卻也可能成為逃避責任的藉口，尤其是當隱士以獲得自我洞察或靈修為理由，表示現在無法工作或參與生活活動，進而讓伴侶或旁人不得不替他們擔負起日常事務的責任時，有可能就是隱士潛意識裡想要默默逃避某些事情的表現。

對陷入陰影面的隱士來說，探索內在世界比回應外在責任來得更有意義，這使得他們有時不太擅長打理日常事務，然而越是迴避並讓他人代勞，就越少機會磨練出務實的一面，如何在內在寧靜與外在世界中取得平衡，是隱士需要學習的重要課題。

◆隱士能發揮的潛能：

智慧、向內探索

◆隱士需留意的特質：

逃避塵世責任、冷漠

抽到隱士這張牌，你可以問問自己的幾件事

- 在最近的生活裡，我如何安排獨處時間，好增加對自己的認識？
- 我如何藉由靜心、冥想或祈禱，找到內在的靈性力量？
- 我正透過獨處或靈性修行，迴避生活中的責任或必要活動嗎？
- 我以保持界線跟內在平靜為理由，拒絕提供他人幫助與支持嗎？

英雄／女英雄

Hero / Heroine

「我選擇去解決我的問題，而不是逃避它們。因為那就是英雄的作為。」

——雷神索爾

◆**解讀關鍵字：**

征服、面對挑戰

◆**同義詞：**

豪杰、英豪

◆**圖像描述：**

圖像裡有綿延不絕的群山，兩位正試圖攀登中央大山的人，分別是從右方攀登的黑髮男子，以及從左方攀登的金髮女子，兩人都身穿白衣，扛著背包或繩索，中央這座山看起來似乎比周圍群山都來得更為高聳，並且布滿了複雜的線條，雖然藍天白雲意謂著天氣不錯，但要成功登頂似乎仍然需要毅力、決心，以及足夠的攀登技巧。

光明屬性：

- 對於展現個人力量擁有極大熱情
- 渴望征服某個領域或眾人，因而擁有出類拔萃的表現
- 勇敢展現個人意志

陰影屬性：

- 誤把個人主義當成英雄主義
- 為了個人目標而排除異己
- 過度強調意志力與征服感，拒絕承認內心脆弱

◆原型人物：

現代英雄經典或許正是以「我是鋼鐵人」一詞紅遍10年的東尼史塔克，亮紅色的盔甲加上各式高科技裝備，因為擔心外星勢力入侵地球，於是致力於研發偵測與警報系統，好在事情一有不對勁時，可以迅速趕赴現場殲滅敵人，身為復仇者聯盟老大哥的他，更是一肩扛起地球守護者的角色，直到最後一刻都持守著這份信念，正因如此他在《終局之戰》犧牲生命時，讓喜愛他的觀眾們忍不住流下熱淚。

不顧一切完成使命，是英雄之所以成為英雄的原因

當巨大怪獸或邪惡魔法師正在街道上步步進逼，大多數慌亂的人不是倉皇逃生，就是默默聚在一起驚恐地看著他們不斷迫近自己，忽然一聲響亮的「讓我來！」怒吼聲傳來，

強大力量的必殺技發出耀眼光芒直奔前方，消滅會危害人們的所有敵人，這就是英雄們登場的方式。

若我們回顧經典英雄故事，會發現劇情背後似乎具有一套公式：主角的生活發生混亂與危機，於是展開冒險，在經歷各式考驗後克服困難並發展不同能力，甚至需要在個人生活崩解後，努力重建新的人生，神話學大師坎伯將這套公式稱為「英雄的旅程」。從榮格心理學的角度來說，英雄之所以成為英雄，正是因為他勇於面對自我及生命考驗，只要願意，我們每個人都可以是英雄。

英雄之旅，是一趟不斷向內探尋的冒險

坎伯口中的英雄之旅對生活具有重要意涵，其像是英雄的心靈地圖，標示出每個階段該完成的生命任務：年輕的英雄為了過上更好的生活，因此凡事敢衝，別人覺得辛苦的事情都攬過來，就怕無法獲得長官賞識，然而當逐漸步入中年時，卻發現這種直線思考不再管用，不只待人接物上需要更為細膩，還得顧及團隊跟管理者的想法。

轉型對中年英雄來說是辛苦的，因為英雄最擅長的是對付看得見的敵人，運籌帷幄與迂迴前進不是他的風格，因為英雄在旅程的開端時注意力都是放在外界，要功成名就、娶得美嬌娘或是稱霸江湖，然而越到中年，這趟冒險就越來越走入內心，終有一天我們會遭逢前所未有的挑戰，例如因為全力拚事業，忙到孩子有一天忽然說「我都快忘記爸爸的臉」，自己也常心虛的忘記老婆生日是幾號。然而有些英雄可能寧願再去殺一條惡龍、再往上升一階職等，也不願意處理這些需要細膩情感才能辦到的「瑣事」。

正是因為如此，當婚姻亮起紅燈、開始需要參加親友喪禮或檢查出身體病痛等事件發生時，一方面挑起英雄心中的不適感，另一方面也促使他重新思考生命的意義，並做出有別於年輕時的選擇，這過程雖然可能充滿未知，卻能幫助英雄來到人生境界中更大的格局裡。

真正的英雄，是懂得面對內心脆弱的人

英雄若要真正感受自己的強大，就需要懂得好好面對內心的陰暗面與脆弱。電影《黑暗騎士》裡的哈維丹特即是探討英雄陰暗面的絕佳案例，嫉惡如仇的他原本是守護高譚市的明日之星，立志根除這座城市裡的犯罪，這樣一個高風亮節、凡事看向光明面的人，無法理解人性中總是有黑有白，因此當他被小丑設計親眼看見心愛女友慘死，自己的半邊臉也被烈火灼傷後，悲劇性的黑化成反派「雙面人」。

雙面人提醒我們英雄之旅的戰場並不在外界，因為所有的妖魔與毒龍，都象徵著尚未整合的內在陰暗面，當英雄一直認為對手在外面，又期待自己必須無堅不摧時，就是在自己的意識與潛意識之間畫出一道線，因為不知道怎麼用柔軟的心跟伴侶或孩子互動，所以逃入忙碌工作中，因為害怕工作能力被主管否定，所以用勇猛跋扈來掩飾內心恐懼，這些內心戲才是英雄真正所要面對的敵人。

如何在面對外在危機時，好好關注內心情緒與想法的變化，透過外境來修練自己，是每個英雄畢生的功課。哈維丹特恰是因為對自己內心脆弱與陰暗面容忍度過低，才會將罪惡投射到高譚市，當一個人過分要求自己強壯、勇敢、不能輸，只能堅挺迎向挑戰不能退

卻，對自己與他人缺乏同理與溫柔時，就像是堅硬的雞蛋被放到滾燙沸水裡，輕輕一敲就滿布仇恨、嫉妒與不甘心的裂痕，英雄就此沉淪。

◆英雄能發揮的潛能：

決心、迎接挑戰、勇敢

◆英雄需留意的特質：

害怕脆弱、逃避自我

抽到英雄這張牌，你可以問問自己的幾件事

- 我如何運用意志力與毅力，克服眼前的挑戰？
- 在我的生活中，哪些事情是我最具有克服困難的熱情所在？
- 在我詢問的事情裡，我會為了個人利益而忽略他人權益嗎？
- 我在這件事情上，存在著競爭與不服輸的心態嗎？

法官

Judge

「當一個人把自己當成真理和知識的法官時，他將被上帝的嘲笑毀滅。」

——愛因斯坦

◆**解讀關鍵字：**

批判、以特定標準進行判斷

◆**同義詞：**

評論家、審查員、仲裁者

◆**圖像描述：**

在如同中國山水畫的背景裡，這名披著黃褐色長髮的人，身穿同樣會讓我們聯想到中國風格的長袍，席地坐在繪有緊密黑白花紋的地毯上，他專心看著眼前像是秤砣的工具，兩手各執一邊，似乎在找尋重量的平衡點。

光明屬性：

- 在正義與慈悲中求取平衡
- 追求符合公平與真理的做法
- 對於不公義的事物進行批判

陰影屬性：

- 提供毫無建設性的批評
- 濫用法律、商業利益或權力位階的權力
- 以個人想法來批判他人的行為

◆原型人物：

法官這個職務，在中國歷代朝廷裡具有多種不同稱呼：刑部、監察御史、府尹等官府職稱，無論名稱是什麼，都具有審理案件、為民申冤、彈劾不公的作用，例如《包公奇案》裡的包拯，就曾擔任過開封府尹，在他任職期間，因為清廉與公正，深受百姓愛戴，也使得後人將其事蹟廣為流傳。

《包公奇案》一直到現代社會仍深受喜愛，或許是因為他嫉惡如仇的性格，卻又具有悲天憫人的胸懷，因此對他來說，判案不只是審查一個人有無犯罪，還須一併考慮這個人的動機與苦衷，甚至深入理解他的背景是否可能處於弱勢而受人誣陷。看著包公審奇案，每一次都是法理情如何兼具的為難，這也是法官最難能可貴的情操。

公平與正義，是世界得以維持運作的兩大原則

法官心中最重要的兩把尺，就是公平與正義，他知道這兩項原則是讓人們安心生活的

重要基礎，當他可以做出公平的判斷時，旁人才會對自己的意見產生信任感，當他能夠依循律法與社會規則懲罰惡人，才能保障社會中多數良善人民的安危。

法官相當重視事情運行的規則，他認為人際互動與生活行為都該依循規範來進行，就像是太陽系每顆行星都有其運行軌道，行星若偏離常軌將會釀成宇宙間的大災難，公平正義的律條，讓大家都可以在行為上取得共識。「守法的目的是為了維護社群安定」對他們來說不只是口號，更是生活實踐，因為他們深知律條不一定完美，至少對現實來說是還堪使用的共識，更重要的是，遵循律條可以避免個人主義膨脹，這是法官最擔心的事情。

過於執著真理，可能無形中會產生對他人的批判

在英文裡的 Judge，還有另一層意義，那就是最高層審判，亦即上帝的審判。法官將律條視為普世真理，很容易導致看待事情時，過於執著規範，而忘記人具有情感，有些行為或許不這麼對，卻可能情有可原，例如最經典的博愛座之爭，身為陰影法官，可能會認為這個位子只有老弱婦孺可以坐，卻忽略有些女性可能生理期痛得受不了，或青壯年手腳受傷時，可能也很需要有座位休息一下。

陰影法官往往自認為理智，凡事依循規則行事，卻忽略自己對律條的執著本身也是種「激情」，以榮格心理學來說，這是過度看重理性功能，而讓情感功能遭受壓抑的後果，當法官認為自己的言行舉止都具有邏輯，就很難檢視這份邏輯背後如何被情緒污染，並被他人視為正義魔人。

當法官落入陰影之中，也可能會失去對他人的慈悲心，甚至讓懷有苦衷的人無法從輕發落，而懂得運用法律開脫的惡人反而逍遙法外，他無法認知到只要是規則必然都是人制訂出來的，當中必然存在著不完美，當他們死守著老規矩而不肯妥協時，看出去的世界就只剩黑與白，這種極端二分法的「理性思維」，可說是陰影法官看似理智的人格面具之下，所存在的瘋狂情感。

當我們對人發展出慈悲心，公理的力量可以充滿溫柔

法官所可以發揮的光明面向，是在維護社會正義的過程中，仍然保持對每個人應有的人性關懷，在公視戲劇《我們與惡的距離》裡，王赦律師的角色即在體現修復式司法的核心精神，縱使應該判處加害者應有的刑責，我們仍然需要在這過程中，保有對他們的尊重與基本關懷。更重要的是，冷酷執行我們心中認定的正義，並不一定可以真正帶來心中的平靜。

美國市政法院法官卡普里歐（Frank Caprio），他審辦案件的影片則是如同網紅般獲得破億的點擊人次，他表示自己最喜歡在聽被告陳述時，詢問他的家人有無生病、誰來照顧孩子的三餐？他願意替認真求學的中學生撤銷違規罰單，並對因喪子而無力振作，以致積欠罰單的母親表達同情，「我的法袍底下沒有徽章，只有一顆心」讓他獲得許多民眾的感謝與尊敬。

光明法官明白律條是維繫社會運作的基礎，慈悲心則是建立人與人連結的根本，兩者都同樣重要，也都不可偏廢，將法理情三者都納入自己的行事原則裡，會是最好的平衡。

◆ **法官能發揮的潛能：**

公平、令人信服、重視規則

◆ **法官需留意的特質：**

批判性、非黑即白、正義魔人

抽到法官這張牌，你可以問問自己的幾件事

- 在這件事情上，我有什麼需要遵守的規則？
- 我如何在公平處理這件事時，也保有對對方的關懷與同理心？
- 我的想法可能具有什麼樣的盲點，不自覺形成對他人產生批判？
- 我的批評比較像是有建設性的建議，還是出於個人立場的評價？

國王

King

「唯有一個人在順境中掌權的時候，我們才能真正看清他的品格。」

——亞伯拉罕・林肯

◆**解讀關鍵字：**

權力、領導眾人、奠定秩序

◆**同義詞：**

皇帝、酋長、總裁

◆**圖像描述：**

在這名身穿盔甲、身披深藍色長袍的男子身後，有著發出耀眼光芒的太陽，以及在空氣中閃爍的星辰，星辰同樣出現在圍巾與深藍色長袍上頭。男子在長袍下的衣著繪有茂盛的植物與水果，顯現出華麗而有生機的氣息，他雙手都配戴戒指，簇擁著月亮，顯現出他身為天地王者的氣勢。

光明屬性：

- 以開明仁慈的方式領導他人完成目標
- 貢獻自己的力量來守護或捍衛群體利益
- 制訂群體組織的良好規範

陰影屬性：

- 過於需要被他人尊崇或吹捧
- 領導他人或制訂規則時，嚴苛而缺乏溫暖
- 不允許對自身權力的批評或質疑

◆原型人物：

說到國王的意象，熟悉不列顛傳說的人可能會立刻想到亞瑟王傳說中，因為拔出石中劍而成為領導眾人收復失土，尋找聖杯的亞瑟王，他率領圓桌騎士們的傳奇故事，充分呼應了身為王者英明武勇的風範，以及身為國家秩序奠定者的角色。然而在傳奇故事裡，他因為過於猜忌而流放五百名嬰兒的舉動，招致莫德雷德召集其他懷恨在心的貴族謀反，也顯示出身為國王因為權勢的陰暗面。

在唐朝盛世裡，唐太宗李世民將天下治理有方，甚至開創了有名的「貞觀之治」，對外平亂，對內節稅並重視教育，讓人民享有平安穩定的生活，然而他早年設計在玄武門之變裡，以肅清自己的手足及其子嗣的方式登基，透露出身為皇帝，具有領導手腕與時刻對自己是否仍位於權力核心的猜疑，有時是一體兩面。

國王，是意識的核心，也是組織裡的領頭者

在榮格取向的童話分析裡，經常會將國王視為意識世界的中心，或是陽性秩序的象徵，在古代，國王所制訂的律法，與透過行動所展現的價值觀，都會直接影響到人民的生活，中國歷代皇帝便常以天子自居，認定自己是上蒼揀選之人，直接將自己的言行視為上天的延伸，國王就像是太陽一樣，是意識、權力與秩序的核心。

亞歷山大大帝即說過：「我不害怕由一隻綿羊所帶領的一群獅子，但我害怕由一隻獅子所帶領的一群綿羊。」充分顯示出國王身為領導者，對統率的軍隊與子民會造成多大的影響；俄羅斯帝國的彼得大帝更是為了治國，親自帶兵、造船與監工聖彼得堡。當國王能夠發揮領導才能時，國家也將隨之強盛。

權力，意謂著我們對他人的影響力

國王握有至高無上的權力，因而處處對他人造成影響，企業組織中的領導者們，儼然就是現代版的君王，統率商業帝國的郭台銘，不僅一手打造鴻海集團，更從工業跨足電子業再到電信業，他的堅毅性格搭配強勢領導作風，使得帝國版圖不斷擴增，他甚至在退休後準備打造下一個生技帝國，影響力可說遍及社會的各個層面。

對光明國王來說，他深知「絕對的權力帶來絕對的腐敗」，需要謹慎節制自己的力量，然而他也明白若手中握有權力卻不善加使用，同樣也是種濫用力量的展現，因為舉凡政治、經濟、醫療等公共事務，都需要國王發揮其影響力，才能夠順利推動。

影響力如同一把兩面刃，每個國王都深知自己的一個念頭，影響的可能將是幾百幾千人，這是一種沉重的責任，然而想要成為一位明君，便需要在收集各方意見後，能夠勇敢做出判斷及選擇，因為當面對重大決定時，延緩做決定其實也會帶來另一種影響：事後承擔旁人的指責與內心懊悔，此刻不動用自身權力，更可能會是對一切的漠視與逃避。

權力就像是魔戒，是對人性最深沉的試煉

德國心理學家卡倫．霍妮，提出追求權力源於對安全感的強迫性需求，「一方面希望統治一切人，另一方面又希望被一切人愛；一方面順從他人，另一方面又把自己的意志強加在他們身上；一方面疏遠他人，另一方面又渴望得到他們的愛。」愛與權力這兩股衝突，引發巨大的焦慮，導致人格萎縮，當陰影占了上風，對至高權力的渴望便凌駕於愛之上。

美國國務卿季辛吉（Henry Kissinger）曾說過：「權力是最強的春藥」，暗示著權力如此誘人。陰影國王對權力上癮，並渴望再次感受到他人連動一根手指都需要得到允許的掌控感，這種「江山盡掌握在朕手掌心裡」的權力，將帶給人飄飄然的感受，也使得國王會一再忽略他人意志，只為找尋再次行使權力的時刻。

國王經常害怕事情會失去控制，並因此對他人經常懷抱疑心，事實上這反映出他們對自身失控的害怕，國王以控制他人來讓自己安心，卻忘記權力是眾人所賦予的。童話故事《國王的新衣》，就是對於握有權力者的一記警鐘，提醒了我們無論擁有多少發言權，可以決定多少重要的事情，永遠記得保持謙卑的心，因為權力來自於眾人，當國王可以充分認知到這點，就能善用權力這一帖猛藥了。

◆國王能發揮的潛能：

領導力、穩重、捍衛社群

◆國王需留意的特質：

濫用權威、需他人尊崇、猜疑

抽到國王這張牌，你可以問問自己的幾件事

- 在我身上擁有什麼樣的權力？我有濫用權力的問題嗎？（刻意不使用權力也是一種濫用）
- 我如何使用自己的力量，讓與這件事情有關的人都可以獲得應有的權益？
- 當他人挑戰我的權威感時，我因為不舒服而產生什麼樣的自我防衛？
- 為了達成目標，我在哪些地方忽略了仁慈與同理的態度？

騎士
Knight

「不動聲色地承擔，是騎士的勇敢。」

——佚名

◆解讀關鍵字：

忠誠、榮譽感

◆同義詞：

武士（Samurai）

◆圖像描述：

圖像中的空間有些特別，馬匹佇立的地方分布著充滿流動感的線條，像是海洋也像是氣流擾動迅速的地方，在這匹馬上掛著容易讓我們聯想到榮譽感的勳章，馬鞍上則繪有大大的愛心，坐在馬上的騎士身穿黑黃花紋的華麗服裝，並拿著結合了自身服裝與馬匹裝飾花紋的旗子，騎士與馬兒雙雙回頭看向同一個方向，讓我們忍不住好奇，在他們的後方有著什麼樣讓人在意的事物？

光明屬性：

- 對他人宣示忠誠與忠心
- 騎士道或武士道精神
- 充滿浪漫與救贖他人的戀愛態度

陰影屬性：

- 擁護不公義的原則
- 濫用騎士道或武士道精神
- 陷入過於浪漫的愛情幻夢裡

◆原型人物：

如果有看過經典奇幻文學《冰與火之歌》的人，對於騎士這個職稱應該會覺得很熟悉，騎士效忠領主，替主人出生入死，並擁護榮譽，他們也救濟貧弱，時時刻刻以實際行動來彰顯騎士精神。

在中國沒有騎士這個職稱，然而在三國歷史故事中，趙雲在長坂坡之戰裡，為了救出阿斗，七進七出曹營時武藝高強而且忠心護主的形象，可說是華人文化中與騎士精神相互呼應的經典人物。

身為騎士，最重要的是榮譽感

欲成為騎士者，皆須經過如下宣言：「我發誓善待弱者；我發誓勇敢地對抗強暴；我發誓抗擊一切錯誤；我發誓為手無寸鐵的人戰鬥；我發誓幫助任何向我求助的人；我發誓不傷害任何婦人；我發誓幫助我的兄弟騎士；我發誓真誠地對待我的朋友；我發誓將對所愛至死不渝。賭上這把劍的榮耀，我會守護你到最後。承榮而生，載譽而死，心如吾劍，寧折不彎。」

騎士所做出的每個選擇，往往優先考慮到他人利益，必要時需要違反利己的本能，唯有捨己為人與貫徹信念的勇氣，才能成就騎士精神。他們終日擦亮自己的盔甲，讓愛馬的鬃毛保持光潔，磨利自己的刀刃，巡視領主土地上的每一條街道，好替隨時可能爆發的街頭鬥毆主持正義，或保護被惡人欺負的婦女。

騎士若生在日本將被稱呼為武士，在《武士道》裡提到：「勇氣的精神層面必須以即使暴露在可怕的環境下，還能保持內心平靜來證明。心平氣和是勇氣的休息狀態，是英勇的靜態表現，大膽的行為則是勇氣的爆發。」武士看重榮譽與品格，將義勇仁禮誠視為比生命更為貴重的情操看待，守護這份精神，並將其延伸到藩主與人民身上，是他們誓死捍衛的天職。

現代騎士守護的不一定只是主人

一名正直的騎士會明白自己侍奉的不只是領主，而是「騎士」這個頭銜背後所守護的精神，騎士道精神是種心靈準則，對現代騎士來說，很可能平常並不會特別意識到自己是個熱愛行俠仗義的人，看見他人有需要幫助的地方，卻會情不自禁地過去幫忙，例如當老者穿越十字路口時才走到一半，眼看即將變換為紅燈，他會義不容辭的上前攙扶；當見到年輕女性正努力將愛車從兩旁機車夾縫中拖出來時，也會友善地詢問是否需要幫忙。

有些騎士則選擇走入山林，因為他們明白在大自然的種種現象裡，同樣蘊含著騎士精神的奧義。「山不該是被征服的目標，而是值得我們尊敬與學習的對象」，這是不少森林護管員的心聲，在他們心中，向山學習是如同騎士般的謙卑態度，巡視林道避免山老鼠盜伐珍貴木材，像極了騎士保衛領土的行動，在他們眼中，大樹與小草都用不同的方式，彰顯出生命的獨特，當走在山林裡，看見各式各樣的動植物用自己的方式生活著，便能體會到大自然寬厚仁慈的心，想要學習騎士道，走入山林就是最好的體驗。

忠誠不經過思索，就會成為盲從

忠誠是騎士的核心特質，然而當騎士忘記檢視效忠對象的品德時，很可能就會變成對特定人物、組織或商業品牌的盲從，在現代網路世界中，這樣的人俗稱「鐵粉」，鐵粉對於自己所支持的公眾人物有非常高的黏著度，甚至會在這些人與其他對象起衝突時，憤而出征到對方的臉書頁面上，進行唇槍舌戰，激烈程度不亞於騎士團互相廝殺的場面。

過於強調「忠誠」讓騎士自願放棄思考能力，出現信奉偏頗原則的可能性，並將某些人的話語當成無上的真理，將一個人無限上綱的理想化，這是因為騎士渴望歸屬感，極度強烈希望自己可以歸屬於某個群體，因而將他人理想化並加以崇拜，並將這些人所說的話當成聖旨遵從。

陰影騎士的極致可能會形成造神運動，並在理想破滅後轉而怨恨自己曾經效忠過的對象，這種將情感寄託在他人身上的現象，可說是將效忠對象視為自我認同的延伸，因為自己與對方近乎一體，因此心情便會隨著對方的好壞而起伏。當騎士可以重新認知到真正的騎士精神可以永恆存續於自己心中，而非只存在於特定人物身上時，他們將能恢復自己的榮譽，並且不再盲從。

◆騎士能發揮的潛能：

忠誠、榮譽

◆騎士需留意的特質：

愚忠、受操縱

抽到騎士這張牌，你可以問問自己的幾件事

- 我的忠誠與榮譽感如何？我對這兩者的信念如何影響現在的生活？
- 我在生活裡最死忠擁護的人們或事物有哪些？他們如何影響我的生活？
- 在我詢問的這件事情上，哪部分需要活出內在的榮譽感？
- 在忙於拯救與幫助他人的行為背後，藏著哪些想要迴避的生命課題？

解放者

Liberator

「給別人自由和維護自己的自由，兩者同樣是崇高的事業。」

——林肯

◆**解讀關鍵字：**

解除限制性信念、解放受壓迫的人

◆**同義詞：**

釋放者

◆**圖像描述：**

畫面中這名身穿白衣的黑髮女子，腳踏黑色大地，在藍色夜空裡，雙手舉起火把，她眼神注視著火把所散發出來的光芒，而這道光芒除了朝四面八方擴散，在空中也投影出繪有細緻花紋的空間，從這名膚色黝黑的女子身上，我們可以感受到她堅定的行動力，以及透過火把照亮周圍的決心。

光明屬性：

- 將自己或他人從舊有事物中解放（信仰、上癮行為、危險關係）
- 引導他人或自己釋放具有限制性的思考模式
- 協助他人從受到壓迫的痛苦中離開

陰影屬性：

- 將個人意志強加於欲解放的族群
- 忽略律法，不擇手段達到解放的訴求
- 在解放過程中，複製了原本欲推翻的模式

◆原型人物：

在十六世紀進行宗教改革的馬丁．路德，可說是解放者的經典人物，他質疑教會發行贖罪券的動機，並宣揚上帝救贖應該來自於人們對神的信仰，而不是這些表面的善行，他的言論促發新的教派誕生，也將人們從當時教會的極權統治中解放出來。

在歷史上同樣提倡解放，卻將世界推往完全相反處境的解放者，或許非希特勒莫屬，他透過種族主義與優生學，提出大清洗的納粹大屠殺計畫，雖然他本人堅信這會替日耳曼人帶來強健的國力與完善生活，卻因此造成許多不同民族與國家的傷害。

解放者突破舊有思維體系，替生活環境帶來巨大改變

在每個顛覆的時刻裡，都存在著解放者的身影，1999年成立阿里巴巴網站，之後一路創立淘寶網與支付寶等新興經濟平台的馬雲，可說是現代金融領域的解放者。他將充滿競爭與比較的零和市場，解放為互聯網，產業之間形成廣大的互助網絡，不只讓消費者可以更快速的買到自己想要的東西，還可以進行比價，然後迅速收到自己所想要的產品。馬雲當年提出這個新穎概念時，曾被世人當成瘋子，然而過了二三十年後的今天，當我們在知識上被解放後，互聯已經成為多數人的一般認知。

解放者專注於外在環境的改變，像是歷史上一波波的勞工抗爭運動，讓原本握有絕對權力的資方，開始願意站在勞方的角度思考，進而促進友善職場的發展。解放者有時也會選擇成為社工，將受虐婦女與孩童，從充滿威脅感的家庭中解放出來，安置到安全的生活環境裡，讓這些受到傷害的人可以重新享有平靜自由的生活。

有時候解放需要離開環境，有時我們需要腦內解放

有些解放者活躍的場域比較偏向精神層次，卻同樣可以帶給我們思維上的躍進，被指定為聯合國婦女權能署親善大使的艾瑪．華生，曾經對媒體說過：「我不想要由別人定義我，我要自己決定我是誰」，2014年更在聯合國發表演說，並發起HeforShe的運動，鼓勵男性支持性別平等意識的推廣，並希望能夠藉由自己的影響力，去改變不平等的性別權力結構。

解放者就像是受過專業訓練的心理師，他們明白生活困境有時源於內在信念所帶來的阻礙，「框架」不一定只在於外在社會情境，很可能也像是木馬程式一樣潛伏在人們的潛意識裡，當人們知道自己如何受到早年成長經驗的影響，不知不覺培養出把自己困在現實生活裡的限制性信念，像是「我需要夠好才值得被愛」、「我如果相信別人就會受到傷害」，因而可以改變看待事情的觀點，就有機會獲得更遼闊的心靈自由，生活也將隨之產生改變。

解放者有時可能不自覺的成為另一個暴君

當解放者落入陰影特質之中，很可能會將人們從一個困境帶往另一個困境，他們就像是表面替蒼生著想，骨子裡卻蠻橫霸道的君王，認為自己的想法就是絕對的正義與真理，他們渴望將旁人從困境理解放出來，好使這些人自願進入另一個專門替他們打造的牢籠裡，背後只是為了滿足「我才是對的」的成就感（註一）。

解放者有時候也會打著正義的大旗採取激進做法，認為只要把束縛人們的圍牆拆除，即可讓人們獲得自由，為了鬆綁壓迫人們的制度或信念，必要時可以不惜一切摧毀現有的體制，這種如同希特勒種族大清洗的言論，經常會包裝在名為人道的面具之下，讓人忽略暴力只會引發更多暴力，激烈態度往往會製造更多對立，因為解放者與壓迫者，都同樣堅持自己所擁護的才是真理。

註一：在《飢餓遊戲》與《分歧者》等反烏托邦電影裡，都曾描繪過類似的狀況：主角們以為加入革命組織即可推翻舊有的專制政權，沒想到革命組織與政府只是運用不同方式來控制人民。

當解放者願意認知到自己的觀點只是眾多可能性裡的其中一種，於是能夠聆聽欲解放的這群人們，真正需要與關心的是什麼，才能從霸道的王座上走下來，真正陪伴人們走向自由的未來。

◆解放者能發揮的潛能：

促進平等、解放束縛

◆解放者需留意的特質：

蠻橫、激進

抽到解放者這張牌，你可以問問自己的幾件事

- 在我現在的生活裡，有哪些老舊而不適用的行為或想法需要被淘汰？
- 我擁有哪些能力，可以協助他人擺脫痛苦的環境或想法？
- 我在協助他人時，在哪些時候容易陷入自以為對的心態裡？
- 在這件事情上，我投射了哪些信念到我認為需要被幫助的人身上？

◆ 反叛者 VS 解放者 ◆

反叛者的行為特立獨行，反抗社會規範的目的在於表達自身意見，他們追求的是自己的舒適與信念，而非群體利益。解放者猶如點燃火炬一般，照亮周遭，將旁人從痛苦中解放出來，相對於自己的權益，他們更在乎群體如何從舊有結構裡釋放。

愛人

Lover

「我生來便帶著極大被愛的渴望和給予愛的能量。」

——奧黛麗赫本

◆解讀關鍵字：

愛

◆圖像描述：

圖像中充滿了不同色調的紅：女子身上粉紅色的長裙、在她身後稍微暈染開的淺紅，由右至左逐漸加深的紅色，最濃郁之處恰好就在女子雙手捧著的愛心上，這個愛心上繪有盛開的花朵，並朝向周圍散發出紅色的氣流，加上女子臉上的微笑，讓人可以好好感受從圖案裡散發出來的愛與歡樂。

光明屬性：

- 對某人或某事物付出無條件的愛
- 勇敢去愛的生命態度
- 無法自拔的愛上某人或某事物

陰影屬性：

- 帶著自虐的方式付出愛、自我犧牲
- 執著於愛戀而傷害他人
- 將付出愛視為一種情感交換

◆原型人物：

奧黛麗赫本或許可作為愛人原型意象的代表人物，她以《窈窕淑女》等電影聞名演藝界，晚年她受到了伴侶影響，擔任聯合國兒童基金會的親善大使，親自前往許多國家與地區，呼籲孩童權益與發起募捐。

她在二次大戰時也曾以表演募集資金，好支持盟軍行動，她曾說過：「女人的美麗不是表面的，應該是她的精神層面，是她的關懷、她的愛心以及她的熱情。」對世人來說，她不只是一位演技精湛的演員，也是一名對人間充滿愛與熱情的女子。

愛是我們內心最純粹的情感

愛人並不是陷入愛河的人，而是心中有愛的人，愛情帶有強烈的占有欲以及讓人目眩神迷的怦然心動，愛卻如同歌詞所描述的：「愛是恆久忍耐，又有恩慈，愛是不嫉妒」，在戀愛裡我們表面上是替對方著想，實際上卻是為了用各種方式來滿足自我的需求，愛人會對自己的行為有更細膩的覺察，更不會打著「我都是為你好」的名義來索求關注，他們明白愛是一種非常富有包容力的行為，他們感受到自己的生命已經完整，因此不需要再用另一個人來完整自己。

愛人所會採取的行動如同德蕾莎修女，她致力於服務世界上最貧苦的人，主動提供服務給痲瘋、愛滋病與結核患者，甚至願意為了搶救戰場上的孩童，自願走入兩軍交戰的邊界，這股對人們的愛，使得當時對峙的以色列軍隊與巴勒斯坦游擊隊協議停火，直到她將37名孩童與婦女全數撤離為止。愛人心中的慈愛，就像是一朵美麗綻放的花，凡其足跡所至之地，皆留下芬芳。

愛人的心像是一座永不乾涸的噴泉，像是永遠有美酒滿溢的聖杯，他們懂得分享越多豐盛越多的道理，他們不會因為分享而導致自我損失些什麼，卻會因為分享愛而吸引更多愛回流到自己身上，形成愛的循環。

愛是一種本能，如何表達愛卻需要細心培養

愛人明白雖然在大多數人眼中，愛或許是存在於每個人心中的自然情感，是一種本能天性，然而如何分享自己對他人與世界的愛，卻需要持續練習，因為大多數人都是在自以為的愛中，投射自我的身影，或是誤把某些行為錯當成愛的展現。

周志建心理師曾在《把自己愛回來》一書中提到：「愛自己這件事，我們得從頭學

起。過去，父母沒教過我們這件事，現在，我們得自己教會自己，這是我們的功課。」前幾個世代的人們由於物資缺乏，多半將提供溫飽當成愛的方式，這使得我們可能會將逢年過節吃大餐、送禮物當成愛的展現，卻忽略了與親近的人在餐桌上的情感交流，也是愛的表達。

對老一輩的人來說，比起讚美與鼓勵，提供具體協助才是最靠得住的示愛方法，甚至會覺得嚴厲訓斥才能讓後輩力求振作，這種刀子口豆腐心的展現，讓我們無形中把嚴苛當成愛的本質，誤以為愛自己就是以嚴格的口吻激勵自己，把正能量當成愛的全部。

愛人明白這些都可以是愛的一種展現，然而表達愛的用意是溫暖接收者的心，畢竟在愛中滿足的是另一個人的需求，而非投射自己的需要，因此他們願意用敏銳的雙眼觀察、敞開心傾聽，理解眼前這個人接收愛的方式會是什麼，將愛視為一份對方願意珍惜的贈禮，以對方可以接受的方式送出，讓被愛的人打從心底感受到如同沐浴在陽光下的溫暖。

過度迷戀他人，其實只是另一種自戀

提到愛，有些人可能會說：「我就是太愛對方，才會失去自己」，這句話可說是只對了一半。愛人看似純潔而崇高，仍然具有自身的陰影面，艾瑞克．弗洛姆說：「如果一個人只愛一個人，而對其他人漠不關心，他的愛就不是愛，而是一種共生性依戀或者是一種放大的自我主義。」

許多人會把「占有的愛」當成愛本身，表面上他們會為了另一個人而委屈自己，又或者是剛好相反地努力想要透過「愛」來設法改變對方的行為，從心理學的角度來看，這只是另外一種形式的自戀，這些愛人只是在另一個人身上看見了自己尚未滿足的需要，並且像是要求父母親那樣的期待對方滿足自己。

陰影愛人終有一天需要明白，當能夠學會愛自己，成熟地滿足自己的身心所需，不再把自身需求投射到他人身上時，愛的能量才能自然從心中滿溢出來，如芬芳花香一樣自然地散播出去，傳遞到所愛的人們心中。

◆愛人能發揮的潛能：

溫暖、付出

◆愛人需留意的特質：

自戀、占有

抽到愛人這張牌，你可以問問自己的幾件事

- 我認為愛是什麼？我會如何表達愛，如何接受愛？
- 在生活中，有什麼事情是我會無法自拔帶著熱情去做的呢？
- 我在對待哪些人事物時，會有著深深迷戀而無法抽身的執念？
- 在我詢問的事情裡，有哪些地方以愛之名，不自覺傷害了對方？
- 我有為了愛犧牲自己的習慣嗎？

烈士

Martyr

「在該活的時候忍辱求生，該死的時候從容就義，才是武士道真正的勇氣。」

——《武士道》

◆**解讀關鍵字：**

犧牲奉獻、為理想捐出自我

◆**同義詞：**

壯士、殉道者

◆**圖像描述：**

圖案中的綠衣男子身處在一個特殊的空間裡：周遭看起來像是一團團的白雲，以男子為中心的地方有著氣流擾動，使得這一大團的白雲中間出現破口，男子閉上眼睛以縱身一躍的姿勢往前跳，手中玫瑰花從他手中落下，有四個像是粉紅色的三角形，像是子彈一樣朝著男子胸口飛去，另一個子彈卻好像是被彈開一樣，以拋物線的軌跡朝他身後飛去。

光明屬性：

- 願意為了某個特定目的或對象，奉獻個人生命
- 為了達成使命而超越人類本性
- 投入自己所認定的重要場域，並奉獻自己

陰影屬性：

- 陷入自憐的情緒
- 不擇一切手段達成目的
- 為了似是而非的信念奮鬥，並因此造成自己或他人的傷害

◆原型人物：

壯烈犧牲是日本武士道精神的一環，日本早期曾存在過的神風特攻隊，就建立在烈士情懷上，透過自殺式攻擊的犧牲行動，換取國家安全與戰爭勝利，或許可說是人在集體潛意識中，對於烈士原型意象的召喚。

日本動漫畫許多故事也建立在烈士的原型意象上，例如紅極一時的《進擊的巨人》，描述主角群所在的調查兵團，是僅存人類裡，唯一願意挺身而出面對巨人的一群人，巨人不只身形高大且會吃食人類，有些甚至具有可怕的特殊能力，即使如此，調查兵團仍然義無反顧的投入戰鬥，他們的口號即是：「為人類獻出心臟！」從這群主角身上，可清晰感受到烈士的自我犧牲。

有時在激烈的戰場上，為了勝利需要有人犧牲

在遼闊的沙灘上布滿拒馬，而在海岸線後方的高處，有著一架架機槍對準沙灘，擠著一排排士兵的登陸艇正悄悄往海岸線逼近，他們知道等一下艙門打開時，必須用最快的速度攻占敵方陣地，然而無論步伐再怎麼迅速，可能仍然快不過呼嘯而來的子彈，所有的士兵心中都想著一件事：「為了打贏這場關鍵戰役，我很可能活不到下一個小時了。」在諾曼第登陸的那天清晨，拋卻自身性命好贏得這場關鍵戰役，是所有烈士心中的願望。

烈士總是願意在必要時刻拋頭顱灑熱血，用自己的性命與利益，換得群體的存活與延續，「No Pain, No Gain.」他們明白為求勝利必須有人犧牲，如果可以犧牲自己來成就更大的遠景，那麼這筆與死神之間的交易絕對是值得的。

每個烈士都為了守護彼此而做出犧牲

在相對安定的台灣，已經很久沒有真正的戰爭發生了，然而在每個家庭裡，幾乎都可看見烈士的身影。為了提高經濟收入好給家人更穩定的生活，男人犧牲自己的健康與休息時間拚命加班，一旦有了更多收入，或許就可以存到足夠的頭期款，好買到居住空間比現在更大的房子，替即將出生的孩子預作準備，對他來說賣命來換得妻兒的生活品質是划算的。

女人離開了生養自己的家，進入另一個大家族裡，為了當婆婆的好媳婦，成為丈夫的支柱，於是辭掉工作在家相夫教子，她自己也認同「孩子的成長只有一次」的說法，年輕

時的夢想就默默讓它沉到海底去吧，為了陪伴孩子，她願意犧牲自己所想追求的事物。

烈士的心思很單純：「我的犧牲可以成全別人的快樂」，然而被成全的人卻不一定抱持同樣想法。當父母表示自己的犧牲是為了孩子好時，孩子接收到的可能是期待與壓力，是無法償還的恩情。當夫妻之間有人自願做出犧牲時，伴侶可能反而擔憂自己如果不予以回報，將會招來責備，在這場壯烈成仁的大戲裡，沒有人因為犧牲而感到快樂。

看自己與他人講求共好，是新世代的團體價值

烈士的光明特質在於心懷崇高理想，並願意為其犧牲自我，進而促成群體利益，就像是在台灣新冠肺炎疫情最緊繃的時候，許多醫護人員願意犧牲與家人相處的時間，自願穿戴隔離衣、不眠不休工作十數小時，甚至超時值班來協助檢疫，就是為了能守住國人健康的最後防線，讓社會可以免於受疫情衝擊而崩解。

然而當烈士落入陰影特質時，就有可能形成情緒勒索的現象，如同家庭中父母親指責對方忽視自己的犧牲，並希望伴侶與孩子應該回報自己的付出，這背後隱藏的心情是：「我覺得自己不重要」，為了掩飾這種自己毫無重要性的卑微感受，烈士選擇在舞台上壯烈成仁，至少這麼做可以讓自己的生命如同燦爛花火，深刻而永久地留存在旁人心中。

黑暗烈士心中藏著「我不好，你好」的信念，因為覺得自己比他人更不重要，所以反而用更激烈的方式來求取自我認同，看似崇高的犧牲其實是自我貶低，當能夠發展出「我

好，你也好」的心態，相信自己與他人都同樣重要，誰都不需要刻意犧牲，大家可以攜手一起面對困難時，這會是讓烈士學習在關係中善待自己與他人的祕訣。

◆烈士能發揮的潛能：

犧牲奉獻、使命感、理想性

◆烈士需留意的特質：

被動攻擊、自我貶抑

抽到烈士這張牌，你可以問問自己的幾件事

- 我通常會在哪些事情上，展現犧牲權益、無條件付出的特質？
- 在我詢問的事情裡，需要我如何發揮奮不顧身的特質，來達成目標？
- 自我哀憐的習慣，如何影響我的人際關係？
- 當我認為自己犧牲很多時，如何不自覺地壓迫到他人？

◆ 烈士VS戰士 ◆

烈士跟戰士都有為了團體付出的意涵，然而烈士更強調為他人自我犧牲，戰士則著重於嚴謹的自律要求，以及為了守護他人而戰鬥的必勝心態。

調停者

Mediator

「當你遇到一個真正的死胡同時，解決問題的唯一辦法就是引入第三方。」

——《優勢談判》

◆解讀關鍵字：

協調雙方、轉譯資訊

◆同義詞：

使節、外交官、和事佬

◆圖像描述：

這是一幅奇異的圖像：畫面以紫色為主要色調，三個人身上的服裝都繪有不同的紫色花紋，左右兩旁的人所共同面對的前方，翻攪著像是洶湧大海的紫色波浪。然而最奇特的地方，在於中間的黑色短髮女子，不僅背對大海的方向，還以不太自然的方式，握住另外兩個人的手，在她身上投影出這兩個人衣著的一部分，並有紫色與黑色的花紋將左右兩旁的人連結在一起。

光明屬性：

- 在意見不同的陣營間，以受尊敬的角色進行調停
- 串連不同的領域或族群，消除敵對團體或個人間的衝突
- 能夠擔任不同專業領域人士之間的翻譯者

陰影屬性：

- 帶著隱藏目的進行協商
- 想從調停過程中，鞏固個人權力
- 傳遞錯誤資訊給雙方陣營，以圖謀自身利益

◆原型人物：

在2015年上映的諜報電影《間諜橋》中，湯姆漢克所飾演的保險律師，擔任美蘇雙方的人質談判要員，希望以被捕獲的蘇聯間諜阿貝夫，交換美國空軍駕駛員及一名大學生的性命，在這過程中為了維護人質們的權益，他努力斡旋在美國、蘇聯以及東德三方勢力之間，最後終於成功達成任務，可說是具有典型調停者原型意象的經典人物。

調停者的角色，可以一直追溯到古老的歷史

調停者具有古老的歷史，例如在春秋戰國時代很有名的張儀、管仲，他們精熟溝通技巧與談判策略，在以一己之力替自己的祖國謀取利益的同時，也顧及他國君王的顏面，他

們知道何時該堅守立場，何時該隱忍退讓，他們是國與國之間的重要溝通橋樑，國家之間將會握手言和還是爆發衝突，就靠他們的遊說技巧，如此重要的使命，使得戰爭存在不殺使者的不成文規定。

調停者是很好的談判專家，他們擁有很好的同理心，並能看懂對方需要什麼，曾經以FBI談判小組組長身分與恐怖分子進行談判的克里斯．佛斯表示：「情緒是溝通無法順利的主要原因」，所以當調停者擔任衝突雙方的緩衝者時，首要之務就是維持自己的心情穩定，好讓自己不只有能力安撫對方的情緒，還可以深刻理解對方此刻有什麼樣的需求。調停者能聽懂對方說出口或說不出口的需要，並用話語表達出來，當對方感覺到被同理後，才開始談論交涉條件。

溝通力是現代人的必備技能

羅傑．道森在《優勢談判》中提及：「不要過於執著。只有當你學會放棄，你才能成為一名真正的優勢談判高手。」調停者非常懂得雙贏的重要，他們明白過於執著自己想要的往往會破壞關係，並導致雙方都得不到自己所想要的。

調停者明白要促成一項合作，或是避免一場衝突發生，大至國家之間的聯盟，中至企業組織的商業企劃案，小至家庭裡的伴侶爭執，最需要的不只是實際解決問題的硬實力，還需要擁有懂得溝通的軟實力，而溝通的重點就在於傾聽、理解與回應。

調停者比誰都明白人在做出決定時，往往伴隨著情緒影響，很少能夠真正做出充分理性的選擇，因此他們在聽對方說話時，除了語言訊息，還會觀察非語言訊息，當他們在商業會議上，發現對方在聽完簡報後，提出了對執行細節的疑問，他們心中正飛速思考的，是對方只是單純想要釐清事實，還是其實對計畫抱持懷疑，又或是希望可以透過提問來爭取更高的利潤？說出口的回覆將取決於他對現場情勢的分析。

同樣的，當伴侶詢問自己為什麼最近總是加班時，調停者會聽見帶點壓抑的語氣背後，透露出伴侶對於被忽略的不滿或不安全感，他可能會反問對方生活過得怎麼樣，去嘗試理解伴侶話語背後真正想要表達的，好促進彼此之間的溝通與交流。

害怕衝突的調停者，只希望能夠天下太平

八面玲瓏的調停者，有時候會落入陰影特質裡，因為怕得罪人而舉棋不定，或是為了表面和諧而說出違心之論，他們原本最能發揮的光明特質，是在理解與對話中尋求雙方甚至至是多方共識，攜手打造充滿希望感的結果，當對他人的善解染上陰影後，卻可能變成單方面討好對方，以避免衝突的手段。

當調停者太害怕溝通協調裡的必要衝突，說起話來就會避重就輕，把話題帶往不會有激烈爭執的方向，滿腦子想的都是如何提供好處，好減緩對方的不滿，卻沒辦法建設性的解決眼前的難題，甚至會給人想要趕快打發掉的虛偽感。

具有負面特質的調停者就像是和事佬，只想趕快把事情「河蟹」掉，事情的合理與正確性已經不再重要，他們甚至也無法發揮原本擅長的同理心，而是困在自己的擔憂受怕裡，就像是躲在屋簷下祈禱天氣趕快放晴的孩子。

因此調停者需要練習面對衝突與憤怒的能力，雖然大家都是成熟理性的成年人，談到自己所在乎的事情時卻總是免不了會勾起情緒，因此溝通協調時擦出一些火花也是必然發生的事情，當調停者可以發揮原有的能力，聽見這些表面的激烈言語底下所要表達的訴求，或許就有機會真的談到對方心坎裡，而不必總是粉飾太平。

◆調停者能發揮的潛能：

溝通、綜觀全局、換位思考

◆調停者需留意的特質：

委曲求全、害怕衝突、討好

抽到調停者這張牌，你可以問問自己的幾件事

- 我擅長在哪些場合，擔任居中協調的角色？
- 我身上具有哪些不同領域的知識，可以擔任資訊翻譯的工作？
- 我之所以想要介入協調這件事，有哪些部分跟私人動機有關？
- 在我詢問的這件事情上，哪些地方需要特別注意溝通協調？

導師

Mentor

「在人生真正的旅途當中，你自己的直覺就是你唯一的導師。」

——奧修

◆**解讀關鍵字：**

生命與知識的引導、陶冶學生性情

◆**同義詞：**

家教、良師益友、啟蒙導師

◆**圖像描述：**

圖像中的兩個人雙雙坐在紅色地毯上，在橘色天空上有著一輪可能是太陽的球體，身穿白衣的黑髮女子，躺在身旁這名老翁的懷中，老翁的白髮與鬍子，顯示出他與女子之間的年齡差距，身上翠綠的衣服看起來像是鳥類羽毛，讓人聯想到「置於羽翼下的呵護」這樣的形容詞。

光明屬性：

- 傳遞智慧與人生哲理給學生
- 陶冶學生的品德與性格
- 在人生或工作上擔任可靠的前輩

陰影屬性：

- 不允許學生活出自己的人生
- 給予錯誤的指導
- 濫用自身的影響力，引誘學生走上負面的道路

◆ 原型人物：

在《哈利波特》裡的鄧不利多，或許可說是哈利波特這輩子的精神導師，他除了耐心包容哈利的錯誤，也運用智慧教導他人生道理，代替意外喪生於佛地魔手下的父母親，讓哈利長成獨當一面的魔法師，這種超越知識教導，而是以生命培養生命的情懷，可說是導師原型意象的精髓。

導師不只傳道授業，還影響了徒弟的人生

有別於教師只是站在講台上授課，導師更像是台灣電影《KANO》裡的近藤教練，他不只在球場上訓練學生打入甲子園，私底下也提供學生們必要的生活支持，甚至邀請貧窮的他們到家中吃飯，他告誡學生們「心不正，球就不正」，可以看到他教的不只是棒球，而是做人處事的道理，這就是導師為何叫做 Mentor 的原因（註一）。

導師立志找到得以延續自身意志的徒弟，因為他們不僅事業有成，對於人生或自己所專擅的領域裡，擁有一套透過歲月淬鍊出來的生命哲學。光明導師希望可以讓徒弟站在巨人的肩膀上，青出於藍勝於藍，他們能夠看見稚嫩臉龐上的潛能，並用自己豐滿的羽翼小心呵護著他們，因為導師心中很清楚知道，自己的生命有限，然而「傳承」卻可以將自己的精神無限地延伸下去。

每個場域都存在著導師的身影

導師並不是一個職業，更像是一種身分認同，所以在各行各業裡都可以看見導師的身影，他可能是公司裡的主管，擅長發掘具有晉升潛力的新人，除了不吝給予讚美與機會，也不忘試探性地給予幾個比較艱難的案子，觀察新人面對挑戰與挫折時的反應，因為他們知道要看懂一個人，必須看他處在最壞的時刻裡是什麼樣子。

仔細觀察自己的生活，將會發現導師的身影處處可見，他們可能是在你跟父母吵架時，願意傾聽心事並耐心開導你的阿姨，或是一起滑交友APP並替你過濾誰是渣男的閨密，也可能是總是替你加油打氣，支持你活出人生夢想的資深同事。

如同電影《高年級實習生》中，老年退休的班，不只替女主角茱兒提供職場建議，更在生活上給予情感支持，導師無論身處在職場、家庭或人生中，他們明白對徒弟來說，自己擁有極大的人格魅力與影響力，也因此他們會謹慎自己的言語，留心自己的行為，好讓自己可以替徒兒們帶來正向影響力。

暗黑導師之所以要藏一手，是因為害怕學生超越或離開自己

啟蒙導師當然也存在著自身的陰暗面，他們害怕學生將來會比自己更優秀，因而在指導上留了一手。在２０１４年上映的電影《進擊的鼓手》中，佛列契以超乎尋常的嚴苛態度訓練男主角安德魯，只要犯了點小錯就公開進行羞辱，不只造成安德魯在挫折中感到羞愧，也讓他為了獲得肯定而進行超過身體負擔的自我訓練，或許正是因為在他心中害怕學生超越自己，因而採用羞辱與懲罰來擊垮學生的信心。

落入陰影面的導師常會將徒弟當成自身生命的延伸，在他們眼中徒弟不是活生生的人，而是可供自己使用的物，在《笑傲江湖》裡的五嶽劍派，即是明著說自己是正派，骨子裡卻為了權力欲望而使盡詭計，表面上告訴弟子們自己是為了肅清外敵，實際上卻是讓他們跟敵人互相廝殺，好讓自己得以繼續坐擁權位。

這些暗黑導師就像是三不五時就要屬下們磕頭謝恩的中年主管，他們確實對於斬獲業績很有一套，然而比起以德服人，他們更擔心自己不被重視，因而寧可拿自己的權威來刷存在感，三不五時從自己的位置上探出頭來說幾句話，提醒大家能有今天是誰的功勞。

在這背後有個深層的潛意識動機，是他們深知自己只是終有一死的凡人，如果自己可以操控徒弟，就像自己的性命與影響力得以永久流傳，只要他可以將自己的意念刻畫到徒

註一：伊瑟嘉國王奧德修斯因為啟程參加特洛伊戰爭，遠離家鄉長達二十年。在奧德修斯出征前，他的孩子鐵拉馬庫斯剛好出世，只好託付給好友曼托爾（Mentor）。由於曼托爾的悉心管教，鐵拉馬庫斯順利成為獨當一面、可以守護家園的青年，曼托爾可說是亦師亦友亦父的角色。

弟們的血液中，就得以「借屍還魂」，而如何不受這種恐懼束縛，讓徒弟們得以活出自己的樣貌，即是每個導師需要面對的功課了。

◆導師能發揮的潛能：

經驗傳承、啟蒙、照顧

◆導師需留意的特質：

控制、責罰

抽到導師這張牌，你可以問問自己的幾件事

- 在我詢問的這個主題上，哪些人具有亦師亦友的特質，可以給予我指引？
- 在生活中，我習慣擔任哪些人的良師益友，我的言行如何影響他們？
- 在我與對方的關係裡，什麼時候可能會因為私人理由，無法提供恰當引導與陪伴？

救世主

Messiah

「當救世主就像談戀愛，沒什麼道理，你卻很確定，全身上下都知道。」

——《駭客任務》

◆解讀關鍵字：

全能的拯救者、承擔集體責任、救贖

◆同義詞：

救星

◆圖像描述：

圖像裡這名披著黑色通天長髮的女子，身穿樸素的米色長袍，看似飄浮在高空上，在她身後有著不同顏色的球體，讓人聯想到宇宙中不同的星球，藍紫色的高山看起來像是日本的富士山，也可能是其他世界有名的山峰，左右兩旁的紫色柱狀體，則會讓熟悉塔羅牌的人，想起經典的雙柱結構。

光明屬性：

- 以謙卑心情，貢獻心力服務人群
- 承擔起救贖與改變社會的責任
- 將心思專注於神明指示的心靈任務上

陰影屬性：

- 誇大自身的重要性，認為自己是唯一能化解危難的人選
- 以承擔他人苦難來迴避個人課題，或因此過度耗竭
- 深信自己正執行神聖任務，沉迷其中甚至成為精神病態

◆原型人物：

1999 年由華卓斯基兄弟執導的好萊塢電影《駭客任務》，可說是充分體現救世主的原型意象，男主角尼歐在尋找傳說人物莫斐斯的過程裡，意外發現平時所生活的世界只是機械母體所打造的虛擬實境，而自己則是擔負起解救全人類命運的救世主。在電影中尼歐不斷提升能力，從上天下地、改變時間，甚至可以起死回生，充分展現出人類對於救世主的渴求心態。

在2018 年上映的美國超級英雄電影《復仇者聯盟：無限之戰》裡，大魔王薩諾斯則展現出救世主的另一面，他認定消滅宇宙一半人口是對所有存有的慈悲，因此致力於收集眾多寶石來達成這項神聖使命。這種一心認定自己肩負神聖使命，而將個人意志強加於眾

人身上的行為，顯現出救世主原型意象的陰暗面。

承擔眾人期望，是救世主的宿命

當全世界陷入即將毀滅的迫切危機裡，或許是超乎尋常的颶風，也許是默默醞釀邪惡計畫多年的瘋狂科學家……能夠讓全人類免於毀滅的希望，全都繫於一個人的身上，這個人就是眾望所歸的救世主。

救世主經常需要面臨兩難困境：該守護同伴性命，還是為了拯救世界而放棄他們？面對夥伴們義無反顧犧牲性命，只為讓他得以繼續存活，並將希望全盤壓在自己身上的決定，雖然救世主有時百般不願意，可是決定接受自己的身分，他也只好硬著頭皮承擔起寄託希望的重責大任，一肩扛起扭轉乾坤的壓力。

捨我其誰，讓救世主成為人群裡的 Key Man

現代救世主們經常有種「我不入地獄，誰入地獄」的悲天憫人情懷，他們特別可以感受到群體眾人心中脆弱與需要被幫助的情緒，進而忍不住希望可以多承擔一些責任，多貢獻一點自己的能力，因為希望可以默默守護眾人，他們很容易選擇與助人相關的職業，例如警察、社工、心理師、醫師、護理師……等等。

就像警察自認為是人民保母，醫生認為自己有責任守護病人的身心健康，救世主們個個自認為是人群中的 Key Man，若他們看到台劇《火神的眼淚》劇照上的標語，應該會覺得自己的心聲一覽無遺：「只要他想活下去，我們都應該要救他」、「我不能在他們最需要我的時候丟下他們」，對他們來說能力越大責任越大，如同打火弟兄一樣為人們出生入死，可說是牢不可破的信念。

雖然把整個世界都扛在自己肩膀上，聽起來是沉重而疲憊的事情，對救世主來說卻是甜蜜的負荷，畢竟當拯救一切的希望都落在自己身上，意謂著自己是他人心中覺得特別有能力的存在，為了回報他人的信任，無論如何都必須想出扭轉危機的方法。

救世主的陰暗面，藏著深層的無能感

救世主的濟世情懷看似偉大，一旦落入陰暗面，就可能會出現過度承擔責任而感到情緒耗竭、剝奪他人自主與成長能力，希望他人都按照自己的意思行事等負面情況，甚至有些人還會心生妄想，認為有神明托夢指示他「辦事」，他是具有重要使命的天選之人，要來成就一番大事，進而插手干涉他人的事務，卻完全忽略對方並未開口請求幫助。

在救世主的陰影裡，藏著對無能為力的恐懼感，為了逃開覺得自己只是個 Nobody 的無能感，他們只好幻想自己能夠呼風喚雨，許多人的中年危機都會出現這樣的特徵：覺得自己一旦離職公司就會垮掉，而擺出高姿態，殊不知同事早已在背後議論紛紛。有些先生認為自己是一家之主，講起話來句句都是真理，卻忽略太太已經隱忍自己的脾氣已久，於是等孩子都大了之後，便收到了離婚同意書。

對具有陰影特質的救世主來說，他們對旁人的在乎，只是為了滿足「我很重要」的需求，當他們心中感到越無力，就越是渴望承擔重大責任而去努力，好向旁人證明自己是有價值的，是值得被欣賞與崇拜的。事實上真正足以承擔重責大任的人，反而懂得低調與謙遜，當救世主可以接受自己與旁人一樣，都是具有極限的血肉之軀時，或許就可以量力而為，並練習相信自己不需要擁有呼風喚雨的能力，也仍然值得被旁人喜愛。

◆救世主能發揮的潛能：

使命感、守護旁人

◆救世主需留意的特質：

自我本位、自命不凡

抽到救世主這張牌，你可以問問自己的幾件事

- 在我最近的生活裡，有哪些地方可以付出更多心力，提供協助？
- 心中的使命感如何驅使我做出有益他人的行動？
- 在我詢問的事件裡，哪些地方可能過度干涉了他人界線？
- 我的犧牲與付出，哪些地方出自於渴望獲得認同與讚賞的需求？

富翁

Midas / Miser

「財富的重點並不在於擁有，而是善用。」

——拿破崙

◆**解讀關鍵字：**

物質豐足、身心富足、善於開源節流

◆**同義詞：**

點石成金者

◆**圖像描述：**

在一片翠綠的環境裡，有兩個身穿同樣花紋的人，正背靠背的坐在一起，左邊的金髮男子，一臉愉快的將面前堆積成山的褐色小石子往身後拋，另一側，黑髮男子則緊緊抱著金黃色的袋子，並且接住金髮男子所拋出的小石子。從圖像隱喻來說，這幅不可思議的景象，或許可視為我們許多靈性教導所訴說的：付出與接收，其實是同一件事。

光明屬性：

- 具有將自身專長化為賺錢工具的潛能
- 樂於分享生活中的富足
- 擁有良好的謀生能力，物質豐盛

陰影屬性：

- 吝於分享個人財富與關懷他人
- 過於害怕失去自身擁有的財富
- 害怕自己缺乏物質上的生存能力

◆原型人物：

說起誰是這世界上的首席富翁，我們可能會想到比爾蓋茲，他不只創立了微軟公司，一手打造我們熟悉的 Windows 系統，更在1995到2007年的「富比士」全球富豪榜裡，蟬聯了13年的世界首富，堪稱是最具富翁原型意象的代表人物之一，也展現出富人善於將自身專長化為金錢的能力。

在2018年翻譯成中文的《惡血》一書裡，則向我們呈現這個原型意象的陰暗面：號稱女版賈伯斯的伊莉莎白．霍姆斯（Elizabeth Holmes），宣稱自己研發出革命性的驗血設備，吸引大筆資金的資助，並享有與許多名人同框的殊榮，最後卻被爆料一切都是她自導自演的騙局。

富翁的隱喻形象背後，藏著點石成金的傳說

富翁原型卡的英文 Midas，可以直接追溯到希臘神話中邁達斯國王點石成金的故事，故事版本有好幾種，但大意都是講述國王接受酒神戴奧尼索斯的贈禮，獲得了以手指碰觸

即可點石成金的能力，這個乍看之下如此豐盛的力量，最後卻讓國王不只因為會把食物變成黃金而無法進食，更使心愛的女兒被自己變成金人，國王最後請酒神讓自己失去這項能力，好換回原來安穩幸福的生活。

從故事裡我們得以明白富翁的一體兩面，我們在這裡先聊聊光明特質的部分，富翁點石成金的能力，象徵著他們懂得運用自身技能來賺取金錢，而且往往能夠賺到口袋滿出來的程度。當接收到旁人羨慕或嫉妒的眼神時，富翁心知肚明除了運氣成分之外，自己仍然在人生規劃上做出超乎想像的努力，因為「你需要非常努力，才能看起來毫不費力」。

金錢是一種愛的能量流動

比爾蓋茲曾說過：「破產是一種暫時的困境，貧困是一種思想的狀態。」真正的富翁都知道要擁抱財富，絕對不能只是單純的「愛錢」，他們明白金錢是種能量，就像是衝浪手總會去尋找並設法征服更大的浪一樣，當他們不斷迎接生命裡的冒險與挑戰，去完成自己的夢想時，這種對生命的熱愛，將會持續把金錢吸引到身旁。

因此他們平日可能會早上六點就起床，慢慢吃早餐並送孩子上學，八點到公司開晨會，聽取屬下報告或吸收新點子，下班後去健身房鍛鍊身體或做瑜伽放鬆身心，睡前看點人文書籍，讓心靈獲得滋潤，假日則替自己安排不同活動，好接觸到各行各業的人們，打開自己不同的視野，也會留點時間給家庭生活，因為金錢只是替自己與家人打開生活中更多不同可能性的鑰匙，金錢是獲得生活與成長心態的工具。

富翁享受金錢可以帶來的樂趣，貨幣只有在流通中才能創造價值，富翁知道我們花出去的錢，都將形塑自己生活樣貌，也是展現生活熱愛的方式，因此他們將購買的服務與產品，當成對理想生活的投資，並讓消費可以創造出更大的利益。

金錢匱乏來自於對生命的限制

《財富的心靈法則》一書中提到：「錢喜歡人開心地使用它。若開心地花錢，花出去的錢還會再回到你手上，而且還會帶回更多的同伴。只賺不花的人表面上好像很喜歡錢，但潛意識卻是害怕失去錢。反而會留不住錢。」

有句話說：「窮得只剩下錢」，這大概是富翁落入陰影特質時的最佳註腳，當金錢本身變成目的，而非熱愛生活與追尋挑戰所帶來的附屬品時，將把金錢當成一種會被不斷消耗掉的有限資源，並深深感到匱乏之感，這種始終感到不足的心態，源自於潛意識裡認定「生命有限」的信念，他們認為生活不是愛的園地，而是強取豪奪的戰場，他人多拿一點將會導致自己少拿一點，因此滿腦子都在想著：「我如何可以擁有更多錢？」

以榮格心理學來說，這是把數字當成展示人格面具的方法，當富翁覺得「數大就是美」等同於生活的全部時，也就把金錢財富等同自己的生命價值，損失金錢等於要求他捨棄部分自我，因此絕對不可以讓這種事情發生，哪怕在旁人眼中這點小錢根本不算什麼，都像是要了他的命一樣，唯有當富翁明白財富的本質，才有機會從金錢的奴隸，搖身一變成為生命的主人。

◆富翁能發揮的潛能：

富足、謀生技能

◆富翁需留意的特質：

吝嗇、囤積

抽到富翁這張牌，你可以問問自己的幾件事

- 我使用金錢的習慣是什麼？哪些習慣受到原生家庭的影響？
- 對我來說，什麼樣的生活形態，叫做物質豐盛？
- 我擁有哪些貢獻他人的好能力，可以用來顯化為金錢？
- 我在哪些時候，容易有貪小便宜的心態？
- 無法擁有金錢上的安全感，對我有什麼影響？

僧侶／修女

Monk / Nun

「僧侶就是一個時時刻刻用心活在當下的人。」

——《僧人心態》

◆解讀關鍵字：全心奉獻於靈性道路、重視心靈成長

◆同義詞：和尚／尼姑、修行人、獨身主義者

◆圖像描述：

在兩根繪有類似象形文字的柱子之間，有一名光頭修行者與一名身穿黑色修女服的修女，正虔誠地閉眼祈禱著，從他們上方灑落金光，並產生紅色、綠色與黑色色塊，即使環境裡充滿著光影變化，兩人似乎一點都沒有受到影響，彷彿全然專注於自身的祈禱裡。

光明屬性：

- 專注於內在心靈的探索
- 將自己全然奉獻給神
- 全心投入工作或靈性修行

陰影屬性：

- 過度虔誠而忽略維繫日常生活
- 空有靈性體悟，與生活經驗脫節
- 鄙視世俗事務，或過度壓抑物質欲望

◆原型人物：

唐朝的玄奘法師可說是對應僧侶原型意象的代表人物，他自幼就好讀佛經，並一心向佛，之後更因為發現來自各地的佛經譯本，在用字遣詞上各有不同，因此決心前往印度，向當地高僧們求教，好將最原初的佛法帶回中國。他一生中力求自身言行都要依循佛法教導，可說是將自己的人生都奉獻給佛陀，他將自己完全投身於修行，不只體現出僧侶的意象，也成為《西遊記》中唐三藏法師的原型。

無論僧侶或修女，都是致力於將生命奉獻給神的人

僧侶就像是居住在深山野外寺廟裡的修行人，每天早起誦經靜坐後，吃過早飯開始清掃寺廟階梯上的落葉，之後繼續抄寫經文、讀經、做晚課，然後早早上床休息，準備明天清晨開始繼續一樣的生活作息，棄絕對金錢名聲的追求。

他們也像是在修道院裡清修的修女，時常念誦《玫瑰經》祈求聖母瑪莉亞庇佑婦女及

孩童，每日精進對《聖經》的理解，並榮耀對天主的愛，世俗婚姻與戀愛的熱情對她們來說有如塵土，在神的榮光之下顯得黯淡。對古代的僧侶、和尚、尼姑與修女來說，身體慾望與金錢名利，都被視為貪嗔痴的根源，需要予以禁絕。

真正的修行在於心境，不在外緣

對居住於現代都市社會的僧侶與修女來說，古代這套遠離塵囂放棄物質生活的修練方式，已經不大能與時代接軌，在地球村裡人，與人之間的關係變得密不可分，斷絕所有世俗關係只專心在與神連繫的任務上，不一定會是唯一選擇，保有對世俗享受的欲望，與修練自己的心性，兩者可以同時存在。

所謂「借事練心」，當能夠從伴侶身上照見自己潛意識深處裡最不堪的一面，並找到方法讓自己在親密關係中變得更加成熟，而不是一味指責對方的過錯，就將讓我們從伴侶關係中修習調伏心性的力量。當可以從對同事的嫉妒裡，發掘內心對生命的匱乏感，並設法鼓起勇氣去追尋人生理想，可說是將人際競爭轉化為生命成長的修行之路。

「身是菩提樹，心如明鏡台，時時勤拂拭，勿使惹塵埃」是現代僧侶的寫照，他們很清楚真正該清靜的是內心而非外緣，因此真正該棄絕的不是肉體慾望或對金錢的追求，而是能夠品嚐「心靈上的粗茶淡飯」，無論今天三餐吃的是滷肉飯配肉羹湯，還是頂級牛排配紅酒，他們都可以在心中感受到平靜與自由，並能對身旁的人懷抱著感謝與體貼。

空談靈性，是對人生任務的迴避

所謂「酒不醉人人自醉，色不迷人人自迷」，僧侶的陰暗面，是誤把誘惑視為外在實相，以為拋卻名利權位的追逐，或是縮減對物質生活的享受，就可以讓自己的內心獲得平靜，卻沒有意識到，這麼做只是強迫自己把內心對欲望的恐懼壓抑下來，使其成為潛意識裡的陰影，當生活中出現了些微的「誘惑」時，欲望即從縫隙中一擁而上，就好像是自己被看不見的力量所控制一樣，難以自拔。

僧侶也可能逃入「靈性療癒」的世界裡，認為只要大量浸泡在光與愛的語言當中，就可以增加內在修為，一本本成套的靈性書籍擺在書架上，對話當中經常引用大師或高靈的話語，甚至將經文倒背如流，卻沒有真正將教義落實在生活裡。靈性逃避同樣是對欲望的壓抑，僧侶想辦法用看似純淨的靈性思維，來對抗物質欲望的呼喚，這樣的嘗試通常只能持續一段時間，最終仍會失效。

擁有陰暗特質的僧侶，潛意識裡可能認為欲望是污穢與不潔的，並相信欲望就像黑洞一樣，深怕自己進入後就再也出不來，那些對物質生活的鄙視與排斥，反而暴露出內在深沉的欲望，他們沒想過自己就像在沙漠行走的僧人，越是克制飲水的欲望，反而越是增加身體的渴求，最後反而被欲望綑綁得更緊，因為我們的靈魂終究是居住在肉身裡，欲望不一定都是壞東西，它只是反映出肉身的種種需求。

奧修曾經說過：「有一半的人類藉著拒絕外在世界來接受內在世界，而另外一半的人類接受了物質世界，但是拒絕了內在的世界，這兩者都只有一半。當一個人只有一半時，他是不可能滿足的……對我而言，只有一個完整的人才是一個神聖的人。」僧侶從陰影面轉化為光明特質的關鍵，就來自於明白物質與心靈世界是不可分割的一體兩面。

◆僧侶能發揮的潛能：

修行、覺察力

◆僧侶需留意的特質：

壓抑欲望、靈性逃避

抽到僧侶這張牌，你可以問問自己的幾件事

- 當我可以穿透世俗的表象，將致力於將生命奉獻在哪裡？
- 我認為什麼叫做靈性？我如何在生活裡實踐靈性？
- 我對心靈成長的渴求與追尋，迴避了哪些需要面對的人生課題？
- 我可以如何在每日生活中，實踐靈性教導？

母親

Mother

「母親的心靈是子女的課堂。」

——美國作家．比徹

◆**解讀關鍵字：**

滋養、孕育生命、情感呵護

◆**同義詞：**

媽媽

◆**圖像描述：**

在一大片花海裡，一名鬈髮女子正以手指逗弄著懷中的嬰兒，嬰兒身上裹著的衣服花紋，看起來就像是直接從這片花海延伸而來，衣服的顏色比起花海更加鮮豔。女人身上的綠色衣物，繪有像是樹葉一樣的紋路，溫柔的將懷中嬰兒包覆起來，從圖像裡可以充分感受到如同大地母親一般的滋養與呵護。

光明屬性：

- 提供滋養與支持
- 對於養育生命帶有熱情
- 提供無條件的愛與呵護

陰影屬性：

- （行為或情感上）遺棄受照顧者
- 鼓勵受照顧者依賴自己
- 以過度照顧來控制他人，或因此感到情緒枯竭

◆原型人物：

母親一直都是眾多文學與電影描繪的核心主題之一，例如2015年上映的英國電影《不存在的房間》裡，便透過被囚禁在房間裡的母子，描繪出無論身逢何種逆境，母親總是替自己孩子著想的偉大親情，以及當母親遭受指責或詢問，為何不多替孩子著想時，如何因為違反社會角色的期望，而陷入憂鬱跟崩潰的心境。

2018年上映的日本電影《小偷家族》，則透過完全沒有血緣卻同住在一起的人們，引導我們思考自己的「母親」是否一定需要具備血緣關係？又或者在生活中替我們處處著想的人，才是真正的母親？兩部電影都描繪了母親原型意象裡滋養與孕育的特質，並挑戰了我們對於母親形象的定義。

依附理論，讓我們明白母親的重要性

心理學家曾以恆河猴為實驗對象，他們替小猴子準備了兩個「母親」，兩者都附有奶瓶，其中一個用堅硬的鐵絲製作，另一個則加上柔軟的絨布。接著發現，小猴子會花更多

時間跟絨布母親相處，當受到驚嚇時，也會立刻跳到絨布母親懷裡尋求安慰，這個知名實驗告訴我們，「母親」不只有餵食的意義，更有生存上的意義：孩子能夠受到母親保護與安撫，才能在這個世界上安心活著。

從眾多相似實驗裡，依附理論開始成為引導整個世紀心理治療開展的重要基礎，並且深刻影響到親職教育的發展，這些研究內容使我們明白，當母親可以回應與滿足孩子身心需求，像是餵奶、換尿布、逗弄與玩耍、安撫心情時，孩子才有機會發展出健康的性格。

母親的存在，對孩子具有深刻的心理意義

對孩子來說，母親「存在本身」即具有深刻意義，當母親經常表現出焦躁不安的神情，如同《長髮公主》裡那位巫婆一樣告誡孩子「外面世界很危險」，無形中便塑造出孩子焦慮敏感的特質（註一），並容易對外在世界抱持負面觀感。當母親經常抱怨伴侶不是，孩子也會在潛意識裡學到「談感情是辛苦的」的信念，又或者是母親雖然一直給予孩子充裕的物質環境，但她省吃儉用的習慣，衣服破了還捨不得丟掉的舉動，都會讓孩子無形中覺得擁有金錢是種罪惡。簡單來說，母親的身教與言教，可說是形成人格特質的重要因素之一。

雖說母親對孩子的影響深遠，早在近一百年前，客體治療理論大師溫尼考特（Winnicott），便提出「夠好的母親」一詞，他認為即使母親提供孩子完美照顧（雖然不可能辦到），孩子仍然會用他的幼小心靈去解釋一切，因此雖然剛出生時需要盡可能滿足孩子的需求，卻也需要逐漸允許孩子對自己感到失望，因為這個世界本來就不可能永遠滿足

孩子的所有身心需求，當孩子開始意識到母親跟自己理想化的幻想形象有別時，才有機會真正邁向成熟，因此母親不需要完美，當她可以安然過好自己的人生時，反而有助於孩子邁向獨立與成熟。

過度照顧他人，有時容易產生心靈扭曲

在母愛光輝下，母親也具有自身的陰暗面，在心理治療中，就以「代理性伴病症」（又稱代理性孟喬森氏症候群）來描述這群特殊的母親：她們會虛構甚至刻意創造子女的病症，並帶他們四處求醫，表面上看起來是對孩子無微不至的父母親，實際上卻是製造孩子痛苦的元凶。

母親之所以會做出這麼駭人聽聞的行動，是因為潛意識中為了獲得身分認同感與母職上的成就感，甚至是害怕孩子終有一天會離開自己，於是透過無微不至的呵護與無意識的傷害孩子，來將對方綁在身邊，最後形成「共依附關係」（**註二**），這種以照顧之名行控制之實的行為，往往因為包裹在「關心」的糖衣之下，而難以察覺。

另外一項陰影特質是過度犧牲，母親的血液裡似乎有種天性，總是想要給孩子最好

註一：長髮公主原名萵苣公主，故事中女巫將公主安排在無法離開的高塔裡，並且每天親自送三餐給她，女巫告訴公主這麼做，是因為外面世界很險惡，實際上卻是擔心公主離開自己。

註二：詳情請參考吸血鬼原型的段落。

的，縱使這麼做會需要割捨自己的身心需要，甚至為了孩子拋棄理想，仍然在所不惜，犧牲奉獻除了會讓母親的生命逐漸乾枯，更容易因為孩子沒有照著自己的想像發展，而心生怨恨。

上述這些陰暗面都凸顯出母親缺乏自我時，看似無條件替旁人付出，事實上卻是用照顧他人來索取認可及存在感，解套方式即是不將母職視為內在心靈的唯一角色，當母親還可以是享受生活的女人、擁有個人夢想的拓荒者，甚至是渴望心靈成長的神祕主義者，不只會活得越來越精彩豐富，也向孩子示範了身而為人的多樣性。

◆母親能發揮的潛能：

滋養他人、孕育、保護

◆母親需留意的特質：

控制、犧牲

抽到母親這張牌，你可以問問自己的幾件事

- 在我詢問的事情上，如何提供滋養與支持？
- 我擅長用什麼方式，提供他人呵護與照顧？
- 當我開始在關係中感到疲憊時，在哪些地方我已經過度扛起責任了？
- 我在與他人互動時，如何設置可以提供支持，又讓彼此舒服的界線？

神祕主義者

Mystic

「只有當你無意識地生活在命運之中，你才會在自己身上裹上層層束縛。」

——薩古魯

◆解讀關鍵字：

天人合一、與宇宙源頭連結

◆同義詞：

開悟者、證道者

◆圖像描述：

圖像中充滿了滿滿的紫色調，頂著日本風格髮型、擺出像是調息手勢的女子，身穿淡紫色衣裳，從她身後綻放出一圈白色的光芒，星星群從她身後迸發出去，擴散到整個空間，在女子身後的空間中布滿紫光，讓我們直覺地聯想到這是一個充滿靈性的空間。

光明屬性：

- 渴求與神性源頭緊密連結
- 對探索與體驗宇宙奧祕懷有熱情
- 追求內在靈性的極致發展，有眾人皆醉我獨醒的意味

陰影屬性：

- 在靈性陷阱中產生妄想
- 錯誤解讀或使用靈性傳承的知識
- 沉溺於神通或靈性幻想中，不食人間煙火

◆原型人物：

薩古魯（Sadhguru）可說是現代的神祕主義者代表，他曾說過：「我此生旨在幫助人們經歷和表達神聖，願你知道神聖的幸福。」在獲得神祕經驗後，他出版多本書籍分享生命的智慧，並曾表示：「生活本身就是豐滿的，不需要任何裝飾。生命並不會因為你外在的浮誇而變得美麗，你只有跟它融為一體，才能在其中發現它的美。」透過他的話語，我們間接碰觸到了宇宙間的「道」。

他本人更是致力於領導綠手計畫、河流拯救行動等環境保護運動，從他的言行裡，我們深刻感受到作為一名實修的神祕主義者，不僅重視天人合一的概念，更在生活中親身實踐「人與環境和諧共生」的靈性理念。

追求天人合一，是神祕主義者的願望

神祕主義者就像是默默坐在瀑布底下的冥想修持者，雙眼微閉，專心調息，在靜心的過程裡，嘗試打開敏銳的感官，就好像整個人都要跟大自然的環境融為一體，他們也像是古老的瑜伽士，透過體位法感受亢達里尼（註一）的流動，透過瑜伽修練引導體內的靈性能量不斷流動，使不同位置的脈輪（註二）得以轉動，最後嘗試達到天人合一的境界。

能夠達到天人交感、與萬物連結的境界，是神祕主義者畢生所追求的目標，他們相信肉體之間的分離只是一種幻象，若能讓自己的神識回歸到宇宙開創之初的源頭——無論我們稱之為神、佛陀、造物主——就能夠獲得身為人類所無法知曉的真理與奧祕。

講求實修的神祕主義者通常會使用三種方式，循序漸進地展開與宇宙智慧的連結：大量閱讀經典書籍，好獲得意識上對宇宙法則的理解；進行儀式，透過有結構的朗誦與動作，去感受自己意識的擴展，最重要的是，在每天的生活裡實踐自己所知與所學，他們都很清楚的知道，知識與經驗的整合，是達到天人合一的唯一途徑。

註一：亢達里尼又被稱為氣、普拉納、拙火等等，用來指稱我們體內所具有的靈性能量，這股能量初始時位於脊柱底端，透過正確的修行方式，可以逐漸引導這股能量由下往上盤旋，開拓我們的意識範圍。

註二：脈輪是印度修行系統裡的詞彙，在這個系統裡認為人體有七個能量中樞，分別是掌握生存的海底輪、掌管安全感的臍輪、掌握自信心的太陽神經叢、與愛有關的心輪、代表溝通的喉輪、與直覺力有關的眉心輪，以及連通宇宙智慧的頂輪。

隨著年齡逐漸增加，我們的注意力開始由外往內看

神祕主義者要不就是在生活中遭遇到重大變故，例如親人離世、被裁員、罹患嚴重疾病等，於是開始將注意力從世俗成就移往內在平安，要不就是在逐漸步入中年後，開始感受到潛意識裡的召喚，於是開始對宗教、靈修等領域產生興趣，又或者是如同佛陀當年一樣，在享盡物質繁華後，開始渴望感受更深層的平靜與喜悅。

對於神祕主義者來說，跟宇宙源頭合而為一的經驗非常美妙，自己的肉體疆界似乎在這一瞬間融化了，就像是當積雪融化後，原本蟄伏在地底下的生命迅速冒出大量嫩芽，內心喜悅突破了僵化的意識框架，源源不絕地湧現出來。

薩古魯曾說：「一旦命運出現在你的覺察和意識之中，接下來的一步就會自然發生，你的內在智慧自然會選擇自由，而不是束縛。」曾經有過這種神祕經驗的人，對於生活與旁人都會產生截然不同的感受，從他們眼中看出去的都是宇宙大愛，而在行住坐臥間都能常保平安。

強調神通力的威能，有時來自於小我的自戀膨脹

當神祕主義者過於執著追求與宇宙合而為一的美妙感受時，很容易落入不食人間煙火的陰暗面，對他們來說，這輩子最重要的事情就是追求宇宙奧祕，並將靈性智慧分享給有需要的人，當旁人告訴他們踏實努力很重要時，他們會回答「信念創造實相」，只要自己誠心向宇宙祈禱，上天必然會賜予豐盛，因為每個人的內心深處都跟宇宙源頭緊密連結在一起。

頭重腳輕的神祕主義者，可能會對鍛鍊直覺力與靈性天賦很有興趣，卻沒辦法在同一份工作待超過一年，可以對各天使的名字倒背如流，卻無法掌握自己的財務收支。如果深入剖析他們的內心，會發現他們在潛意識裡存在著難以承受現實壓力的焦慮感，正因為追求靈性在表面上看起來比忙於世俗瑣事更容易有進度，才對自我功能不佳的他們具有吸引力，靈性世界像是世外桃源，提供他們躲避現實焦慮的避風港，然而他們所迴避的，恰是他們所需要的，因為在實修的眼光裡，「一花一世界，一葉一如來」，在最微小的俗事裡，即已蘊含最深刻的靈性經驗。

◆神祕主義者能發揮的潛能：

開悟、內在喜悅

◆神祕主義者需留意的特質：

自我膨脹

抽到神祕主義者這張牌，你可以問問自己的幾件事

- 在我的靈性傳承裡，怎麼解釋天人合一，又如何達到這個狀態？
- 我如何將靈性知識落實在每日生活裡，幫助內在修練的成長？
- 在哪些事情上，我有些不接地氣？
- 我最近落入哪些靈性陷阱裡，該是離開的時刻了？

◆神祕主義者VS追尋者◆

神祕主義者追求的是與宇宙天地融合為一體的內在喜悅，追尋者則像是對於外在事物及知識的追尋，不斷想要探求事件的真理。前者在乎的是消融自我的感受，後者則是對於宇宙智識的發現。

網路建構者

Networker

「對我而言，思想從來不是個人創見，而是群眾智慧的結晶。」

——唐鳳

◆解讀關鍵字：

傳播資訊、運用訊息喚起人性關懷

◆同義詞：

信差、郵差、情報員

◆圖像描述：

畫面中這名姿態靈巧的人，正踏著腳下球體快速移動著，在他身旁許多郵件串連起一條資訊的長河，而他正好握住其中一封，似乎正決定著要將信件送往何方，他身上所穿著的衣服，繪有花朵與輪狀圖紋，讓人聯想到不斷轉動的齒輪，也讓我們直覺聯想到這個人可能具有傳播資訊的使命。

光明屬性：

- 增進人們對社會議題的關注跟同理心
- 促進不同群體之間的凝聚力
- 讓資訊在社會中廣為流通

陰影屬性：

- 為了個人利益而散播資訊（有時是假的）
- 散播恐懼跟不實訊息
- 利用資訊傳播來控制跟混亂社會

◆原型人物：

唐鳳或許可說是網路建構者原型意象的現代經典代表，熟悉資訊傳輸的他致力於發展出讓政府資訊透明化的方式，例如讓會議討論過程可以即時轉譯成逐字稿，並在幾個小時後就公布於網路上，讓有興趣想參與的公民都可以即時瞭解政策討論結果，高智商與過人的創意，讓他持續提出意見交流的絕佳點子。

他曾提及：「我不是控制思想的主體，只是思想的載體，這樣思想就可以從各個不同的方面來。」這句話凸顯出網路建構者原型的光明特質，對他們來說，人際連結與資訊傳遞是最重要的，眾多思想不一定要匯聚成單一結論，多元論述才是他們所樂見的。

網路建構者串起彼此的思念，也分享著重要資訊

網路建構者就像郵差，在連網路都還沒誕生的年代，手寫後寄出的郵件或明信片，是

想要跟遠方的人聯絡的重要方式，由於每一個字都是親手寫出來，需要耗費一定時間後，才可以送達對方手上，因此對於收到手寫信件的人來說，可說是非常珍貴的物件，郵差正是串連起彼此心意的重要橋樑，讓訊息可以在人群之間反覆往來。

網路建構者也像是穿梭在大街小巷裡的報童，每當重大消息發生時，他們在第一時間就會收到消息，並將手中的報紙發送給想要知道熱門新聞的人們，他們本身並不一定對於獲得資訊有興趣，卻對於傳遞消息很感興趣，身為網路建構者，他們很知道人是社交性的動物，天底下再也沒有什麼比共享熱門資訊，更容易促成人們聚集與交換意見了。

維基百科與懶人包，是網路世代串連眾人關懷社會的重要來源

隨著網路科技發達，郵差跟報童的重要性逐漸被網路懶人包取代，在現代社會裡只要有心，人人都可以成為網路建構者，只需要在臉書、LINE或IG上隨手按下分享，就可以將自己覺得重要的資訊轉貼出去，現代的網路建構者深知網路世界的力量，透過資訊分享，他們藉由懶人包來喚起社會大眾對於公共議題的關心，像是時事（多元性別）、政策關注（美國豬肉）或是心理健康（憂鬱症）等等，許多不同意見都可以運用網路科技快速藉由傳輸，達成意見交換的目的。

網路建構者也很喜歡使用維基百科，因為每個人都可以編輯，不只能夠快速提供最新資訊到感興趣的項目裡，也讓錯誤資訊有機會被修正與澄清，網路建構者也擅長在這個每分每秒都在持續更新的資料庫裡，找到自己感興趣的資訊，並且進一步傳輸分享出去，促成進一步的意見交換。

網路建構者並不一定都只是分享社會重大新聞，在日常生活裡，他們常像是氣象播報台，他們會在看完天氣預報後立刻發送給身旁的親朋好友，還會叮嚀伴侶出門前多穿一件衣服，他們也可能是辦公室裡的團購達人，每次看到什麼不錯的用品或點心，總會呼朋引伴的食好鬥相報，因為對他們來說，能夠透過資訊共享串連起群體之間的情誼，是最開心不過的事情了。

資訊傳播者的號召，往往帶有個人色彩

網路建構者的陰影面是對於接觸到的資訊完全不加判斷，看完之後就順手分享出去，點進這些人的臉書，會發現滿滿一排從不同粉絲頁與網站收集來的文章，卻看不到任何關於自己的閱讀感想與心得，或許連他們都不記得自己曾經分享過這篇文章。

這些人缺乏中心思想，很容易變成人云亦云的牆頭草，其核心議題就在於他們太想要跟每個人都保持友好，不敢發展自身主見，最後只好淹沒在環境中的龐雜訊息裡。

網路建構者還有另外一層陰影特質，那就是把資訊傳遞當成散播恐懼的方式，並從中替自己謀求好處，他們喜歡在文章裡戳中人們對於老化、生病、金錢匱乏與婚姻不幸的痛點，喚起閱讀者心中的恐懼，進而兜售自己想販賣的產品，表面上大方分享資訊，實際上卻操弄人心，背後圖的可能是權力、利益，也可能是控制他人所帶來的心理快感。

♦網路建構者能發揮的潛能：

分享資訊、關注社會動態

♦網路建構者需留意的特質：

置入個人觀點、人云亦云

抽到網路建構者這張牌，你可以問問自己的幾件事

- 我在生活中最樂於分享的資訊種類是什麼？
- 在詢問的主題上，我如何透過分享自己已知的資訊，達成有益交流？
- 在傳播資訊時，有多高的比例是優先考慮自己？這為我詢問的事情帶來什麼影響？

♦網路建構者 VS 工程師♦

網路建構者看重的是抱持中立態度的傳輸資訊，建構交流平台，工程師這張原型卡則強調發現與解決問題，以及理性邏輯分析能力。前者喜歡運用資訊串連彼此之間的關係，後者則著重於產出解決問題的方案。

拓荒者

Pioneer

「最卓越的航海家，懂得將所有狂風巨浪都納為己用。」

——愛德華·吉朋（英國歷史學家）

◆**解讀關鍵字：**

無中生有、對新事物冒險

◆**同義詞：**

探險家、朝聖者、開墾者

◆**圖像描述：**

圖像正中央有個看起來很像是玻璃瓶的「人」，最頂端的瓶口處有一個散發出強烈光明的愛心，夾帶著紅色、綠色與黃色的光芒，從瓶身透出來後，持續往外發亮，照耀著深藍色的空間，許多黑色黃色的小球也往外迸發，整個畫面給人強而有力的感覺，像是照亮幽暗空間的一盞強烈燈火。

光明屬性：

- 對於投入從未涉足的領域特別有熱情
- 無中生有的能力
- 開啟內在或外在的新領域

陰影屬性：

- 強迫性的不斷前進
- 無法停下來休息
- 過度冒險而使群體或個人陷入危機

◆原型人物：

周杰倫是現代拓荒者的原型代表，他在當時樂壇裡，以混合了 R&B、Hip-Hop、古典與中國風的周式曲風走紅，正當他越來越紅的時候，卻開始往不同的方向開拓，成為少數身兼歌手、電影導演與演員的藝人，甚至跨足餐飲、電競等事業，並且成立了自己的潮流品牌 PHANTACi。

他就像是演藝界的拓荒者，將一塊又一塊藝人們鮮少嘗試的領域開拓出來，他曾說過：「我覺得自己要走不一樣的路，不要走別人走過的。別人注意到我是因為他們覺得我的音樂與眾不同。」這句話充分顯現出拓荒者樂於走出不同道路的精髓。

人類的進步，有賴於拓荒者的冒險精神

希羅多德曾說過：「偉大的事蹟都是由偉大的冒險造就的。」貼切形容拓荒者對未知事物冒險犯難的精神，拓荒者往往推動了歷史的改變，例如推導出地動說的哥白尼，讓我

們明白太陽才是這個星系的中心，並進而影響了後續的天文科學發展；瑪麗・居禮發現了稀有元素釙跟鐳，並將放射性同位素應用於治療腫瘤；愛迪生發現了鎢絲作為燈泡的材質，使我們的生活充滿更便利的光源。

有些拓荒者的探索僅存在於內心世界，並將自己的開創能力貢獻給藝術、文學與音樂等人文領域，例如佛洛伊德所創立的精神分析治療學派，成為心理治療崛起的濫觴，他如同太陽系裡的太陽，影響後續一百多年的心理學研究，在這漫長的心理治療發展道路上，無論是支持或反對他理論的後續學派創始人，最終仍然免不了繞著他當初所提出的概念打轉。

對未知領域感到好奇，並勇往直前，是拓荒者的天性

拓荒者具有開墾精神，如同美國人來到新天地那樣，從一片荒地中建立起強盛國家，每個拓荒者心中都有一句話：「你覺得這件事情不可能，是因為沒有以這件事可以成真的角度來思考。」他們對於自己不瞭解的事物充滿興趣，甚至對身旁人們也不理解的事情特別感到好奇，如何從0到1，是他們全心投入的焦點。

拓荒者永遠不缺新點子，能夠從多數人不曾思考過的角度切入，發展出全新的構想，就像牡羊座性格的人一樣，需要不斷有新的行動方向，如果有一陣子都沒有嘗試新活動，就會開始感到煩悶與無聊，所以他們很喜歡進行新鮮的嘗試，好讓自己保有源源不絕的創造力，充滿挑戰與變化的生活對他們而言是充滿樂趣的事情。

無法駐足與累積，可能因焦慮而導致虛耗能量

拓荒者最害怕的事情，就是安定下來守護成果，繼續默默累積，或是重複那些已經使用過的好點子。陷入陰影特質的拓荒者，就像是只顧研發新概念卻無法穩定經營的新創團隊一樣，總是拋出一個個誘人的發想，卻無法看見產品的誕生，近年來流行的募資計畫，許多都胎死腹中，有可能就是團隊裡只有拓荒者，卻缺少國王、皇后、工程師等成員所導致的。

拓荒者內心存在著很強烈的焦慮感，覺得安逸與一成不變的生活，是頹廢或缺乏效能的表現，他們習慣盲目找尋可以投注心力的下一個活動，為了有進度而忙碌，輕則讓自己身心疲憊，重則讓自己甚至是伴侶與同事，都因魯莽嘗試而陷入不必要的風險中。歷史上偉大的蒙古帝國，即是因為不斷擴張版圖，卻缺乏經營建設能力，加上其他艱困因素而導致滅亡。

更深入來說，拓荒者的陰影，恰好對應到〈永恆孩童〉這張原型卡，或許是因為心中懷有不想長大的想法，因此無法在特定事物上停留，只好不斷找尋下一個等待開墾的領域，以迴避自己需要擔負的責任，就像有些人在諮商中才驚覺，自己之所以不斷追求生活刺激，或抱怨伴侶太過沉悶，其實是自己還沒有準備好成為丈夫、妻子甚至父母親的角色。

然而隨著生命發展階段的不同，看起來守舊的安逸生活，有時才是最能帶給自己與旁人幸福的選擇，當拓荒者願意在變化中求穩定，便能在年輕活力與成熟之間，找到更符合現實處境的良好平衡。

◆拓荒者能發揮的潛能：

冒險精神、開創精神

◆拓荒者需留意的特質：

抗拒安逸、續航力不足

抽到拓荒者這張牌，你可以問問自己的幾件事

- 我在哪些事情上，最能夠發揮無中生有的創造力？
- 在我詢問的主題上，冒險與開拓的精神將如何幫上忙？
- 我如何在開創與休息間求取平衡？
- 我如何將源源不絕的行動力化為具體成果？

◆拓荒者VS追尋者◆

拓荒者與追尋者看起來雖然都有一點冒險犯難的特質，然而對拓荒者來說，他們最在乎的是「我如何開拓一塊自己甚至是他人都從未抵達的領域？」，追尋者則覺得「找到我所認為的真理」是最重要的事情，更精準的說，拓荒者享受的是開墾創造的樂趣，追尋者則是想要找到顛撲不破的核心事物。

詩人

Poet

「沒受過傷的人，才會譏笑別人身上的傷痕！」

——莎士比亞

◆解讀關鍵字：

情感細膩豐富、擅長運用象徵性的語言

◆同義詞：

作家、小說家

◆圖像描述：

圖像中的女子一頭鬈髮，頭巾與身上的衣服都有大塊的紅色花朵圖樣，她戴著眼鏡抬頭看著天空，彷彿呼出一口氣，就幻化成一對展翅高飛的白鴿，這對鴿子周圍的空氣裡，被小巧愛心點綴著，充滿浪漫與富有情感的氣氛。

光明屬性：

- 以象徵性的語言來傳遞心靈之美
- 具有以文字感動人心的能力
- 能在平凡的事物中，發掘出一般人忽略的深刻情感與體悟
- 以詩詞文學描寫深刻人性，例如史詩故事、莎士比亞文學等

陰影屬性：

- 濫用文字象徵，散播恐懼與毀滅的訊息
- 將力量奉獻給暴政或權威者所使用
- 過於沉溺在多愁善感的情緒裡

◆原型人物：

提到詩人，我們腦海中可能浮現出許多古今中外的文人雅士，例如唐朝與李白齊名的寫實派詩人杜甫，就以文字描繪出許多當時的社會實況，以及戰亂之際的顛沛流離，替人們帶來意識上的警醒。

遍覽我們所熟悉的詩人形象，會發現他們都很擅長把心中的思緒與情感轉化為文字，並讓我們透過這些文字去品味他們當初所經歷的情境，例如印度詩人與哲學家泰戈爾，在著名作品《漂鳥集》中的句子，即被由電玩翻拍成電影的《返校》所引用：「埋在地下的樹根，使樹枝產生果實，卻不要求什麼回報。」

這段詩詞用來比喻老師為了保護學生們自願犧牲的情誼，就像是樹根給予大樹養分，開花結果，只希望學生可以繼承自由與愛國意志而不求回報，讓我們感受到詩詞將痛苦昇華為藝術的感動。

運用文字隱喻，讓生活經驗豐富起來

「哥抽的不是菸，是寂寞」，詩人總是能把一些看似平淡無奇的動作，形容得富有層次感，在詩人眼中，花朵盛開與凋落並不單純只是自然界的現象，而是會讓自己想到「花謝花飛花滿天，紅消香斷有誰憐？」的紅顏殞落，花朵與美人本無關係，可是在詩詞裡，經由隱喻，詩人彷彿由此窺見了另外一層世界。

現代文青一如古代詩人，總能從最微小的事物裡發掘出生命的意義，例如 Peter Su 曾在書中提到：「心是一個人的翅膀，心有多大，世界就有多大。如果不能打破心的禁錮，即使給你整個天空，你也找不到自由的感覺。」他讓我們明白生活有時候會帶來一種受困的感覺，然而有時候不一定要擁有很多才能自由，相反地，自由源於我們的心量寬廣程度。

文字是門讓痛苦昇華為藝術的絕活

能夠主動賦予生活經驗形象感與意義感的能力，是詩人身上極為寶貴的事物，生活中的瑣事總是日復一日的將我們捲入，當再次被吐出來時，多數人都只剩下一身灰頭土臉，以及對現實滿滿的挫敗感，甚至面對生命中難有答案的困境，會感到漫長的痛苦煎熬。

而詩人擁有一對心靈的眼睛，在他們心中日月星辰、白天黑夜都有其美感，藉由文字的昇華，他們將樸實的麥，釀成層次豐富的酒，陳文茜即曾說過「生命必須有裂縫，陽光才能照進來」，運用生動的隱喻，讓我們明白生命的高低起伏都是人生旅途裡的風景，無須懼怕也不必迴避，當能夠直面相迎，我們或許可以經驗到更完滿的感受。

遭受情緒污染的眼鏡，看出來的都是偏頗世界

詩人的陰影特質即是為賦新詞強說愁，即使生活明明就歲月靜好，卻總要找點事情來自我抒發，把悲情與惆悵當成流行品牌，就好像讓人議論紛紛的偽文青們，重視的是文字的朦朧美感，而不是優雅文字背後所要訴說的深刻意涵。

當詩人看待世界的眼鏡染上一層情緒的色彩，樹不再是樹，花不再是花，他們很容易自溺於負面情緒裡，無法跟旁人及環境產生真實連結。人與人之間之所以可以建立關係，源自於我們認知自己並非世界的中心，萬事萬物都有其獨立存在的真實模樣，落入陰影的詩人卻會自以為是的以情緒來詮釋每個人的動機與存在意義，最後活在自我中心的世界裡。

張愛玲曾說：「我願意保留我的俗不可耐的名字，向我自己作為一種警告，設法除去一般知書識字的人咬文嚼字的積習，從柴米油鹽、肥皂、水與太陽之中去找尋實際的人生。」當詩人願意放下紙筆，捲起袖子去做維繫生活所需的一切活動時，透過身體與環境的真實接觸，以及真正聆聽他人對自己所說的話語，不只可以走入真實的生活，也能讓自己的文字傳遞出更深刻的意涵。

◆詩人能發揮的潛能：

情感豐富、昇華痛苦

◆詩人需留意的特質：

憂鬱、脫離現實

抽到詩人這張牌，你可以問問自己的幾件事

- 我如何使用文字或語言，來傳遞自己的想法與情感？
- 當我將內心感受訴諸文字時，哪些內容可能無形中傷害到他人？
- 如果最近的生活像是一首詩，我會如何替它命名？

司祭

Priest

「我們在天上的父，願人都尊祢的名為聖，願祢的國降臨，願祢的旨意，行在地上，如同行在天上。」

——《主禱文》

◆解讀關鍵字：

宇宙與人間的溝通管道、代言人、服務人群

◆同義詞：

女祭司、神職人員、拉比、福音傳播者

◆圖像描述：

這是一幅奇妙的圖像：兩個人站立在一起，前方看起來像是披著斗篷的女性低下頭來，雙手交握在一起，看起來像是在虔誠祈禱，後方男子同樣閉著雙眼，看起來像是高舉著雙手，在男子身後還有一圈黃色的光環，讓人聯想到溫暖的太陽，兩人身後則有藍色氣流，讓人聯想到遼闊天空。

光明屬性：

- 承諾投身於自己所選擇的靈性途徑
- 成為某個組織的發聲管道
- 擔任靈性存有的溝通管道

陰影屬性：

- 背叛自己在靈性道途上的承諾
- 在靈性追尋中過度膨脹自我
- 濫用自己身為代言人的權力

◆原型人物：

Priest 正式的翻譯為「司祭」，有時也被譯為神父或牧師，常在古代儀式中擔任執行儀式的人，也可說是擔任人與天之間溝通橋樑的角色。從1998年到2018年總共出版了九冊的《與神對話》，作者尼爾．唐納．沃許（Neale Donald Walsch）或許可視為現代版本的司祭，他因為人生遭遇困境，因而對神提出質疑，卻也在意外中收到「神」的回應，他將這些資訊整理成書籍，帶動美國新時代靈性運動的一波熱潮。

對於這一系列的書，尼爾．唐納．沃許提到：「神跟每一個人說話，就拿你來說吧，神就曾以許多方式來到你的生命中，而現在就是其中的一個。你不是常聽到這麼一句老格言：『當學生準備好了時，老師就會出現』？這本書便是我們的老師。」他可說是有別於教會之外，另類的「神之代言人」。

司祭，是掌握品牌形象的代言人

一名男士穿著休閒西裝慵懶地坐在沙發上，手中捧著加入冰塊的威士忌，彷彿在邀請對方與自己小酌一杯，讓人感覺像是參與了現代的聖餐禮一樣，彷彿飲下這杯酒，就可以一併讓成熟的生命韻味滑落喉中。

手錶、跑車、醫美產品……現代司祭離開了祭壇，走入各行各業，他們心底都明白自己擁有莫大魅力，將這股魅力與知名品牌相互結合，一旦自己成為代言人，往往可以擄獲眾多信徒的心，讓他們乖乖從口袋裡掏出錢來，不只讓背後的「神明」得到好處，自己也跟著臉上沾光。

在企業組織中，司祭更是具有非常重要的地位，他們身負對外聯繫的門面，每當發生重大意外時，都需要站在第一線上代表公司發言。什麼該說、什麼不該說，哪些地方應該用什麼方式訴說，都攸關整個組織如何在風波裡安全下莊，這讓他們掌握了莫大的權力。

傳遞來自上頭的旨意，是他們的重要工作

司祭像是傳遞指令的班長，老師如果有什麼需要向同學們傳遞的事情，班長經常都是第一個知道的，如果同學之間有什麼重要的事情，透過他轉達給老師，也會讓意見變得更有分量，這讓他在班上多少享有一點特殊待遇，因為許多重要的事情，都需要透過他才能「上達天聽」。

在職場上，司祭可能是主管重要的左右手，也可能是辦公室裡那個待得最久的老屁

股，不只重要資訊會透過他們傳遞，他們也不吝在親近的同事出事時，運用自身的影響力出手幫助，畢竟身為代言人，他也需要替上頭與自己多多鞏固人脈，因為他們深知一如信徒之於神，死忠人馬對自身所代表的主管或團隊是不可或缺的存在，賣點人情對大家都有好處。

司祭位於雙方接觸的重要交界上，如果能夠好好運用自身傳遞影響力的天賦，將能夠把許多好東西分享給人們，擔任串連組織與他人之間的橋樑，讓更多有益的意見，能夠被上位者聽見。

狐假虎威是對信念的背叛，也是濫用權力的表現

在古代司祭只是靈性通道，如同代言人只是扮演背後品牌或源頭的發聲管道，當司祭認為自己即是神明，就像是認為自己等同代言的事物，就有可能成為「狐假虎威」的狐狸，落入過於誇大與炫耀身分的危險裡。以榮格心理學來說，這是一種自我膨脹，背後源自於司祭覺得自己不給力的自卑感。

當司祭與權威人士相處甚歡，或是因為得到賞識於是得意忘形，以為自己拿了令牌就等於是太上皇，殊不知自己只是籠罩在真正握有權力者的光環下，一旦離開這份光輝，或做出太過分的事情，很快就會遭到旁人抵制，甚至直接面臨被撤換的命運。

落入陰影面的司祭，需要練習放下對於完美形象的執著，否則很容易因為覺得不夠有力量，認為自己需要攀附於具有美好形象或握有權力的人與組織，才具有被他人欣賞的價值，殊不知我們存在的本身即有值得肯定之處，不必執著一定要爬到至高處，才能得到欣

賞與讚美。甘於當個平凡人，能夠接受自己有時無法活在光環之下，或許是讓司祭能夠繼續好好發揮自己代言天賦的方式。

◆司祭能發揮的潛能：

溝通橋樑、傳播福音

◆司祭需留意的特質：

濫用權力

抽到司祭這張牌，你可以問問自己的幾件事

- 我所侍奉的靈性信仰（信念）是什麼？
- 我如何清空自己，好發揮靈性天賦來服務他人？
- 在我詢問的事件裡，哪些地方存在著狐假虎威的課題？

王子

Prince

「復仇，都是你們（媒體）編的，沒有什麼王子復仇記，而且我現在已經把自己提升為King了，不要再講我是王子。」

——張國煒（星宇航空董事長）

◆解讀關鍵字：

行使權力的潛能、繼承資源

◆同義詞：

太子、王儲、富二代

◆圖像描述：

這名年輕人身穿藍色大衣，脖子上圍繞著帶有白色圓點的紅色圍巾，他的一隻手藏在背後，而我們可以看到在這隻手上，握著一把色彩鮮豔的物品，看起來像是花束又像是縮小後的大樹。男子站在淺綠色圍牆內，看著外面茂盛生長的植物，以及連綿翠綠的山巒，因為他背對著我們，因而難以猜測他看著這片景色時，心中所揣想的究竟是什麼？

光明屬性：

- 具有在特定領域獲得權力的潛能
- 擁有浪漫迷人的魅力
- 敢於追求心儀的事物

陰影屬性：

- 誇大自己所擁有的力量，或想獲得超過應有程度的權力
- 三心二意，無法持久的行動力
- 無法準備好承接責任、做出承諾

◆原型人物：

電影《獅子王》裡的辛巴傳神地呈現出王子的原型意象。年幼的牠最喜歡詢問獅王木法沙王國的疆界邊緣在哪裡，當牠知道有一天太陽所照耀之處都將屬於自己統治的時候，更加感到天不怕地不怕，因而不斷忽略父王的警告，在叔叔的教唆之下，導致父親重傷身亡，也讓自己面臨流放的命運。

這些經驗都展現出王子具有野心卻缺乏掌握力量的能耐，一如被叔叔利用的辛巴。在流浪裡逐漸茁壯，直到牠後來在池邊見到自身倒影，再次喚醒心中壓抑與沉睡的力量，才讓牠選擇拿回屬於自身的權力，成為真正的國王。

在童話故事裡，王子可被視為意識世界的繼承者

「這片江山，總有一天都會是我的！」這是每個王子心中情不自禁的呼喊，他們對眼前

世界充滿熱情與浪漫想像，一心想要革除自己所見到的陋習與不完美，對他們來說，世界值得更好的存在方式，而自己就是那個足以帶來希望的人，因為他是王國的合法繼承人。

王子總是對於可以帶來變化的事物躍躍欲試，在他們身上還沒有經歷過太多風霜的打擊，因而滿心認定只要自己夠努力，就能替自身所屬的組織帶來改變的福祉，比起老練的國王，他們更傾向於提出具有革新性質的計畫，因為身為未來的王，讓王國變得更好當然是他當仁不讓的使命。

相對於日漸老邁的國王，王子年輕力壯又擁有大好前程，更是未來的接班人，在榮格取向的童話分析中，國王經常被視為意識自我的主宰者，王子也因而常被視為意識世界的繼承者，世界命運的發展，也就端視王子是否能夠沉潛心智，通過層層考驗，收穫智慧、力量與勇氣了。

現代的王子們，可能是公司或特定領域的接班人

王子享有來自「皇室」的資源與光環，縱使還沒有正式接班，仍然會在人際交往間散發出無形的影響力，並具有得天獨厚的「繼承」，像是不錯的體魄、吸引人的外貌，或是從小受到父母細心栽培，因而習得不少技能，甚至可能從小就不愁吃穿，於是比起旁人更有機會自我探索、找尋人生方向。

在現代社會裡的江山與王國，可能是王子父親所經營的企業行號，王子也可能是公司裡受長官所器重的新人，或是演藝圈被大哥大姊看好的明日之星，這些現代的王子們，正是在媒體報導中常說的「富二代」或「接班人」。

雖然享有諸多資源，王子就像是大樹的種子一樣，需要經過栽培與訓練，才能長出獨當一面的能力，並合宜地使用自己所擁有的能力。身為長榮集團二房獨子的張國煒，即在多次與父親衝突的情況下，選擇放棄「皇室」資源，不只充實對飛機機體的熟悉度，返回集團後更選擇從基層做起，充實管理才能，將長榮帶往另一層高峰。

王子如果只是順理成章繼承皇位，他將缺乏理解民心的能力與「治國」之道的體會，因此每個能夠成為明君的王子，往往需要更加謙卑的學習，當接過權力的那一刻到來時，才能有充分把握去實踐自身的當年理想。

渴求尚且不屬於自己的權位，將帶來生活上的危險

王子的陰影面是很容易因為被賞識與視為接班人，因而過度自我膨脹，誤以為自己既然就是未來的王，那麼現在就可以行使身為「王」的權力，甚至自認為天下無敵、高人一等，然而從新人到長成真正可獨當一面的掌權者，需要的不只是時間，而是十年如一日的扎實鍛鍊，當王子空懷理想卻缺乏實踐的能力時，容易產生眼高手低的現象。

中國古裝電視劇《瑯琊榜》裡，東宮太子蕭景宣，即是因為仗勢自己受寵，認為自己什麼都不需要做，即可等待日後繼承王位，疏於鍛鍊實力，因而讓其他皇子們有機可趁，最後更因德行問題而被判流放。

落入陰影裡的王子，缺乏對自己的足夠認識，就像是深受主管器重而為所欲為的公司新人，到最後常會捅出難以收拾的婁子，又或者是繼承龐大家業卻不懂謹慎規劃，因而賠上家產的孩子。擁有理想是很好的事情，然而若無法正確認知自身目前的能力、與現實環

境的差距，將會帶來意料之外的折損，有耐心的持續學習，幫助自己逐漸培養出掌握江山的能力，是每個王子的必修課。

◆王子能發揮的潛能：

浪漫、夢想

◆王子需留意的特質：

傲慢、高估自身實力

抽到王子這張牌，你可以問問自己的幾件事

- 我在哪些地方深具發展的潛能？
- 我最有熱情的事物是什麼？這項事物如何發展成更扎實的能力？
- 在工作中，我所期待獲得的報酬，有哪些地方可能高估了自己的能力？
- 我在哪些需要持續投入的活動中，存在三心二意的現象？

妓女

Prostitute

「只有錢和狗不會背叛妳。」

——銀座最年輕媽媽桑．高嶋理惠子

◆解讀關鍵字：

性議題、出賣才能

◆同義詞：

青樓女子、藝妓

◆圖像描述：

這名黑髮女子眼神定定的看著特定方向，全裸的她伸展肢體躺在床上，從某個方向不斷向她灑落的鈔票，已經多到可以遮蔽身體的重要部位，只露出頭部與手腳，甚至她的其中一隻手，還試圖握住大把鈔票，從女子的神情裡，我們很難判斷她是否快樂，以及是否出於自願，但我們可能都會好奇這筆交易的實際內容到底是什麼。

光明屬性：

- 不卑不亢，肯定自身存在的價值
- 拒絕將個人才華貶低成商品
- 重建自尊、經歷內外在的自我蛻變

陰影屬性：

- 認為物質環境的舒適與需求，遠比個人尊嚴更重要
- 物化自己所擁有的技能或天賦
- 無法肯定內心價值，只認可物質成就

◆原型人物：

青樓女子與恩客之間的情慾交織，所帶出複雜的人性糾纏，一直是眾多文學及電影喜愛刻畫的題材，例如２０１２年由周美玲擔任導演的電影《花漾》，即是講述白小雪與白小霜這對美麗的雙胞胎姊妹，為了討生活進入花樓賣藝的故事。

雖然姊妹兩人都貌美如花、歌藝過人，生命信念卻截然不同。小雪因為染上痲瘋而逐漸失去美貌，雖然老鴇建議她可以將痲瘋過給恩客，但她卻不肯陷害對自己有愛意的文秀，自願被貶落到下女廂房居住。小霜則為了生存與離開島上妓院，以美色利用身旁對自己有好感的男人，甚至設法陷害親姊姊小雪。

兩人同為歌妓，在身體界線與生存議題上，有著截然相反的價值觀，恰好呈現出妓女原型意象裡認可自身存在價值的光明發展，與為了金錢出賣一切的陰影屬性，

凡事只剩下生存，是種工具人思維

妓女給人的第一印象可能是站在昏暗的巷口，臉上濃豔裝扮，穿著暴露服裝，朝著每個經過的路人拋出意有所指的曖昧眼神，在床上數著客人拋出來的白花花鈔票，只要給的錢夠多，要做什麼都可以。

對於落入陰影面向的妓女來說，如果穿越回古代，大概會用嬌媚口吻說出「若能換得一生安穩，臣妾願意任君擺布」這樣的話，對她們來說，擁有足夠物質條件來換得生活穩定是重要的，因為她們心中過度輕忽自己存在的意義與價值，天底下沒有什麼是不能換成錢，人與人間的情誼也都建築在利益上，這是資本主義下的物化思維，也是將人等同於產值的機器思維。

妓女的陰影屬性背後帶有「我不相信自己值得」的信念，正因為覺得自己不值得被善待，所以寧可成為工具人，至少還能換得舒適的生活環境，至於內心平靜或幸福這類不可靠的事物，就把它掃到床底下去吧！

擅長街頭生存，是妓女的生命韌力

如果檢視妓女的光明特質，會發現她們可說是生存力滿點，為了生存可以拋棄無謂的

自尊，無論是每天端盤子10小時的服務生，還是去工地打工，只要可以用自己的能力換來金錢，即使經常需要挨上主管一頓臭罵，一切都沒什麼好計較的。他們是願意捲起袖子弄髒雙手的實踐家，因為他們打從心底明白生存猶如殘酷的戰鬥，而非理想主義者口中的烏托邦。

「以性交換金錢」在心理學上延伸出來的意涵，即是以自身才能求取生存的做法，這種唯物主義會造成兩種極端不同的情境，往陰影屬性發展的話，可能會變成為了博取眼球不惜露出南半球的直播主，好替自己賺進大把抖內，或是一味增加曝光度，對自身產出內容的專業可靠度不加檢視的網紅；往光明屬性發展，卻也可以成為具有接案原則的正義律師，或是堅守信譽的商品賣家。

懂得珍視自己的價值，就不需要賤賣才能

現代社會有著將一切都換成數字的傾向：從股票指數、房地產價值、薪水階層到網路觸及率與粉絲團數量，我們的潛意識裡可能已經被悄悄植入「越多越好」的信念，只要能讓數字增加，可以犧牲睡眠、健康甚至是道德良知，在這背後潛藏著對自身技能的缺乏信心，以及龐大的生存焦慮。

然而這種焦慮感其實是在競爭下比較出來的，當我們一直專注看著遠方，必然會發現一群超越自己的人，卻忽略其實大多數人可能都跟我們站在差不多的位置，如果能夠把比較的注意力從他人拉回自己身上，認真肯定自己所能做到的一切，將可以有效降低為了迎頭趕上而拋棄自尊的念頭。

在日本最高級的藝妓被稱之為花魁，她們不僅需要接受書法、茶道、舞蹈等訓練，平日也不隨意提供性服務，她們心中很清楚自己的價值，也懂得挑選優質客人作為服務對象，妓女所能發揮的最佳潛能，就是明白「取之有道」的真意，不卑不亢地活下去！

◆妓女能發揮的潛能：

生存意志、堅韌

◆妓女需留意的特質：

唯物主義、內在價值低落

抽到妓女這張牌，你可以問問自己的幾件事

- 談到「性」這個字，我直覺浮現的感受是什麼？
- 對於「我的存在本就值得受肯定與尊重」這句話，我的感受是什麼？
- 我如何學習肯定自身能力與工作的價值與意義？
- 我在哪些時候，容易忽略心靈層面的重要性？
- 我在哪些地方，存在著委曲求全、將自身能力物化為商品的行為？

♦ 妓女VS處女 ♦

妓女跟處女這兩張原型卡，前者象徵著掙扎求生的本能，以及務實的生活態度，對具有妓女光明原型意象的人來說，他們很能看見並肯定自己的才能與價值，另一方面也相當接地氣，他們明白光是仰賴感情或純粹高尚的理想，很難填飽自己的肚子，因此只要是在自己的能力範圍內，都很樂意付出行動。

相較之下具有處女原型意象的人比較理想化，他們在乎的是採取行動時的起心動念是否純淨，如果初衷不夠純粹，即使這麼做可以替自己或他人帶來好處，也寧可堅持不做。

從榮格心理學的角度來說，妓女與處女可說是互為陰影，妓女的務實對處女來說過於殘酷，處女的純潔對妓女來說則過於天真，然而我們唯有能夠在理想與現實、務實與天真間求取平衡，並且認可這兩項特質都可以替生活帶來正面影響，才有機會整合自我，讓心靈變得更有彈性。

皇后

Queen

「身為皇后，永遠都不能有說厭煩的時候，一旦被人發覺力不從心了，那些盯着后位的人，不把妳生吞活剝了才怪。」

——《甄嬛傳》

◆解讀關鍵字：

展現氣度、以涵容或輔佐的態度展現權威

◆圖像描述：

這名女人身披黃褐色頭巾，上頭點綴著花卉圖案，身穿繪有繁複花葉圖紋的藍色高雅服裝，在她的雙手手指上戴著數枚戒指，她以堅毅神情看向飄揚在空中的紅色布幕，身後則有看起來像是天空與大海的遼闊空間，從圖像中我們可以感受到這名女性的高雅與泰然自若。

光明屬性：

- 以高雅與沉靜的態度影響旁人
- 以冷靜自制的方式，守護個人情感或團體
- 透過涵容情緒來轉化內外在衝突

陰影屬性：

- 以照顧與包容來進行隱藏的控制
- 過度自我克制形成壓抑心態
- 不允許他人反駁自身權威，剝奪他人自主性

◆原型人物：

長孫皇后是唐太宗李世民在世唯一的皇后，她不僅氣度寬宏謙虛待人，深受百姓喜愛，更深知政治角力多起於後宮爭寵，因此她以懷柔並富有智慧的方式，將後宮嬪妃打點得相當妥貼，雖然她不是歷史上最有權勢的皇后，也不積極拋頭露面，卻深得民心與唐太宗的寵愛，有千古第一賢后之美稱，可說是皇后光明原型特質的積極展現。

電影《公主與狩獵者》中的邪惡母后拉維娜，則向我們展示當皇后的能力被運用於權謀與私欲時，將帶來何等可怕的後果：原是女巫的她先是色誘並殺害國王，獲得王國統治權後，開始進行恐怖統治，並為了維護魔力而定期要求人民進貢年輕少女，供自己吸血之用，最終引來女主角的反叛。

皇后，是以母儀天下掌握大權的人

「在這宮中，我就是一切」是皇后的內在獨白，她明白自己身為一國之母，將被子民視為精神表率的楷模，當皇帝率兵出征時，她需要留在宮殿裡負責安穩民心；當皇帝在施政上有所偏頗時，她會等到兩人獨處時再給予適當建議，白天打點宮中大小事務，暗地裡則處理後宮嬪妃們的紛爭。

對於現代的皇后來說，皇宮可以是自己與伴侶攜手建造的這個家，她不一定需要大呼小叫，但只要使一個眼色，孩子們就知道要乖乖去寫功課，老公則明白自己需要離開電視機前去廚房洗碗；皇宮也可能建立在職場上，身為辦公室的老屁股，平常總是默默不吭聲，可是無論團隊遇上了什麼高難度的案子，有他在就讓人感到莫名安心。

皇后不輕易出手，平時經常保持沉默，然而無論是端莊的走路姿勢、俐落幹練不帶小動作的交談方式，或是嚴謹規律的生活作息，都充分展現出他有一套讓人讚嘆的生活哲學，加上皇后總在關鍵時刻提供可靠意見，這些意見都是基於平日對旁人的觀察，使他成為那個舉手投足都能以氣勢震懾全場的人。

不動聲色的深思熟慮，是皇后守護子民的方式

在榮格童話分析中，相對於國王被視為意識法則與陽性法則的象徵，皇后則常被當成陰性法則或潛意識法則的象徵，在現實生活裡，皇后確實具有「謀定而後動」的本事，相對於國王的大刀闊斧與火爆莽撞，皇后表面上什麼都沒做，卻默默察言觀色、收集資訊，

等到思考周全後，才像是獵豹一樣撲向「獵物」，一出手就十拿九穩。

對皇后來說，她很清楚知道自己有充分的能力守護自己要保護好的對象，雖然平日默不吭聲，然而一旦有人敢挑戰她的底線，勢必招來激烈反擊，她就像一個全力支援下屬的主管，同事遇到挫折時她用心傾聽，逢年過節不忘舉辦活動連繫彼此感情，屬下捅了婁子她會嚴厲斥責，但面對外人卻總是不吝誇獎她表現傑出的地方，這樣一個如同大家長的存在，常成為團隊裡的情感寄託。

當原則已成為不容挑戰的權威，便將成為皇后的陰影

皇后身為六宮之主，可說是握有相當大的影響力，許多不為人知的內幕八卦都會默默傳到她的耳朵裡，而對權勢的執念與不容被他人挑戰，就成了皇后的陰暗面。

皇后凡事都記在心中小本本裡，很多事情都往心裡去，可能是因為太想成為眾人景仰的典範，對外人只能表現出發乎情止乎禮的儀態，那些對現況不滿的憤怒、對於遭受他人挑戰的慌張與無力，不自覺的扭曲成一灘灘淤泥，最後化為宮鬥劇裡那些「娘娘」的模樣：用盡心機鞏固自己在大家心中的地位，凡提出異議或阻礙到自己的人，要不向皇上進讒言賜死，要不下藥毒死，都不會有好下場。

身為皇后，需要學習適時放下偶包，明白眾人愛戴的那個自己有時只是一種投射，當皇后願意接納自己與常人一樣都有喜怒哀樂愛恨嗔痴，即使偶爾表現「失常」也不影響些什麼，才有機會從寶座上走下來，將他人表達的不同意見視為善意提醒，而非頂撞權勢的表現。

◆**皇后能發揮的潛能：**

沉穩、從容、有氣度

◆**皇后需留意的特質：**

壓抑、權威

抽到皇后這張牌，你可以問問自己的幾件事

- 我如何運用以退為進的方式，守護自己或旁人的情感與權益？
- 在我詢問的這件事情裡，做出決定前還有哪些資訊需要先收集完整？
- 在哪些時候，我容易以退讓包容來進行隱性控制？
- 在一段關係中，我的包容接納，存在著多少壓抑與忍耐？

◆**皇后VS女神**◆

從圖像帶給我們的直覺感受中，可以進一步區分這兩張原型卡的差異。皇后給予我們雍容華貴、掌握權力，以及默默守護旁人的感受，女神則陶醉於自身美貌與性感中，享受著生命的熱情與嬌寵，兩者雖然都是以女性及陰柔特質為主題，前者有其庇佑臣民的責任，後者則更強調個人獨特的意志。

反叛者

Rebel

「我只是一直期望自己能想出個辦法……向都城顯示他們並不擁有我。我不僅僅是他們遊戲中的一顆棋子。」

——小說《飢餓遊戲》

◆**解讀關鍵字：**

反抗規範、堅持自我

◆**同義詞：**

無政府主義者、革命分子、異教徒

◆**圖像描述：**

這個人所身處的空間相當特別，從周遭茂密的樹葉與蔚藍天空來看，他所安身的樹枝應該頗有高度，而他卻能輕鬆坐在安放於樹枝的沙發上。粉紅與淡藍色系的沙發、淺黃與深藍色的穿著、翠綠中帶一絲橘紅的頭巾，以及他愜意的姿勢，散發出慵懶氣氛，與位於高處所帶來的危險性呈現明顯對比。

光明屬性：

- 在社會變革中擔任挑戰權威的角色
- 拒絕無法滿足內在需求的社會或靈性系統
- 充分發揮個人天賦與特性，不畏他人目光
- 協助眾人看到專業工作中的陳腐偏見

陰影屬性：

- 因為個人情感或偏好，拒絕服從權威
- 做出驚世駭俗的反常行為
- 為了反抗而反抗，不問目的
- 受到同儕壓力而加入破壞規範的活動

◆原型人物：

2012年翻拍自同名小說的《飢餓遊戲》，女主角凱妮絲可說是深具反叛者原型意象的代表人物，在故事中人類世界被分成12個區域，並由都城進行統治，為了讓各區感到恐懼，每一年都城都會從12個區域裡各抽出2名貢品參加飢餓遊戲，彼此之間相互廝殺，最終存活者可享有勝利者的特殊待遇。

凱妮絲為了保護妹妹進入飢餓遊戲，不願接受遊戲規則的要求，不僅盡可能避免與其他貢品產生衝突，還在過程中設法與其他貢品互助合作，甚至在最後為了逼迫都城改變規則，選擇與男主角彼得一起吞食有毒的漿果作為挑釁，種種挑戰遊戲規則的行為，充分展現出反叛者願意為了捍衛信念而戰的叛逆精神。

適時打破規範，有助於突破團體的盲點

反叛者是《國王的新衣》裡那個大聲說出國王沒有穿衣服的孩子，是在會議上當大家都知道通通過某項決議會損及客戶利益，卻又礙於長官壓力默不吭聲時，大聲表示反對的勇者，是願意上街遊行爭取公民權益的有志之士，在他們心中，團體規範不會總是擺在第一優位，自己的行為與信念是否合乎更高的道德理想才是重點。

當自身想法與團體規範起衝突時，可能很多人會本能地認為依循大多數人所說的意見進行才是正確的行動，在社會心理學中，這叫做「從眾效應」。反叛者深知從眾經常會帶來不經思索與判斷的負面結果，當大家都不對有害的事實表態，就等於以沉默替意見領袖背書，最後讓所有人一起承受惡果，如同《里斯本夜車》裡所言：「當獨裁成為事實，革命就成為義務」，即使會因此飽受批評，他們仍然會大聲疾呼自己心中的主張。

對規範的合理挑戰，有助於促成社會進步

反叛者可能是勇於追求職場成就，不甘只是在家相夫教子的新時代女性，在她們心中，母職不再是生命裡的唯一，而是自己生命藍圖中的一部分，即使婆婆反對，仍應該為了理想而有所堅持。他也可能是辦公室裡仗義直言的同事，當主管發布了擺明要壓榨勞力的工作標準時，他會根據勞基法與種種證據，挑戰主管不合理使用權力的事實，替自己爭取適當的工作條件。

反叛者雖然只是忠於自我，卻經常會在無形中掀起一股改變的浪潮，在從眾實驗中，心理學家發現，只要有一個人願意成為共同反抗的同盟，少數意見就能夠站穩腳步，反叛者往往就是團體中獨特聲音的支持者。就像台灣曾經掀起軒然大波的空服員罷工事件，看起來像是反抗公司，然而當有越來越多人揭露空服員的生態時，我們才明白空服員長期面對情緒勞動（註一）與過勞，使得他們即使想要提供良好的服務品質，仍然感到力不從心。同樣現象也發生在醫療與其他行業裡，一波波的社會事件，讓我們開始明白原來過勞與加班不見得是種美德，反而是種破壞健康的工作習慣。

為反對而反對，是種青少年式的自戀心態

反叛者的優勢是透過拒絕不合理的對待，來確立自我的穩定度，陰影面卻可能存在著自戀的問題，他們心中最大的擔憂是「我跟別人其實都一樣」，這促使他們發展出各種不守規矩的行為，習慣以「不是這樣」作為開頭，或是對於他人的回饋表示「是的……可是……」，對話經常以他們的意見是唯一正確的氣氛作為收尾。

帶有陰影屬性的反叛者，就像是課堂上為反對而反對的國中生，逮著他人話語裡的漏洞就鑽，卻說不清楚自己真正想要的是什麼。他們一方面期待可以找到與眾不同的自己，潛意識裡卻又沒有信心可以堅持到底，只好透過反對他人的主張，來確立虛假膨脹的自我，甚至以破壞規則來凸顯自己的與眾不同。

這樣的反叛者表面上張牙舞爪，內心卻惶恐茫然，他們需要理解每個人看似平凡，卻仍有其獨特的地方，懂得理解自己身上獨有的特質，會有助於讓他們感到安心，並發展出真正與眾不同的獨到見解。

◆反叛者能發揮的潛能：

爭取權益、忠於自我

◆反叛者需留意的特質：

不合群、自戀

抽到反叛者這張牌，你可以問問自己的幾件事

- 在生活中哪些時候，我具有叛逆與充滿自主性的特質？
- 在我詢問的事件裡，哪些規則並不合理，值得我提出質疑？
- 在我詢問的這個情況中，哪些地方已經無法滿足我內在成長的需求，應該勇於提出挑戰或離開？
- 我所提出的質疑與反抗，如何受到旁人的影響？
- 在我不願遵守的規範中，哪些地方存在著我沒有思考清楚的合理之處？

註一：情緒勞動是指需要長時間壓抑自身情緒感受，好提供良好服務品質，因此在體力勞動之外，還需要額外付出情緒成本的工作方式，常出現在服務業例如空服員、餐廳服務生，或是與人密切接觸的行業，像是護理師等。

◆反叛者VS破壞分子◆

從名稱來看，這兩張原型卡似乎擁有類似的特質，事實上兩者所要傳遞的意涵有很大的不同。反叛者要描繪的特質比較集中在挑戰不合理的規範，不畏懼世俗眼光，勇敢活出自我特色。破壞分子則著重在自我阻礙的行為模式，將這股情緒轉為突破自我的力量。前者通常跟挑戰社會文化或規定有關，後者比較與自己的內心狀態有關。

拯救者

Rescuer

「只有自己才是自己的拯救者。」

——榮格

◆**解讀關鍵字：**

拯救他人

◆**同義詞：**

危機處理者、救難員

◆**圖像描述：**

這名坐在帆船上，留著黑色長髮的女子，胸前捧著一顆巨大的白色愛心，這顆愛心上綁著繩子，繩子的另一端垂入海中，如同要拋給溺水者的救生圈，然而從圖案中我們看不到需要被拉上船的另外一個人，這也讓我們忍不住思考，究竟是這個人還沉在海面之下，又或者這個捧著救生圈的人，已經習慣了在平靜中搜索落難者？

光明屬性：

- 提供他人必要的協助與支持
- 幫助他人度過生活危機
- 無私奉獻自身心力，投入救援

陰影屬性：

- 將對他人的支持，視為利益交換
- 鼓勵他人依賴自己，以滿足自己被需要的感覺
- 過度陷入拯救者的身分認同

◆原型人物：

在２０１４年上映的美國傳記電影《美國狙擊手》裡，男主角凱爾基於對逝去同袍的情誼與愛國榮譽心，堅持四度參與任務，他越是渴望回到戰場上以狙擊手的身分救援同袍，就越與妻兒情感疏離，旁人無法理解他為何會對狙擊任務上癮，他也飽受創傷症候群帶來的強烈記憶與幻覺所折磨。凱爾的遭遇提醒了我們，當過度認同拯救者的身分時，雖然可能會因為覺得自己很有用，而產生暫時的滿足感，卻也將在人際關係與情緒上付出龐大的代價。

樂於助人的人，通常具有熱心與不忍的特質

拯救者就像是隨時準備赴湯蹈火的消防隊員，隨時都在偵測意外發生的可能性，並且在第一時間趕赴現場提供救援，對他們來說，兄弟的命就是自己的命，姊妹的幸福就跟自己的幸福一樣重要，他們通常具有熱心助人的特質，而且不忍心看到他人受苦，所以寧可自己跳下去把對方救上來。

拯救者會把別人的事情放在心上，當你失戀的時候，他們絕對會說：「就算你半夜兩點打來，我也一定會接電話。」走入婚姻後，他們不只會擔心伴侶最近找新工作不順利，主動分享求職訊息，可能還會「順手」幫忙伴侶的親戚處理財務狀況，「你的事情就是我的事情」，任何危機在他們面前，顯然都可以找到解決辦法。

當拯救跨越了心理界線，很容易反倒被當成加害者

拯救者很容易因為樂於助人的特質而被人放心信賴，卻也可能因此背負過勞的危機，他就像是陀螺一樣忙於把他人從危機中解救出來，卻忽略自己生活中可能也處處充滿危機：明明每天都掛著熊貓眼，還要硬喝3杯咖啡打起精神，壓力大到腸胃出問題卻靠吞胃藥來維持表面健康，更糟糕的是，他們可能會不小心變成另一個加害者。

在2018 年上映的香港動作片《葉問外傳：張天志》中，即可看見身為反派的曹世傑，走在街上大家都說他是「大姊曹雁君的弟弟」，不管做什麼事情都受到姊姊的阻攔，最後因為沮喪跟挫折扭曲成怨恨，甚至不惜跟親姊姊刀戎相見。然而站在曹雁君的立場，

她始終認為自己對弟弟寵愛有加處處包容，不斷插手弟弟的生意，也是希望他可以有好的發展，未料姊弟情結在卡普曼三角裡生變，讓受害者搖身一變成為加害者。

卡普曼三角形是溝通分析治療學派裡的名詞，意思是拯救者、加害者與受害者之間，經常存在微妙關係。在電影中姊姊自認為是弟弟的拯救者，希望拉拔他成長，卻因過度強勢使弟弟感到屈辱而覺得受害，弟弟為了擺脫無力感選擇一意孤行，又反過來讓姊姊感到威脅，於是弟弟成為加害者，姊姊則成為受害者。

拯救者心中經常會有這樣的困惑：「為什麼我好心幫忙他，到後來他卻不領情？」、「我都已經幫他做這麼多了，他怎麼還是一蹶不振？」當這樣的心情反覆出現，便需要停下來看看自己是否已經跨越了心理界線，就像是我們跟鄰居的房子需要有牆壁隔開，人際之間也有著無形的心理界線，當拯救者太習慣自以為是地闖入他人的生活，往往會被當成入侵者，而不是有心想幫忙的貴人。

深陷在拯救他人的戲碼時，記得回過頭來看看自己需要什麼

大多數的拯救者都有個需要留心的功課，那就是用他人的危機來迴避看見自己的危機，甚至有「危機上癮」的傾向，生活如果過得像是一杯白開水，就覺得索然無味，於是需要不斷搜尋他人生活中需要被幫助的地方，甚至與狀況百出的人交往，或是投身於助人工作的行列，好不斷投入拯救他人的行動裡。

拯救者的陰暗面即是「需要被需要的感覺」，當他人對自己投以崇拜、讚賞與肯定的眼光時，他們會覺得自己努力付出是值得的，這會帶來膨脹的滿足感，也讓他們不需要去

留意自己生活中的困境，像是缺乏生活目標（所以才把拯救他人當成唯一目標）、當脫下拯救者的面具後，無法與人有真誠的交流等等，他們也習慣把行為分成有用與沒用兩種，並且極力避免自己做出無用的行為，像是袒露心中脆弱，因為這會帶來很深的無力感。

拯救者需要檢視自己生命中有哪些不如意的地方，並且好好去解決這些問題，才不會成天瞎忙別人家的事情，卻荒廢了自家宅院的經營，他們也需要練習真誠表達心中的感受，與他人建立起真實的親密感，才不用老是從衝鋒陷陣裡滿足拯救他人帶來的成就感。

◆ 拯救者能發揮的潛能：

熱心、同情心

◆ 拯救者需留意的特質：

侵犯界線、對危機上癮

抽到拯救者這張牌，你可以問問自己的幾件事

- 在我詢問的主題裡，如何發揮拯救他人的特質與能力？
- 在生活中有哪些人事物，正需要我提供幫助與支持？
- 我可以如何在提供對方協助時，兼顧自己的需要？
- 在我詢問的事情上，哪些地方不小心跨越了心理界線？

破壞分子

Saboteur

「打破一切，蔑視一切，敢作敢為敢破壞，這就是真正的生活。」

——雨果

◆解讀關鍵字：

自我妨礙

◆同義詞：

破壞狂

◆圖像描述：

這幅圖像可能讓我們感到有些困惑，天空籠罩在一片柔和如同夕陽或日出的溫暖色調裡，熱氣球的籃子看起來頗為堅固，繪有像是龍或鳳凰的熱氣球正緩緩上升到一定的高度，然而這名披著綠色圍巾的人物，卻正拿著一根堅硬的針狀物，似乎要刺破氣球，這近乎自殺的舉動，讓我們忍不住在疑惑中充滿驚懼。

光明屬性：

- 揭露對生活改變的擔憂，正視並面對
- 看見自己在追求成功時的自卑心態
- 覺察並轉化潛在的自我破壞模式

陰影屬性：

- 扯別人後腿或削弱他人的力量
- 持續進行自我破壞的行為
- 害怕展現自己真正的實力

◆原型人物：

從 2020 年韓劇《就算是精神病也沒關係》裡的女主角高文英身上，可以感受到破壞分子的強烈作用力。童年時，對她有好感的文鋼太曾經想送她一束花，沒想到她卻當場撕裂蝴蝶翅膀，將鋼太嚇得轉身就跑，長大後兩人重逢，有次鋼太設法安撫做惡夢的她，雖然心中渴望對方留下，口中卻大喊著要對方滾開，因為只要她一想到母親曾恐嚇過自己終身不會幸福，就嚇到希望趕快把鋼太逼退。這些矛盾的行為，都展現出破壞分子的陰影特質：有意無意間做出會讓自己無法幸福的破壞行為。

你曾發現，生活總在快要圓滿如意時忽然遭逢意外嗎？

破壞分子經常連自己都搞不懂自己在想什麼，明明隔天一早有場重要會議需要向長官進行彙報，今天卻熬夜追劇到凌晨兩點才睡，只好頂著熊貓眼用有氣無力的聲音，呈現出差強人意的結果。或是原本跟感覺很有進展的曖昧對象互動得很不錯，卻因為自己無心的舉動而讓關係陷入僵局，「我明明可以做得更好，但怎麼老是失敗！」是他們的共同心聲。

對破壞分子來說，他們經常覺得生活好累，而且充滿矛盾，就像是在織一條圍巾的時候，一邊細心編織毛線，另一手卻悄悄把剛完成的部分拆掉，一條圍巾編上大半個月，最後看起來好像又回到原點，他們總是會替這些進度延遲跟「意外」的破壞找理由，卻看不見自己潛意識裡正默默抵銷先前的努力，至於旁人就更感到困惑了，無法明白為什麼他們深具潛能，卻總是讓事情卡在不上不下甚至功虧一簣的處境。

自我破壞的心態，可能來自於恐懼成功

認真說起來，破壞分子擅長「自我設障」，因為害怕無法做到他人或自己所期待的標準，因此故意做出會妨礙自己完成目標的行為。如果他們很想瘦身，通常心中會很害怕無法順利瘦下來，於是拿愛吃為理由，繼續狂吃高熱量食物，再拿懶得運動當藉口，結果真的繼續維持自己所不喜歡的身材。

有些破壞分子則是潛意識害怕擁有穩定的親密關係，心中卻又充滿孤單寂寞的感受，每當朋友聚會時，他們會表示羨慕身旁的人都有伴了，可是當朋友建議可以聯誼或使用交友APP時，卻又表示自己忙到沒空談戀愛。

在破壞分子心中可能有害怕失敗的潛在心態，這是因為他們心中有極高的標準，就算只誤差了一公分，他們也會視為失敗，與其端出不完美的結果，倒不如自己先行破壞，好

讓自己的失敗有個台階可下。

另一個理由則剛好相反，是對成功抱持恐懼，害怕成功的破壞分子，通常都有個過得不是太好的原生家庭，例如從小看著父母省吃儉用只為了籌出學費，或總是為了婆媳問題爭吵不休，長大後意識上雖然希望擺脫童年時的陰影，潛意識裡卻覺得當自己過上好日子後，就形成了對父母親的背叛，於是總會不自覺破壞即將到來的幸福，或是壓抑自己的真正實力，以避免自己發展得太好。

覺察深層的不安，就有機會化破壞為動力

破壞分子需要學習的是，看懂情緒只是一種「能量」，就像水一樣，能載舟亦能覆舟，就比較有機會穩穩朝著目標前進。當恐懼、焦慮與不安被運用在破壞的面向，就會產生莫名其妙拆自己台的窘境，然而如果可以明白完美主義帶來的焦慮，只是顯現出自己對事情的期待，善用焦慮這股情緒燃料，就能幫自己推進得更遠，那麼焦慮就不會成為擋在自己與結果之間的絆腳石。

對於恐懼成功的破壞分子來說，則需要認真療癒童年時期的創傷，看見自己對父母親的在乎，並明白反覆破壞即將到手的成就，並不會替自己或父母親帶來正向結果，認知到父母也是成熟的大人，無須替他們背負過多快樂的責任，才能放手去追尋自己的天空。

無論是害怕失敗還是成功，當內心對幸福的渴求被壓抑了，就會扭曲成我們不想要的模樣，破壞分子想要轉化內心的陰暗面，需要發展出接納情緒的能力，並且覺察緊張不安的心情，可能與過去哪些不愉快的生命經驗有關，有意識的告訴自己：「我已經長大

了」，不再是過去那個害怕受傷的人，原本用於破壞的力量，就可以更好的保存下來，被用來創造自己想要的目標。

◆破壞分子能發揮的潛能：

自我覺察、接納情緒

◆破壞分子需留意的特質：

自我阻礙、恐懼焦慮

抽到破壞分子這張牌，你可以問問自己的幾件事

- 在最近的生活中，潛藏著什麼樣的自我破壞行為？
- 我無法達成原本設定的目標，跟我對失敗或成功的感受有什麼關係？
- 我在哪些地方，正有意無意的扯他人後腿？
- 在詢問的這件事情裡，一想到即將到來的改變，我存在哪些矛盾感受？

◆破壞分子 VS 毀滅者◆

破壞分子的特徵是無意識地讓事情無法完成，或是替自己設下重重阻礙，其背後來自於完美主義作祟，因為害怕得到失敗的結果，反而暗中扯自己後腿。就像是我們想要做一個可口的蛋糕，卻故意忘記買麵粉，或是在擠上奶油時「不小心」失手畫了很醜的花樣。

毀滅者則描繪出心中存在的毀滅衝動，一種想要把眼前事物都摧毀的感受，這可能源於壓力，也可能是因為目前所處的環境過於陳舊，需要透過摧毀後重建，來符合生命成長的速度，若能善用這種毀滅的力量「除舊布新」，將有助於帶來身心轉化。

撒瑪利亞人

Samaritan

「我將不容許有任何宗教，國籍，種族，政見或地位的考慮介於我的職責和病人間。」

——希波克拉底斯醫師誓詞

◆解讀關鍵字：

幫助他人、心胸寬大

◆同義詞：

見義勇為者

◆圖像描述：

在充滿橙色調的空間裡，有兩個人正在高空中進行高難度的擺盪特技，其中一個人用腳勾住鞦韆，往後彎腰接住另外一個人，對方則縱身一躍，離開自己所身處的鞦韆，舉手投足間顯示出彼此之間的默契與決心。兩個人身上都穿著相同花紋的衣服，似乎也象徵著一體同心，尤其在這空間裡還有許多四散其中的彩球，更增添他們完成動作時的難度。

光明屬性：

- 協助與自己立場、價值觀不同的人
- 幫助被社會主流所忽略的弱勢族群
- 嘗試理解或包容與自己差異極大的人們

陰影屬性：

- 以熱心助人的形象來博取名聲
- 過度執著自己對主流與弱勢的判斷標準，進行分化
- 因為濫情而採取錯誤的一視同仁立場

◆原型人物：

撒瑪利亞人的典故出自於《聖經》，大意是有猶太人因為生病或被強盜襲擊而倒在路邊，有祭司跟利未人經過卻都不聞不問，最後卻是最受猶太人輕視的撒瑪利亞人路過時，出手相助，讓他保住性命，因此「好的撒瑪利亞人」一詞，便用來形容見義勇為的人，尤其是願意放下敵對價值觀與立場，伸出援手的人（註一）。

敏銳觀察誰需要被幫助，是他們的天性

在生活中，如果我們從某一群人身上感受到自己所渴望擁有或喜愛的特質，會更樂於伸出援手，例如你或許比較容易從非洲兒童或高風險家庭（註二）的青少年身上，看見自己成長過程中孤單的影子，因此比起擔任陪伴老人的志工，你更傾向捐款給這些孩子，這

就是「相近性」，當我們與身旁具有相近性的人聚集在一起，就形成了同溫層。撒瑪利亞人的行為之所以珍貴，正是因為他願意打破原先種族與信仰上的歧異與隔閡，還原到人與人之間的互助情誼。

撒瑪利亞人是班上那個總是笑臉迎人，對大家一視同仁的康樂股長，希望大家可以相親相愛和諧共處，他不會坐視壞同學欺侮其他人，可是如果這位平常喜歡欺負人的同學遇到困難，他也不吝伸出援手，因為在他眼中，只要有人需要幫助，提供協助就是自己該做的事情。

出了社會，撒瑪利亞人可能會特別關注辦公室裡的邊緣人，在群體裡總會有些人不擅社交或是個性白目，雖然大多數人都會跟這些不討喜的人保持距離，撒瑪利亞人卻會主動接觸他們，因為扶助弱者、關心與自己立場不同的人，是長在他們骨髓裡的天性，身在群體中，他總是有辦法一眼看出需要接受幫忙的人，並且給予陪伴與鼓勵。

感同身受的一顆心，讓他們對別人的受苦特別有共鳴

撒瑪利亞人的悲憫心讓人聯想到雙魚座的特質，「神啊，請救救眼前這個可憐的人吧」是他們心中發出的呼喚（可能還會有一道光照在他們想要幫助的人身上）。即使是原本不認識的人，只要見到對方有難，他們都很樂於伸出援手，他們會是那個熱心指引從中正紀念堂走到古亭捷運站的路人，或是在花蓮怕你迷路乾脆順道載你一程的熱心阿伯，甚至是在雨天過馬路時，看到對方沒有傘，於是大方把自己的傘送出去的好心人。

在助人工作中有時會見到撒瑪利亞人的身影，例如無國界醫生，他們認為無論人們的種族、宗教信仰與政治立場為何，任何人都有獲得醫療保健的權利，這些需求超越國界劃分，因此在戰爭動亂的地區與貧窮國家裡，總能見到他們提供醫療協助的身影，不論敵我、不問出身，只要是受傷與生病的人，他們都願意提供協助。

過於濫情而立場偏頗，是熱心助人可能帶來的潛在傷害

「但倘若把善良都用在錯的人身上，善良就會成為了我們身上的最致命的軟肋。」當撒瑪利亞人讓同理心變成同情，甚至是濫情時，就無法自保，此時不如想想，你的付出是為「幫助對方」，還是為了「交換評價」？如果沒有接獲他人的肯定，是否會心生怨懟？以及衡量付出的是否超過自己能力所及。

撒瑪利亞人的陰影面除了濫情，還有另一個截然相反卻同樣是發展到極端的狀態，那就是以個人立場所帶來的偏頗觀點，區分哪些人才值得被幫助。舉例來說，當討論到是否

註一：部分國家立有撒瑪利亞人法，讓自願協助傷患或病人的人，不需要額外承擔協助過程中，受助者意外過世的責任，好鼓勵民眾自發性提供協助，此法的名稱來源亦出自於《聖經》。

註二：高風險家庭是指父母失去照顧功能，或無法妥善照顧孩子，甚至是會傷害孩子的家庭，視情況社工會安排孩子下課後到社區據點自修，協助他們得到較好的人際陪伴，這些機構有時需要透過募款才能維持營運。

該關心女性新住民（以前俗稱外籍新娘）時，如果基於刻板印象，認為來自外國的女性都只是來台灣假結婚或騙錢，就很難產生協助的動機。

人性免不了會受到自身經驗與價值觀的影響，越是想要無私，反而越容易形成潛意識裡的陰影，對撒瑪利亞人來說，覺察自己仍然可能是懷抱特定立場看待助人之舉，會是比較平衡又不會產生對立的做法。

◆撒瑪利亞人能發揮的潛能：

關懷、包容

◆撒瑪利亞人需留意的特質：

偏頗、自以為是、濫情

抽到撒瑪利亞人這張牌，你可以問問自己的幾件事

- 我傾向認為哪些人是不值得被幫助的？我如何增加對這些人的理解？
- 我特別習慣關心哪些弱勢族群？從這些人身上我看到自己的哪些需要？
- 在我詢問的事件上，如何放下立場差異的堅持，回歸到人性關懷的本質？
- 當我願意理解那些不喜歡接觸的人時，他們拓展了什麼樣的生命經驗？

記者

Scribe

「我們對於一件事情知道得越少，就越容易形成判斷，而且是越容易形成強烈的單純判斷。」

——柴靜

◆**解讀關鍵字：**

忠實記錄資訊

◆**同義詞：**

祕書、會計、抄寫員、記者

◆**圖像描述：**

在這名長髮女子的座位外圍，瀰漫著擾動的紅色氣流，甚至讓她的頭髮都飛揚起來，然而圍著披肩的她，仍然專注於書寫文字，桌上擺放著好幾張書寫不同語言的紙張，整齊的字跡讓人感受到她在進行書寫時，嚴謹記錄的態度。

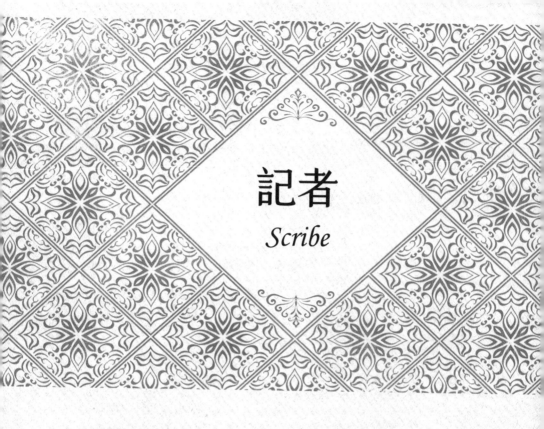

光明屬性：

- 保存資訊或知識
- 如實記錄與傳遞自己觀察到的現象
- 運用文字記錄，傳承知識或智慧

陰影屬性：

- 為了不當目的而竄改資料
- 在紀錄中扭曲事情真相
- 受到情緒影響而無法看見事情原本的模樣

♦原型人物：

亞洲著名的戰地女記者張翠容，可說是記者（書記）原型的代表人物，她長期前往位於政治邊緣的第三世界，一心只想運用第一現場的視覺畫面，忠實報導紛亂的戰地現場，她曾經報導過柏林圍牆倒塌、伊拉克戰爭、美國911事件等重要事件，讓世人知曉戰地真相。

她無畏輿論眼光，親訪過塔利班政權、黎巴嫩的真主黨等被媒體貼上標籤的團體，縱使可能面臨生命危險，甚至引來媒體圈評價言論的施壓，她仍為了呈現這些群體的真實樣態，勇於前往戰場與紛亂前線，因為在她心中，世人不該被片面資訊誤導或扭曲，只以恐怖分子這個標籤就對這些組織蓋棺論定，種種事蹟讓她被媒體界封為「香江第一戰地女英雄」。

勇於記錄真實，是書記的第一要務

記者的原始形象來自於歷史上的史官，史官的職責在於忠實報導皇帝的言行，好讓後人瞭解先帝的事蹟，就像是現代法庭上的書記官，如何不帶評論與價值判斷的將法庭上的對話一一謄打成文字，是他們的重要職責。

記者忠於事實，負責追查與報導真相，他們不只是收集資訊，更需要懂得如何清晰呈現自己所看到、聽到與感受到的現場狀態。公視新聞議題中心製作人吳東牧回顧自己的記者生涯時，提到記者不是只報導事件瑣碎的細節，更不能只是提供觀眾二手資料，而是親自抵達現場、做足功課，將事情線索挖掘出來，並如實呈現。

比起順應環境與旁人的意見，記者更在乎如何把真實資訊帶回我們的眼前，他們違反了一般人的習慣，不願默默活在編織過的謊言裡，而像是挖掘化石一樣的將真相從土裡帶出來。

如何避免無意識的資料竄改，是我們練習覺察的基礎

完整並真實記錄這件事聽來簡單，從認知心理學的角度來看，卻很不容易。記者會遇到三種大腦困境：刪除、扭曲與一般化。刪除會讓記者自動刪減認為不重要的資訊，扭曲讓他對事情得出偏頗的結論，一般化則讓記者深陷刻板印象而不自知，這三個ＢＵＧ都讓忠實呈現原貌顯得困難重重。

吳東牧即指出當年在「蘇建和案」裡，當年握有公權力的專家們一致認定三位嫌疑犯有罪，他在接觸現場後卻發現除了犯罪自白外並無其他證據，自白書則是在遭受刑求後所

提供，為了早日定案，嫌疑犯遭受重刑拷問這件事被視而不見的「刪除」了。

扭曲、刪除與一般化都是我們大腦運作的基本機制，在生活裡幾乎無所不在，當記者認為自己所見所聞就是全部真相時，很容易就會落入陰影屬性的影響：將大腦片面選擇關注的焦點，當成事件的完整全貌。

吳東牧提到記者跑新聞有時為了省事，會直接把專家證詞作為鐵證寫成報導，忽略求證的重要性，「專家就是對的」即是一種刻板印象，當他循線採訪這些專家時，才發現多數人只是因為「嫌犯自己招供」就認定有罪，事實上這些專家完全沒有與嫌疑犯們有任何接觸。為了報導真相，他很努力地與上述的大腦困境對抗著。

當我們陷入情緒裡，就不容易還原事件真相

以深入新聞前線而出名的中國記者柴靜，曾說過：「準確是記者最重要的手藝，感動先行是準確最大的敵人，真相常流失於涕淚交加中，我們需要提醒自己，絕不能走到探尋真相的半山腰就嚎啕大哭。新聞不分正面負面，新聞的核心是真實。」

觀眾們喜歡加油添醋、具有戲劇性情緒的報導內容，對想要忠於呈現真相的記者來說是一大挑戰，這不只誘惑著記者為了提升點閱率，寫出戲劇化卻不一定基於事實的偏頗報導，像是「傳某某預言下個月A國將受重災衝擊」「明星外遇事件驚見意外發展」，記者更可能因為利益而故意帶風向，因為風向文最可以激起讀者情緒，也更容易創造點閱率。

記者想要避免自己黑化，除了經常檢視自己的內心，也需要善用澄清與核對的技巧，例如：「你剛剛說的是……是這樣嗎？」「剛剛你這麼說，有什麼線索可以支持嗎？」就可

以盡量降低主觀經驗與情緒的影響，進而增加真相浮出水面的可能性。

記者能夠接觸與收集大量現場資訊並加以呈現的特性，讓他們容易因為受到利益誘惑而有意無意地捏造事實，進而對旁人帶來負面影響，就像是歷史上有許多史官為了活命或攀附權貴，而寫下了讓後人誤解的「事實」，記者也需要經常留意，自己是否為了迎合他人喜好或滿足個人私欲，選擇性的提供資訊，指鹿為馬。

◆記者能發揮的潛能：

真實、客觀

◆記者需留意的特質：

刻板、觀點偏頗

抽到記者這張牌，你可以問問自己的幾件事

- 我所陳述的內容裡，有哪些是客觀事實，哪些則是我的情緒？
- 我如何定義資訊的真實性？對我來說重要嗎？
- 我在生活中的哪些時刻，會不自覺的刪減或扭曲獲得的資訊？
- 我何時會因為個人利益或某些因素，而提出言不由衷的資訊？

追尋者

Seeker

「一個人只要知道自己去哪裡，全世界都會給他讓路。」

——愛默生

◆解讀關鍵字：

追尋真理、求道、探求事物本質

◆同義詞：

浪子、流浪者、遊牧民族

◆圖像描述：

天空中流動的橙紅氣流，凸顯出太陽的炙熱，圖中這名頭戴帽子、身背行囊，穿著貌似阿拉伯服飾的男子，正拄著木杖一步一步往前行走，身後腳印透露出他從何處行經至此，然而前方除了兩座遠方的高山外，只有一望無際的沙漠，讓我們不確定他究竟在這塊土地上追尋些什麼。

光明屬性：

- 對於知識擁有旺盛的求知欲
- 渴望追尋生命智慧及宇宙奧祕
- 探尋真理的意志與隨時出發的勇氣

陰影屬性：

- 無法專注於單一道途上，不求甚解
- 將追尋視為目的而非方法
- 無法將尋得的知識落實於生活

◆原型人物：

在知名小說《牧羊少年奇幻之旅》中，西班牙少年聖狄雅各依循著自己的心，一路上擔任牧羊人、商人的助手、加入商隊，最後來到了金字塔，在一路上他不斷拋下舊有的身分，傾聽內在呼喚，好找到那個不斷在心中召喚自己前進的源頭，並在沙漠中聆聽到天地之心的聲音，經驗到與宇宙天地合而為一的奧祕經驗。

聖狄雅各充分展現了追尋者原型的精髓：渴望追尋生命智慧、探求宇宙奧祕，不斷前進直到尋獲為止，書中提及：「沒有一顆心會因為追求夢想而受傷，因為追尋過程中的每一片刻，都是和神與永恆的邂逅。」道出追尋者對於尋覓真理的渴求與堅定信念。

浪跡天涯只為追尋，是他們血液裡的本能脈動

在黃土飛揚的大漠裡，一名戴著頭巾的旅人正背著行囊、拄著柺杖不停往前邁開步伐，雖然不確定傳說中的黃金城究竟坐落何方，然而這名追尋者心中非常篤定傳說城市確

實存在，只要憑藉懷中殘破的卷軸、羅盤跟自己的毅力，總有一天他將能有幸進入黃金城，得到藏在城裡的智慧與寶藏。

追尋者天生就有一種想要浪跡天涯找尋真愛的本能，「真愛」不一定要是人，有可能是科學裡的真理、天上星辰的奧祕、埋藏在黃土之下的史前遺跡，又或者專業領域中某個難以觸及的謎題，他們相信自己所要找尋的答案就在遠方，即使要跨越半個地球也在所不惜。

對外境的追尋，源自於對內心的探詢

奧修表示：「成熟跟你外在的人生經驗無關，它跟你內在的旅程有關，跟你對內在的經驗有關。」從心理學來看，追尋者對外境的追尋，反映出對內心的探詢，他們非常擅長在鍥而不捨的尋覓途中，逐漸發掘與定義內在自我。水果獵人楊曉洋直言：「沒有哪種語言，比水果更甜蜜。」不只是在路途中每突破一個難關，都淬煉出心中另一個不曾發現過的面向，不同的水果滋味，也像是心靈中酸甜苦辣的不同性格。表面上追尋者在找的是咖啡豆、水果或宇宙真理，實際追尋的卻是不同層面的自己，這趟追尋之旅，看似向外探索，實際上也向內扣問。

有些追尋者尋覓的疆域不在外境，而在內心世界，為裸蓋菇鹼深深著迷的靈遊者（註一）即設法找到最合適的劑量與不同的服用方式，好讓自己能夠深沉進入幻覺世界裡，療癒過往生命中斷裂的傷痕，他們可說是致力於實踐「物質與心靈密不可分」這句話的行動派。

有些追尋者則是鎮日待在圖書館裡，每翻開一本書，就像是前往另一個國度流浪，可以浸泡在不同國家甚至是異世界的文化氣氛中，透過作者的文字鏡映出自己的價值觀與想法，從中整理出自己的人生哲學，這也是另一種追尋。

只追尋不反思，可能是不成熟的浪子情結作祟

三毛曾說：「心若沒有棲息的地方，到哪裡都是在流浪。」追尋者有時會陷入為了尋找而尋找的陰暗面，對他們來說最美的都在遠方，到不了的都叫做天涯，之所以不斷尋尋覓覓，其實是因為朦朧才有美感，把現實看得太清楚顯得過於殘酷。他們習慣一座城市逛過一個城市，追尋變成無意識的流浪，不再是為了找尋自我，而是為了逃避現實裡該負起的責任。

這樣的追尋者可能連奶粉錢都付不出來，一份工作換過一份工作，卻始終在找尋自己的「天命」，幻想著會有一份夢幻職業等待著自己，一旦覓得天命，生活就會充滿意義與活力。又或者是覺得真命天女（子）就在某處，於是一個伴侶換過一個伴侶，卻總是感到無法滿意。

註一：裸蓋菇鹼（Psilocybin）是一種獨特菇類裡所蘊含的化學物質，研究人員無意間發現服用這些菇類或萃取出來的裸蓋菇鹼後，可以獲得神奇的經驗，例如聽見顏色、看見神聖幻象等等，進而開展出一整個世代對人類心靈的研究，詳情可參考《改變你的心智：用啟靈藥物新科學探索意識運作、治療上癮及憂鬱、面對死亡與看見超脫》。

對於陷入陰影面的追尋者來說，最佳解決辦法會是老實在一份工作裡待上幾年，好好坐下來與伴侶談談關係裡的困難，從看似一成不變的環境裡，探索出新的滋味。一旦能夠做到這點，無論我們身處在亞馬遜叢林、非洲秘魯或台南，都可以在生活裡發掘出自己內在不同的面向。

◆追尋者能發揮的潛能：

求知欲、勇氣

◆追尋者需留意的特質：

浪子情結、逃避

抽到追尋者這張牌，你可以問問自己的幾件事

- 我對哪些事物具有打破砂鍋問到底的熱情？
- 我適合依循哪一種方式，建構自己的生命之道？
- 在我詢問的事情上，哪些地方可能具有浪子情結？
- 我如何將自己的心靈追尋，落實於日常生活中？

僕人

Servant

「在僕人面前，沒有人稱得上是英雄。」

——佚名

◆解讀關鍵字：

服務

◆同義詞：

執事、管家、祕書

◆圖像描述：

圖像中這個梳著髮髻、身穿黑衣、綁著白色圍裙的女子，正端著一個放在白色托盤上的碗，踏著梅紅色階梯，往上方走去，暖黃色的背景與女子臉上的笑容，都帶來一絲溫暖的感受，而從碗中飄出的蒸氣，似乎將空氣染成一抹淡藍色。

光明屬性：

- 以喜悅的心情服務他人
- 服務上帝或特定的靈性存有
- 以服務他人的行動來增添自己的生命成長

陰影屬性：

- 以缺乏金錢來逃避心靈成長
- 無限制地將他人需求置於自己之上
- 侍奉具有傷害性的靈性存有或人物

◆原型人物：

說到僕人，很直覺會聯想到一生服侍蝙蝠俠（及其父親）的忠心管家阿福，從一天的早餐開始，他總是細心觀察少爺的喜好與生活習慣，當少爺要出門時，跑車都準備好了，當蝙蝠俠需要收集敵人情報時，他也總有辦法提供資訊，當蝙蝠俠在夜晚準備出動打擊罪犯時，武器裝備跟蝙蝠車、直升機等交通工具也都已經默默維護齊全，整個韋恩企業的投資跟營運，更是打點得井然有序，這讓我們可以感受到，僕人並不只是個低聲下氣的奴才，更像是以服侍主人為榮耀的職階。

把你照顧得開開心心，他也會跟著開心

僕人就像是個盡忠職守的管家，一切以「主人」的喜好跟價值觀為依歸，僕人在跟對方出去約會的時候，如果是夏天，會在包包裡替對方準備一罐冷飲，如果是冬天，則會貼

心地送上暖暖包；交往之後，走在街道剛好看見櫥窗上的衣服很適合伴侶，可能會隨手買下來送給對方，而且尺寸大小剛剛好合身，甚至連適合搭配哪幾件衣服，都在他的腦海裡記得一清二楚。

僕人不只擁有熱愛服務的心，還具有細膩的觀察能力，跟朋友聚會時，誰跟誰坐在一起比較有話聊，誰跟誰表面一團和氣但最好分坐在長桌兩端，這些枝微末節的事情，他都會默默記在心中，點菜時他幾乎可以知道每個朋友對餐點的喜好，會貼心提醒服務生誰的料理中把蝦子換掉，因為對方會過敏，當然，飯後行程他早就都規劃好了。

敏銳觀察與管理規劃能力，是僕人的兩把刷子

把自己在乎的人打點得服服貼貼，可說是僕人生命裡最大的熱情來源，因此對僕人來說，懂得規劃打理旁人的事務，可說是非常重要的一項能力。他可以是在辦公室裡擅長揪團購的那個同事，湊滿幾件可以打幾折，如何運送最快捷，該跟哪個平台下訂單，讓大家買得開心又貨到滿意，他總是能取得大夥的信任，一起享受團購的樂趣。

在僕人心中，服務跟「服務生」只差一個字，意義卻天差地別，前者需要看人臉色任憑使喚，後者則象徵著榮譽，也是凸顯自身價值的方式，「只要你們開心，我的生命就覺得有價值了」是他的內心話，像是電影《桃姐》裡的鍾春桃，即使自己生病住院了，仍然不忘在返家時給少爺做幾道家常菜，因為她知道這是撫慰少爺心情的最佳解方，她不是被動受人使喚，而是用主動提供服務來彰顯自己存在的意義。

太在乎別人，有時卻忘了好好服務自己

就像是《桃姐》的主角滿心只想著要如何服務家中少爺，起初即使自己生病，也不肯乖乖入院養病，還擔心花掉少爺的薪水，僕人的陰暗面有著把他人看得比自己更重要，視自己為人生配角的特徵，這會使服務失去熱情跟喜悅，反而變成一種沉重的負擔。

更可惜的是，當僕人過度操勞與替人著想，因而讓自己心力交瘁的時候，他們會180度大翻轉，變成凡事只顧及等價交換的自私鬼。這種反差雖然讓旁人感到錯愕，從心理學上來說卻很合理，因為沒有一個人可以長期將自己視為配角，而不在乎個人需求的滿足，有拿有給是平衡人際的基本原則，或許僕人剛開始非常樂於服務，久而久之卻會內心疲倦。

就像總是把食物分給別人而讓自己挨餓的人，到最後免不了需要大吃大喝補回來一樣，對僕人來說，需要更加有意識的提醒自己：「我與別人一樣重要」，阿福如果病倒了，就無法成為蝙蝠俠的最佳後援，所以記得適時好好服務自己，才能讓自己與想服務的人之間，維持長長久久的「主僕」情誼。

◆**僕人能發揮的潛能：**

謙遜、服務精神、利他

◆**僕人需留意的特質：**

受壓榨、失衡

抽到僕人這張牌，你可以問問自己的幾件事

- 我怎麼看待服務這兩個字？
- 在生活中的哪些層面，是我最樂於提供服務的時候？
- 我在什麼時候容易躲在服務他人的藉口裡，設法迴避自己需要面對的課題？
- 在我參與的群體中，哪些人可能默默利用了我樂於服務的心態？

◆僕人VS奴隸◆

僕人跟奴隸這兩張原型卡給人的感覺很相似，如果想要精緻地區分，可以回到圖像來感受：奴隸的圖案是一個人的身體被絲線吊著，給人一種被操控的感受，從這個圖像中延伸出臣服上天安排與人生際遇的光明屬性，以及默默盲從的陰影屬性，奴隸的核心議題是害怕替自己負起責任，而將自身行為的結果都交給別人決定。

僕人的圖像是一名女子帶著笑容走上樓梯，服務他人源自於心中喜悅，因而帶出善於觀察與服侍他人的光明屬性，以及過度看重他人重要性的陰影屬性，對僕人來說，需要修練的課題在於將自己與他人都視為生命舞台的主角，好讓自己不至於在關係裡失衡。

變形人

Shape-shifter

「討好所有人，等於得罪所有人。」

——《伊索寓言》

◆ **解讀關鍵字：**

轉換頻率、多元變化

◆ **圖像描述：**

圖像中這名擁有鬈髮豐唇、濃眉大眼、脖子上掛著項鍊的人，被五種顏色分割開來，每種顏色都讓我們聯想到不同的空間場域：泥土與埋藏於地底下的褐色、植物與草地的綠色、溫暖太陽的橘色、遼闊與清澈天空的藍色，以及充滿星辰象徵宇宙的紫色，這個人同時身處於這五種顏色的籠罩之下，似乎意謂著他有能打破時空限制，自由來去穿越到不同場域的能力。

光明屬性：

- 切換不同的意識層次
- 能夠洞察事物的本質與潛能
- 善於變換態度或使用的語言，接觸不同領域或文化的人們

陰影屬性：

- 為了利益而偽裝成符合他人期待的形象
- 因為過於善變顯得缺乏承諾
- 在頻繁的變化中，迷失自我

◆原型人物：

《西遊記》裡的孫悟空具有72變化，這讓他每每遇到困難都能順利脫身，與二郎神大戰時除了讓自己的身形暴漲外，還變身為痲雀、魚、水蛇等動物，甚至可以化身為二郎神本人，可說是變形人的最佳代言人。

從《西遊記》的故事裡，可看到當孫悟空變化為鳥類時，即可擁有飛行能力，幻化成魚的時候也可潛入水中行動，不同種類的動物，除了能力不同，更重要的是知覺世界的方式也大不相同，變形人的身形轉化象徵我們內在心靈的頻率轉換，以及知覺環境方式的變化。

變形，象徵著轉換自己的意識

變形是許多電影戲劇與小說的常見題材，例如《白蛇傳》裡，白蛇與青蛇化身為人形向許仙報恩，卻因為雄黃酒而現出真身，顯示出她們雖具有人類意識，同時又保有蛇的本

性。《聊齋誌異》裡有幻化成美女的狐仙，既能燒柴煮飯又帶有慧黠靈巧的狐狸特質，《北歐神話》裡的洛基、《希臘神話》裡的宙斯，都擅長變化成不同的動物，這些變形人都示範出外型改變同時也會帶動意識變化，擁有越多元的變身能力，象徵著具有越廣泛的意識疆域與環境適應能力。

在現代生活中，變形人粗分成兩種，一種變形人經常將「都好啊，我都可以」掛在嘴邊，問他中午要吃什麼，想去哪個國家旅行，或是覺得自己穿這件衣服好看嗎？答案一律是「都還不錯」，他不輕易透露自己對事情的好惡，一切都很好配合。

另一種進階的變形人則像電影《X 戰警》裡的魔形女一樣，總是可以默默融入環境，在辦公室裡他絕對會默默完成手上任務，發言中肯又實在，可是絕對不會在下班後的小酌聚會裡吐露真言；在朋友聚會時他跟每個人都可以聊上幾句，他知道說什麼樣的話會讓對方開心，也知道在對方眼中的自己是什麼模樣，對他來說，人際往來不過就是個角色扮演，自己的動作只是人物設定，說出來的都是對白。

當角色目錄越多元，我們也可以活得越有彈性

變形人充分實踐心理劇治療裡的原則之一：「如果角色就跟衣服一樣，衣櫥裡有越多衣服，我們就越容易適應不同情境」，當她是女兒的時候，會知道母親就是想看到自己可愛體貼的一面，每次回家不忘買盒母親最愛的點心。當她在職場上，會知道部屬們期待自己成為強力後盾，說起話來絕對巾幗不讓鬚眉，替屬下爭取最佳利益。回家見到先生，則

換上溫柔嫻淑的面孔，默默傾聽他的心事。變形人講求性格上的彈性，他明白換個位置需要換個腦袋，因為在不同情境中，人們對自己的期待都是不一樣的。

把變形人擺在什麼位置上，他都會演好自己分內的對手戲，他知道天底下沒有真理，也沒有一成不變的價值觀，既然對方擁有這樣的想法，表示這是支持對方一路走來的信念，而且有其道理，不需要特別質疑或爭吵，如果想要彼此相處融洽，該是自己主動換位思考，深入瞭解對方的情感，靈活變化是他的人生座右銘，如果有自身角色辦不到的事情，那就再換一個角色試看看。

當變形過了頭，就容易成為濫好人

太過順從甚至變成濫好人，是變形人的陰影面向，他們就跟變色龍一樣，希望自己可以走到哪都適應得很好，然而一種米養百樣人，想要端出一盤讓所有人都滿意的菜色，絕對是吃力不討好的事情，而且當身旁的人對自己擁有不同期待時，可能會讓變形人疲於奔命。

舉例來說，具有變形人特質的父母會希望自己可以盡量滿足孩子期待，並兼顧伴侶的教養原則，同時又希望在自己爸媽眼中，有好好呵護他們的寶貝孫子（女），最後下場就是把自己累垮！

變形人之所以如此精通變化戲法，正是因為害怕被他人討厭，也迴避著衝突，於是在潛意識裡發展出一套隱藏自我的方式，並且設法猜測怎麼做會讓人喜歡，然而越是害怕被討厭而無法堅持立場，旁人就越不知道自己心中在想什麼，也就越容易背負他人投射出來的期待。想要擺脫濫好人的宿命，需要先意識到自己不可能討好所有人，並認知到衝突也是種溝通，練習把心內話說出來，慢慢找回屬於自己的真實臉孔，別人也才有機會看見變色龍褪下偽裝後的模樣。

◆變形人能發揮的潛能：

多元、適應力

◆變形人需留意的特質：

善變、迷失

抽到變形人這張牌，你可以問問自己的幾件事

- 我如何善用切換意識層次的能力，去探求靈性成長的可能性？
- 我如何發揮換位思考的彈性，幫助自己完成詢問的主題？
- 我在哪些時候，容易喪失主見、人云亦云？
- 在我擅長轉換心態的習慣背後，藏著哪些潛意識動機？

奴隸

Slave

「一個人若能接受命運及其所附加的一切痛苦，並且肩負起自己的十字架，則即使處於最惡劣的環境中，照樣有充分的機會去加深他生命的意義。」

——維克多．法蘭克

◆解讀關鍵字：

臣服

◆同義詞：

傀儡

◆圖像描述：

圖像中的這個人，以不太自然的方式彎曲自己的身體，如果仔細一看，會發現在他的雙手雙腳上都綁著絲線，就像木偶戲中被操偶師控制的傀儡一樣，橘色背景裡可以看到有淡淡氣流經過，從表情上我們很難判斷，這究竟是一具做工精緻的人偶，還是活生生的人？如果他是真人，那麼被絲線束縛這件事又為他帶來什麼心情？

光明屬性：

- 充滿信任地臣服於神性安排
- 在外在意志與內在真實間保持平衡

陰影屬性：

- 出於恐懼而交出個人自主權
- 缺乏自主決定的能力

◆原型人物：

在托爾金的《魔戒》裡，身為索倫邪惡爪牙的半獸人，可說是落入陰影奴隸的代表，雖然他們並不愚蠢，卻經常只知道使用蠻力且不知禮節，有種說法是半獸人受到邪惡勢力殘忍的奴役與腐化，以致於他們放棄了自主思考的能力，而自願聽從索倫或薩魯曼的命令。

半獸人雖有能力卻從未思考過反抗，自願聽從權威者命令的特性，傳神地描繪出陰影奴隸因為恐懼而交出自主的形象，同時也讓我們明白，有時一味順服不一定能帶來好的結果，當面臨壓迫時，或許需要為自己挺身而出。

盲目交託一切，可能是我們太害怕替自己的人生負責

如果我們問問奴隸對自身婚姻的看法，可能會聽到他說：「沒辦法啦，就上輩子欠的，這輩子趕快還完就沒事了。」奴隸可能也會在工作進展遇到瓶頸時，告訴自己「一切

都不是我能決定的」，好安慰受挫的心，卻什麼行動也沒做，隨緣、因果、交由上天決定，可能就是奴隸的口頭禪。

在現代職場上經常可見奴隸們的身影，他們可說是一群「社畜」，雖然身心俱疲，只要老闆一聲令下，還是會帶著不再新鮮的肝拚命工作，如果建議他是否換個工作或善待自己一點，可能會換來一句「沒辦法」，因為奴隸認為旁人比自己擁有更多決定權，因而自願放棄思考跟選擇的機會。

奴隸看似不自由又悲慘，卻是不少人會自願選擇的生活方式，選擇通常伴隨責任與壓力，當把生活主導權交給他人時，會帶來「不管發生什麼都是別人造成的」虛假輕鬆感。在奴隸心中，抱怨別人比檢視自己哪裡需要改進來得更簡單，代價則是需要忍受生活裡小小的不舒服，這就是奴隸的陰影面向：不想負責，於是自願交出主導權。

臣服於神性智慧，有時被誤解成被神奴役

奴隸看似任人擺布的特質，如果從心理學的象徵意義來看，可以視為放下自我執念，順服宇宙法則的舉動，靈性上的說法會是「臣服」，就像是塞翁失馬中的那名老翁，在他內心深處知道，強摘的瓜不會甜，一切最好盡人事聽天命，該是屬於自己的就是自己的，如果一段關係結束了，或許是因為宇宙冥冥間有所安排。

能夠發揮光明特質的奴隸，知道人為的力量有限，生命智慧遼闊而無邊際，也明白雖然表面上工作、收入、婚姻、友情都掌握在自己手裡，實際上人生充滿無常，意外往往來

得又快又急，而且看似毫無道理。或許自己一直努力學習溝通，卻仍然與伴侶漸行漸遠，對於感情不抱期待後，卻在朋友聚會上意外認識現任伴侶，奴隸知道人生運作的規則不是自己可以完全參透的，唯有臣服在生命的流動裡，才能減少心情被外境挑起的機會。

喜歡心理學解釋的人，可以把臣服神視為傾聽潛意識中更有智慧的聲音，在榮格的理論中，認為我們的潛意識裡儲存著各式各樣的資訊，有些可以被當成「內在神性」，是內心深處比我們所能意識到的自己，更有智慧的心靈層面。奴隸很清楚知道，頭腦所覺察到的並不是所有一切，傾聽內心智慧有時會替事情帶來不一樣的結果。

我們可以向外在環境妥協，但仍要保持與內在真實的連結

奴隸在面對身不由己的情境時，若能發揮光明特質，即使在表面行為上為了生存而屈服於外在壓力，在內心仍然可以清楚自己的模樣，不會成為社會情境的奴隸，就像是表面上自己是一頭社畜，對老闆言聽計從，然而奴隸心底明白，這只是暫時的做法，自己其實正默默蓄積轉換跑道的能量，

「讓人無法忍受的生活，從來不是因為環境，而是因為缺乏意義和目的。」存在主義治療大師法蘭克（Viktor E. Frankl）被關入納粹集中營時，便曾在某日勞動快結束的時刻，看著鐵絲網外的世界，忽然察覺到無論納粹如何奴役與壓迫自己的肉體，都無法奪走他內在的平靜與自由。〈奴隸〉這張原型卡所要揭露的另一層意涵，即是在幫助我們辨識，究竟什麼才是真正的自由。唯有真實覺察自我、往內傾聽，才有機會認識自己的樣貌，過著順流自在的生活。

◆ **奴隸能發揮的潛能：**

臣服、傾聽內心聲音

◆ **奴隸需留意的特質：**

盲從、喪失思考力

抽到奴隸這張牌，你可以問問自己的幾件事

- 我在哪些事情上比較仰賴意志力來克服困難？
- 我對於臣服於靈性法則或內在神性的態度是什麼？
- 在哪些事情上，我可能以臣服為藉口，來逃避需要面對的課題？
- 在哪些事情上，我期待他人可以用具有權威的方式替自己做選擇？

說書人

Storyteller

「一個故事必須有開頭、中段和結尾，但未必要按照這樣的順序。」

——尚盧高達（法國新浪潮電影代表人物）

◆**解讀關鍵字：**

擅長隱喻故事、表達流利

◆**同義詞：**

導演、說故事的人

◆**圖像描述：**

這個人的造型有些特別：頭髮上插著幾朵花，整個額頭被一抹金黃色光環包圍著，身上披著綠色花紋的絲巾，以及繪有斑斕花朵的衣服，下半身則搭配著有白色圓點的紅色褲裙，他手上拿著一本書，從表情看起來似乎正在朗誦書中內容，而一旁的五線譜音符，則讓人忍不住想到或許他正依循著音節，將書中內容吟唱出來。

光明屬性：

- 用話語影響他人的能力
- 擅長透過隱喻故事，傳遞智慧或人生哲理
- 透過訴說自身生命經驗，與他人產生深刻連結

陰影屬性：

- 透過故事來傳遞錯誤或具傷害性的思想
- 編造不實的故事來誤導他人

◆原型人物：

台大心理系畢業的東默農，無論是用文字或網路影片，說起故事來總是會吸住讀者的眼球，讓人忍不住從第一句看到最後一句，即使在他的臉書專頁「東默農的編劇實戰教室」裡，多數文章都是在談論如何拆解故事，然而他卻能用身歷其境的方式來解說，在學到專業技能的同時，心中情感也伴隨文字被洗滌潔淨了。

說書人，是具備良好表達能力的角色

「從前從前，在一個遙遠的地方，有……」這是多數說書人的起手式，對於真正理解故事魔力的人來說，很清楚知道每個故事裡都包含著一個核心價值，以及想要與聽故事的人溝通對話的信念。

因此荷馬說了偉大的史詩《奧德賽》，他想說的是身為人類雖然渺小又命運多舛，仍然有足以奮力前行的可能；中國古代的說書人說到趙雲七進七出曹營救阿斗，以及諸葛亮在劉備臨終前聲淚俱下表示「鞠躬盡瘁，死而後已」的時候，他想說的是在亂世中忠孝仁義的可貴；當諾蘭拍出《天能》時，他想說的是不必追悔過去，但求把握當下的順流生活態度。

說書人擅長說故事、利用譬喻或隱喻的方式進行溝通，不只在人際交友或職場溝通上，能夠快速吸引他人注意力，也很容易以觸動人心的方式傳遞所要表達的意涵。故事其實並不一定需要是小說或真正的「故事」，但說書人很擅長描繪人事時地物，讓聽的人可以如同在看電影一樣，深深沉浸在自己所描述的經驗或場景裡，甚至可以打從心底感到有所共鳴，可說是名副其實「有故事的人」！

訴說故事是我們渴望生命意義的表現

如果說書人想幫助聽眾感受真誠與說謊之間的矛盾與衝突，或許他會這麼說：在好久好久以前，有一天，謊言與真相一起去河邊洗澡，洗到一半，謊言偷偷先上岸穿著真相的衣服離開了，於是人們往往容易接受謊言，卻難以面對赤裸的真相。故事說完了，我們也彷彿體會到了些什麼。

聆聽與訴說故事可說是人類血液中的重要天性，有許多人喜歡在深夜談心，交換彼此的種種生活經驗，或許這是因為在豐富的故事內容裡，可以引發我們潛意識裡的想像力與情感，並且透過這些心理功能，幫助我們從中理解世界的奧祕、找到應對生活挑戰的方法，故事更可以碰觸到我們潛意識深處的種種原型意象，讓我們從中汲取心靈的養分。

李安曾說過：「我拍片20多年了，有一個很奇怪的現象：當你如此投入做一件事的時候，你講述的故事就會變成你人生的故事。」我們經常訴說的故事往往反映了自己的人生。在敘事治療裡，便鼓勵當事人述說自己的生命故事，並與心理師進行對話，透過交談重新詮釋過往所遭受的苦難，最後萃取出生命意義的結晶。抽到這張原型卡，你可以回憶一下自己最常向親友訴說什麼樣的事情呢？或許在你經常講述的內容裡，正透露出你潛意識裡對生命意義的渴望。

故事可以引發感動，也可以用來創造思考上的漏洞

說書人的陰暗面之一是「說教」，在親子教養裡，寓言故事或繪本很常被用來當成與孩子溝通的工具，然而有些時候父母之所以想說故事給孩子聽，是希望透過故事要小孩聽話，譬如「虎姑婆會在半夜來帶走不乖的孩子喔！」或是「別再哭了，你看看書裡這個小男孩大哭後發生了什麼事情？」這種「假故事，真說服」的態度，顯現出故事可以激勵人心，也可以透過散播恐懼來控制他人。

說書人的另一個陰影特質是「包裝」，就像是交換禮物時收到一個好大好漂亮的包裹，拆開層層的包裝紙後卻發現什麼都沒有，又例如企業砸重金請來知名人士拍出一支觸動人心的影片，用來宣揚自家公司的理念，最後卻被踢爆實際業務內容與影片不符，或是網紅將自己尚未消化吸收的知識配上精彩的故事案例，端出來給粉絲們嘗鮮，最後卻發現資訊與事實有不小出入。

這些高明的說書人知道如何使用人們的同理心，來達到自己想要引導的目的，大多數時候其實也都無傷大雅，然而有些時候，當說書人明知故事是為了粉飾負面形象，甚至是故意透過這個方式來販售不實產品時，不僅會破壞接收故事的人的信任感，更會因此損及自身形象！故事，可說是一把銳利的雙面刃，謹慎使用，才能發揮助益。

◆說書人能發揮的潛能：

影響力、表達力

◆說書人需留意的特質：

說教、渲染

抽到說書人這張牌，你可以問問自己的幾件事

- 我在什麼情況下比較擅長用故事來溝通？
- 我如何將溝通表達能力，發揮在自己詢問的事件上？
- 當我運用語言引發他人情感共鳴時，真正想傳遞的訊息是什麼？

學生

Student

「學而不思則罔，思而不學則殆。」

——孔子

◆**解讀關鍵字：**

學習

◆**同義詞：**

門徒、皈依者、學徒

◆**圖像描述：**

圖像中這個人的身體化為大樹的樹幹，靜止不動的他，手中捧著書專注閱讀著，化為樹根的雙腳之下散落著3本書，在蔚藍天空的籠罩下，從他的背部與肩膀長出粗壯的樹枝及濃密的綠葉，並從枝椏間長出許多本書籍的果實。

光明屬性：

- 將自己奉獻給追尋知識的道途
- 活到老，學到老
- 對各種知識抱持開放的學習心態

陰影屬性：

- 追求毀滅性的知識
- 成為只會收集知識的書呆子
- 讓知識成為一種表面標籤，阻礙與世界的真實接觸

◆原型人物：

談到學生原型，值得一提的應該是印度電影《三個傻瓜》了，三位電影主角分別對應了學生原型中不同的面向：藍丘總是為了熱情而學習，驅動他認識知識的動力，在於對世界的好奇，以及想要從知識裡求得生活解答的熱忱。法罕心中清楚知道自己最想學習的是什麼，卻因為父母認為工程師最有前途，因而壓抑著對攝影的熱情。拉加則是對學習充滿焦慮與擔憂，又無法掌握知識跟現實生活之間的關聯，因而學習之路上充滿阻礙。

當學生準備好了，老師就會出現

「學生準備好，老師就出現」是身心靈圈子的一句老話，學習並不只是一個被動接收的狀態，對於進入學習狀態的學生來說，除了專注看著黑板或是拿起手機拍下一張張投影片，埋首抄錄老師所說過的重點，最重要的是自己帶著想要完成的意圖來學習。

俗語說「垃圾進，垃圾出」，正好精準地描述學生想要真的學到東西，除了需要主動思考知識與知識之間的關係，還需要建立知識跟生活的連結。舉例來說，如果我們想要學習在感情裡自我成長，除了閱讀網路文章、報名成長課程外，最重要的是透過筆記或圖表，將心理學中關於親密關係的概念整理出來，還需要找人討論一番，將課堂知識轉換成可以在跟伴侶互動時，真正活用的方式。

終身學習，成為這個時代的重要趨勢

對現代人來說，學習已經不只是在學校裡才存在的事情了，對具有學生原型特質的人來說，放眼生活處處都可以是學習，出社會後開始懂得拿薪水來理財是種學習，重拾跳舞夢報名熱舞班是種學習，從老家搬出去嘗試一個人生活是種學習，步入婚姻後練習當父母也是種學習，「活到老，學到老」不光只是吸收新知，而是培養接觸新資訊與活動的習慣，讓人持續保有學習的動力。

一名「好學生」會打從心底明白，默記資訊與認真筆記，都只是學習的手段，最重要的是保持對各種知識的開放與熱情，並且力求將學到的知識落實在生活的土壤裡，才能開出智慧的果實。

從大腦神經科學來說，持續接觸新知會讓神經突觸持續保持活化，降低身體機能衰退；從心理學來講，這是一種「煉金術」，因為每當學生接觸一項新事物時，需要先能歸零，清空舊有習慣，才能容納新的知識注入，然而學習到一個階段後，又需要懂得將新舊知識整合在一起，就好像走在一張遼闊的地圖上，每拜訪一處就在地圖插一根圖釘，這些圖釘最後會慢慢串連起來，形成複雜而有意義的圖像，這就是學習行為背後的心理歷程。

落入囤積知識的陷阱裡，將使我們與世界隔絕

身為學生，同樣有其陰影面向，以下幾點即為學習過程中值得留意的地方：

1. 你是真心對學習有興趣，還是出自於害怕不足的焦慮感？

有些學生會將學習當成與人較勁的方式，又或者出自於滿足跟上潮流的心態，當他看到旁人似乎都懂很多，好像懂很多看起來很厲害的功夫，因為深怕自己喪失競爭力，而帶著焦慮來上課，這樣的心態很容易造成持續力不足、感到安心後就停止學習的現象。

這些人背後的核心議題可能是將學習視為自我認同的來源，他在乎的是「我學過多少」，而不是學會多少，對於擁有資訊焦慮的人來說，與其不斷報名一堂堂課程，不如學習開放與自我肯定，將心力投注在自己真正享受的事情上。

2. 你有活用學到的知識嗎？

有些學生看起來很有學習熱忱，實際上卻是將學來的知識當成貨品一樣囤積在頭腦裡，卻沒有打算拿出來活用，這種類似書呆子的方式，除了可能造成缺乏應用能力的僵化外，也可能會導致以為自己學了很多技能，實際上卻只是停留在頭腦的理解。

最有效的檢驗方式，就是問問自己：「我學完這些東西後，生活裡有哪些實際上的改變？」如果回答不出來，可以回頭檢視這些知識如何應用在生活上，探討無法活用的原因，例如當初學習可能只是一時衝動，或者是學到的內容太過進階，又或者是對於要應用的層面心懷焦慮，需要學習其他能力後才能真正落實。

3. 你的學習態度對於自我成長可以帶來幫助嗎？

有些學生很認真學習，也很樂於將這些運用到生活裡，但在這過程中，缺乏對自己起心動念的覺察，將學習這件事視為炫耀才能跟凸顯地位的方式，甚至只是為了證明自己比他人優秀，當放下與他人之間的比較，或許更可以享受學習所帶來的成長與樂趣。

◆ **學生能發揮的潛能：**

終身學習、學以致用

◆ **學生需留意的特質：**

書呆子、知識焦慮

抽到學生這張牌，你可以問問自己的幾件事

- 我學習哪種技能，可以拓展現在的生活？
- 在我詢問的主題上，如何還原到初心者的心態？
- 我所學習的事物裡，有哪些在生活中其實不常活用？
- 我之所以想要學習某件事，是基於什麼樣的起心動念？

教師

Teacher

「教育並非只是將知識灌輸給學生，而是能一瞬間點亮人們心靈的火焰。」

——葉慈（愛爾蘭詩人）

◆解讀關鍵字：

教學、傳承

◆同義詞：

老師、教學者

◆圖像描述：

這名金髮男子身穿黑白相間的衣服，手中捧著一個打開後被剖成兩半的地球，有許多小球從中飛出來。男子的脖子上掛著一顆綠色的球狀物，恰好位於喉輪的位置（註一），在他身後是一大片黑板，上頭寫滿了複雜的公式，我們似乎可以觀察到，這個人頭腦中儲存著大量知識，而他也樂於將這些知識與我們分享。

光明屬性：

- 分享自己所擁有的知識
- 擁有豐富的經驗、技能或智慧
- 具有傳承知識與技藝給後人的使命感

陰影屬性：

- 操弄或虐待學徒
- 教導具有毀滅性的知識或技能
- 將知識變得教條化與僵化

◆原型人物：

阿滴英文不只是現代知識型網紅，也可說是教師原型的代表人物，阿滴英文其實是由一對從新加坡留學回來的兄妹共同組隊創立的英文頻道，他們總是可以找到各種有趣好玩的方式，幫助線上學習者牢記英文單字與片語，吸引了百萬人訂閱追蹤，充分展現出教師原型對於分享知識的熱情。

樂於將知識分享給別人，自然成為他人眼中的老師

「各位同學，你們知道嗎？其實月亮是不會發光的喔。」站在講台上的教師，用散發出熱情的眼神看著台下的學生們，一邊秀出投影片，一邊滔滔不絕將自己關於世界的知識

註一：脈輪是印度瑜伽中的人體能量系統，傳統分類中共有七個，各自對應人類的身心功能，喉輪的能量中樞位於喉嚨附近，主要與溝通表達有關。

傳遞出來，這就是教師原型帶給人的第一印象：知識淵博，講到自己擅長的領域時，一打開話匣子就停不下來，各種資訊在他的腦中整理成一條條的規則，就好像在遼闊宇宙中，日月星辰都有自己專屬的位置，教師也是用相同的法則吸收與歸類各種知識。

教師最厲害的並不只是懂很多，而是可以把自己懂的東西講得簡單明白，就好像許多人光想到塔羅牌有78張，就覺得要完全記憶牌意好困難，教師卻可以把每張牌面拆解成聖杯、柱子、花、太陽等基礎元素，用有系統的方式，讓我們循序漸進上手這門深奧的系統。

跟教師相處是很有收穫的，當他坐上餐桌時，可以在談笑間提及跟食材有關的趣味知識，甚至來場餐廳歷史背景的簡介；出外踏青時，教師可以對沿路植物與小動物如數家珍，隨手一指就說出葉子的特徵是什麼、通常會在幾月開花，哪些植物可能有毒，又或者是眼前這棵樹的生長特色是什麼。

只要有心，你也可以成為知識傳承者

在過去要成為老師，需要經過嚴謹的教學訓練，網路與科技軟體的發展，讓我們更容易成為知識傳遞者，例如2015年成立的「Hahow好學校」，即是致力於讓素人也可以當老師的線上學習平台，創辦人認為許多人都具有很棒的知識或技藝，例如空間收納、拍照攝影、造型穿搭……這些都是在學校教育體系裡沒有機會接觸到的「專業」，放眼民間卻大有高手存在，這個線上平台就是邀請這些民間高手來一展長才，分享與傳遞自己的獨門技藝。

網路拉近了人們彼此的距離，在上一個世代，阿嬤縱使燒得一手好菜，也只能將這份滋味分享給鄰里街坊或自己的家人，現在透過網路，各種食譜或烹飪的私房絕活，都有機會分享給全世界的人，在這個時代裡，可說是只要有心、有料、有熱情，人人都可以成為傳遞知識的教師。

當教導成為教條，將成為嚴苛的束縛

生活就跟我們的皮膚一樣，需要有「毛細孔」可以透氣，需要有彈性可以自由呼吸，淵博知識對教師來說是天賦，卻也可能是個詛咒，當一條條運作規則成為理解世界與旁人的濾鏡時，可能會讓教師的生活充滿了形而上的教條，例如「想要成功，一定要做的三件事」，或是「讓親密關係和諧美滿的五個重點」，好像只要按照規則走完一輪，就可以讓自己的人生煥然一新。

教師的陰影面除了被教條束縛外，最可怕的是希望把別人都變成自己心中理想的模樣，希望每個人都按著同一條規則走，對他們來說，做人處事的道理就跟太陽會打東邊出來一樣，是不可違逆的真理，這份執著最後可能會讓他們喪失生活本然的生命力，將自己關在學術的象牙塔裡。

當教師過於沉浸在追求知識，忘記知識是拿來活用而非囤積時，就容易變成只以知識標籤來認識世界，就像有些人說得一口好戀愛，實際上卻在感情中不斷受挫，又或是在職場上談得一口好管理，工作時卻缺乏與下屬真誠互動，這些都是缺乏生活實踐所帶來的結果，當我們抽到這張原型卡，或許是潛意識正提醒著我們更加投入每一天的生活，因為真正的知識，必然是長在生活經驗的土壤裡。

◆ **教師能發揮的潛能：**

知識拆解能力、樂於分享

◆ **教師需留意的特質：**

教條

抽到教師這張牌，你可以問問自己的幾件事

- 我在生活中的哪個面向，具有教育他人的熱情與特質？
- 有哪些知識與技藝，是我樂於向他人分享的？
- 我在生活中的哪些地方，容易以教條的方式與他人互動？
- 我在哪些關係中，容易受限於僵化思考而阻礙了人際互動？

◆教師 VS 導師◆

教師與導師這兩張原型卡都有教育的意義，不過教師偏向於知識傳遞或是教導技能，比較傾向於「教學」的部分。導師則像是心靈導師，類似西方文化裡的教父教母，或是台灣人常提到的乾爸乾媽，強調運用個人生命智慧來陶冶與影響另一個人，具有亦師亦友的形象，比起單純的教導，更看重生命經驗與心靈上的交流。

小偷
Thief

「如果你失去了某件事物就什麼也不是，那麼你一開始就不該得到這個東西。」

——《蜘蛛人：返校日》

◆解讀關鍵字：

竊取自己所沒有的事物

◆同義詞：

怪盜、盜賊、金光黨、騙子

◆圖像描述：

圖像中的人物將紳士帽壓低直到遮住眼睛，身上穿著的西裝與大衣，都以粗細長短不一的直線條繪製出複雜的花紋，在這個人敞開的大衣之下，有一顆鮮紅的愛心，領帶、帽子與愛心三者的花紋，是這張圖像裡唯一出現色彩的地方。在這個人身後左側是一片漆黑，並充斥著與衣著相似的直線條紋，右側則在一片漆黑之下，彷彿可以看見蔚藍天空，似乎呼應著這個人敞開大衣的動作，打開了一片光亮。

光明屬性：

- 往內尋找無法被他人竊取的珍貴事物
- 透過肯定自身的獨特性，建立自我價值感
- 靈巧能隨機應變

陰影屬性：

- 竊取他人的智慧
- 從他人身上偷取你認為自己所缺乏的事物
- 因為心理匱乏而進行偷竊

◆原型人物：

漫威電影中的非典型英雄角色蟻人，可說是現代小偷原型的代表人物，他的職業就是一名小偷，還因為竊盜罪名被關入大牢裡，回歸社會的他，在得到能夠自由放大與縮小的蟻人裝備後，下水道、窗戶縫隙甚至是鑰匙孔，都可以成為他上天下地潛入偷竊地點的方式，可說是無所不偷的高深竊賊，更因此而受邀加入復仇者聯盟。

從心理學的角度來看，蟻人之所以充滿魅力，除了滿足人們潛意識裡想「使壞」的欲望外，或許也是喚起了我們心中都曾經有過的念頭：「如果我可以擁有……該有多好」，因而在潛意識裡深感共鳴吧！

當我們感覺到不足，就容易動了偷取的念頭

我在小學的時候，曾經流行多功能鉛筆盒，這個鉛筆盒看起來很厲害，裡面擁有各式各樣的「裝備」，例如多層次的收納空間、橡皮擦可以像是炮彈一樣的彈出來，還附有削

鉛筆機，甚至有的還可以變形成飛機或機器人的樣子，當時只有少數同學可以攜帶這種鉛筆盒上學，我記得很清楚，每當看著那個鉛筆盒時，最常聽見心中有個聲音說：「要是我也能擁有這個寶物，同學們就會更喜歡我了。」

這個「我好想要」的聲音，正是小偷心中的獨白，或許不是實際偷了別人的東西，而是想要得到別人所擁有的東西，例如在得知同事的工作靈感後，因為嫉妒而默默借用了這個點子，又或者是看到同業發表了讓自己感到羨慕的構想，暗自把它當成自己的想法重新發表。

心理匱乏是抄襲與剽竊的深層動機

小偷之所以想要在工作或行為表現上抄襲或複製某些人，可能是因為覺得外國的月亮都比較圓，東西拿在別人手上，感覺就是特別好特別棒，這讓他心中忍不住產生一種想像，假如自己也可以得到同樣的東西，鐵定會有更多人喜歡自己、認可自己吧，就好像武俠小說裡的各方人馬，都想獲得傳說中的寶劍，越是得不到的，就越讓人感覺心癢難耐！

有人可能覺得偷竊反映著人性的貪婪，從心理學上來檢視這張原型卡的意義，在偷竊的行為背後，可能藏著「我不如你」的感受，同時又缺乏信心，不相信只要自己夠努力，也可以得到一樣的成果，甚至沒有發現自己所擁有的與對方所擁有的，其實青菜蘿蔔各有所長，無法放在天秤的兩端衡量孰好孰壞。

更進一步來說，只要把東西偷到手之後，就會心滿意足嗎？就像蟻人對於可以下手的事物感到難以抗拒，一旦嘗過了從他人之處掠取成果的滋味後，反而可能會把胃口越養越大，這是因為與他人間的比較，只會讓我們對自己越來越不滿意。

因此當發現很想獲得自己所沒有的事物時，不妨先問問自己：「擁有這些真的會讓我覺得開心嗎？」如果確實真心想要，把心力專注在如何努力獲得相似的成果，踏實朝目標前進，可以有效降低比較而來的嫉妒感，如果發現其實自己只是羨慕他人擁有得比自己更多，羨慕的心情或許也就慢慢淡了。

關注自己所擁有的，會比較容易確立自己的獨特性

當我們重新釐清自己真正想要的生活是什麼樣子，將有助於抵擋這股想要成為別人的誘惑，更重要的是，當我們願意肯定自己身上本來就有值得肯定與被羨慕的地方，對他人的羨慕也會大幅下降。

所以在這裡列出五個問題，可以幫助我們把注意力放回自己身上：

1. 我對今天的生活滿意嗎？我可以如何保持讓自己滿意的部分，並採取行動調整不滿意的部分？
2. 回顧我的生活，有哪些值得自我肯定的地方，有哪些特質或能力，是旁人會羨慕與欣賞我的？
3. 今天的我，跟上週的自己比起來，有更往讓自己喜歡的方向成長嗎？我可以如何成為讓自己喜歡的樣子？

4. 在一個月、三個月甚至是半年後，我想成為什麼樣的人？我可以如何朝這個目標努力？
5. 回顧這一週，有哪些事情看起來是我想要的，其實並不真的適合我？

當我們將注意力放在自己可以做什麼、真正想要的是什麼，就能夠好好專注照顧自己的需求，並且明白自己身上擁有著別人想偷也偷不走的珍貴特質。

◆小偷能發揮的潛能：

自我肯定、聚焦目標、發展獨特性

◆小偷需留意的特質：

抄襲、嫉妒、匱乏感

抽到小偷這張牌，你可以問問自己的幾件事

- 我正對身旁的哪些人事物感到羨慕或嫉妒？
- 我在哪些事情上，不自覺的想要奪取或偷取他人的成果？
- 我可以如何肯定自己的獨特性與自我價值感？
- 在我身上，有什麼珍貴的特質或能力，是他人無法奪走的？

魔術師

Trickster

「你並不是真的想知道真相，你只是想被騙。」

——《頂尖對決》

◆解讀關鍵字：

不按牌理出牌、創意

◆同義詞：

搗蛋鬼、詐術者

◆圖像描述：

圖像裡的金髮男子，身穿繪有紅色螺旋花紋的黑色衣服，穿戴白色手套的左手拿著棒子，眼前的黑色桌面上擺放著一頂讓人聯想到魔術師的黑帽，從帽子裡飛出許多小型的五角星代幣，讓人聯想到一場有趣而精彩的魔術表演正在進行著。

光明屬性：

- 不按牌理的行動方式
- 不受既定規則束縛，有創意的回應困境
- 在受同儕壓力或僵化體制影響的場域中，提供彈性的替代策略

陰影屬性：

- 欺瞞或愚弄他人
- 賣弄小聰明而忽略了累積能力
- 養成投機取巧的心態

◆原型人物：

2013年上映的魔術犯罪懸疑片《出神入化》，講述四名高超的魔術師，駭入銀行盜取鉅款，將其還給被壓榨人們的故事，裡面的主角丹尼擅長以魔術手法施行幻術，混淆對手視聽，思路靈活性格大膽，經常擺認真的對手們一道，例如在街頭上表演雨滴逆流往天空飛去的魔術技巧，吸引警察們的注意力，好讓其他搭檔可以順利抵達舞台現場，執行他們所預告的竊盜任務。

「你可以再靠近一點，因為你越靠近，就越看不見真相」，充分點出魔術師原型意象中，虛實混淆與不按牌理行動的特質，這段話也可以理解成我們平常往往只從一個面向理解事物，因而讓魔術師有機會聲東擊西，達成施展戲法的目的。

不按牌理出牌的人，往往具有小聰明

在某些大學課堂裡，閱讀原文書並上台報告應該是許多人心中的惡夢，「我們班有30個人，這本書有450頁，每個人只要認真把分配到的15頁翻譯出來，就可以輕鬆過關啦！」魔術師率先舉手提出這個想法，其他同學紛紛附議，「那請班長幫我們寫一張翻譯範圍的清單囉！」他踏著輕鬆步伐走出教室門口，心中想著下一堂課也好無聊，不知道可以用什麼方式蒙混過關呢？

魔術師原型就是這麼一個「情理之中，意料之外」的人，他懂得人們心中最普遍的需要，同時可以運用顛覆規則的方式來完成任務，他們通常不會正面挑戰已經存在的規範，而是像頑皮的孩子一樣，找尋規則裡的破綻去突破，這樣的人往往在職場上會被視為「耍小聰明」的人，讓人恨得牙癢癢卻又難以真的指責些什麼。

搗蛋鬼原型，是對意識的補償

說到小聰明，北歐神話裡的洛基絕對是其中的一號人物，相傳他曾經跟手藝精湛的矮人兄弟打賭：「如果你們無法做出精湛的寶物，那我的人頭就給你！」就在這對兄弟不眠不休鍛造了三樣寶物後，他又改口說：「要我的人頭可以，但不可以砍到脖子喔！」擺明就是睜眼說瞎話，最後只好不了了之。

洛基看似態度輕浮，諸神遇到危機時也曾因他的狡詐而逃過劫難，可說是亦正亦邪的角色，他略帶戲謔的態度，在榮格眼中則認為是搗蛋鬼（Trickster）這個原型的特質，從深度心理學中可以理解成對意識的補償作用（**註一**）。

我們可以從搗蛋鬼原型來進一步深入認識〈魔術師〉這張原型卡，當魔術師被問到「我跟我媽一起掉到海裡，只可以救一個人」的時候，他不會像工程師一樣回答：「這種問題不合邏輯」，而是會先表示這問題等下再談，然後帶著伴侶去平常最喜歡的餐館，飽餐一頓美食後，再說個笑話把對方逗得哈哈大笑。他很知道許多表面的問題確實是問題，同時背後藏著人性中的矛盾與複雜，正面突破不一定會是最有效的方式，尤其在親密關係中，責任感雖然重要，幽默感也是重要的潤滑劑。

聰明反被聰明誤，是投機心態帶來的風險

魔術師的陰暗面可能是淪為嘴炮王，這樣的人雖然擁有華麗排場，心底卻知道自己不是個咖，所以才需要運用小聰明來迴避真的需要硬實力的時刻，就像有些人總是對伴侶說「我願意為你摘下天上的星星」，可是當伴侶真的需要援助時，卻一下工作忙碌一下身體不適左閃右躲。在辦公室裡雖然鬼點子多，可是一旦主管真正交辦案子，卻交不出成績單。

魔術師投機心態也可能導致光說不練，他們害怕枯燥乏味的感覺，所以做事情習慣抄捷徑，「反正主管又不會看到，凡事方便就好」是藏在心底的聲音，有些弊案新聞被爆料就是處在這種狀態裡，因此抽到魔術師這張原型卡，有可能正是潛意識捎來提醒，要我們留意自己詢問的主題，可能正如同根基不穩的海砂屋，地震一來就原形畢露。

當太專注於創意與靈活，而忽略踏實累積的重要性時，無意間會養成投機取巧的習慣，或是每當事情遇到困難時，就順水推舟的運用小聰明來化解，久而久之可能誤認為自己做得還不錯，卻沒發現專業能力就像空中樓閣一樣，只是表面上看起來很厲害，基礎卻

不夠穩固。因此抽到這張原型卡，或許該檢視一下自己是否擁有願意磨練基本功的心態，因為真正的創意與靈活，其實是掌握了基礎原理後的再應用，而非天馬行空的自由發揮。

◆魔術師能發揮的潛能：

創意、思考靈活

◆魔術師需留意的特質：

欺騙、投機、華而不實

抽到魔術師這張牌，你可以問問自己的幾件事

- 在我詢問的主題上，需要突破哪些傳統框架來行動？
- 我如何把注意力放回目標，重新擬定有創意的因應方式？
- 在生活裡的哪些層面，我缺乏續航力，需要認真磨練基本功？
- 我在哪些地方可能太過仰賴小聰明，因而造成阻礙？

註一：魔術師這張原型卡與變魔術並無太大關係，其形象更近似於榮格所提及的搗蛋鬼。在處理需要靈活應對的困境時，意識層面過於認真與嚴肅的態度，往往會讓事情卡住，在這情況下，有時我們心中會浮現出調皮搗蛋的情緒或人物形象，並因此獲得脫困的靈感，榮格稱之為補償作用，意思是潛意識設法平衡意識的盲點與不足。

吸血鬼

Vampire

「一旦熄去你的生命之火，就不能再讓生命滋長，只有枯萎了。」

——《夜訪吸血鬼》

◆解讀關鍵字：

榨取精力、共依附

◆同義詞：

狐仙

◆圖像描述：

這名似男又似女的人披著繪有植物與花朵的黑色披風，他一手護住喉嚨一手按著胸口，臉上神情似乎有些警戒，不確定是在躲避或戒備著什麼，從窗外灑下的光線，在他身後形成巨大影子，為整幅圖像染上神祕色彩。

光明屬性：

- 發現自己正被某人或某事物榨取精力，進而遠離
- 提醒自己是否正被特定人事物所誘惑，自願交出主導權
- 覺察自己是否將某些人當成生命依靠，過度依賴他們

陰影屬性：

- 在關係中陷入共依附的狀態
- 榨取他人的能量或心力好滿足自己的身心需要
- 運用神祕感的魅惑力，操縱他人的心意

◆原型人物：

2008 年上演的吸血鬼電影《暮光之城》講述吸血鬼愛德華與人類女子貝拉相戀相愛的故事，愛德華的強大力量與不死之身，與貝拉的脆弱形成強烈對比，愛德華常因為貝拉可能身陷危險而憤怒暴走，充分展現出一段關係裡雙方的強弱，往往不是由表面氣勢或力量所決定，容易受到傷害的貝拉，反而在許多時候占據了關係的主導權，當她成為吸血鬼並一步步學會堅強與獨立後，更贏得愛德華打從內心的尊重。

愛德華與貝拉關係的轉折，描繪出感情裡從因表面魅力而熱戀、因相互投射而產生共依附，最後學會看見真實對方，建立真實關係的過程，愛德華身為吸血鬼的俊美外貌，以及可以迷惑人類心智的能力，凸顯出吸血鬼原型意象中的誘惑力。

電影裡對於吸血鬼與人類之間在關係上相互依賴的陳述，以及兩人在愛情上的相互依賴，則呈現出共依附關係的特徵：相互需要而難以分開。

能量吸血鬼，對於自己所渴求的永遠都無法滿足

「我還想要更多！更多！更多！」吸血鬼原型總是在尋找下一個受害者，他們渴求著被人疼愛與滋養，希望別人採取實際行動來表示支持與在乎，可能只是不小心在路上被石頭絆倒了，都要立刻傳LINE向朋友討拍，如果沒有獲得回應，乾脆傳到群組裡尋求大家的安慰。這種無形中默默吸收他人心靈能量，好讓自己舒服一點的人，在現代有個專屬的名字叫做「能量吸血鬼」。

能量吸血鬼總是需要他人的情緒照顧，可是當對方表達關心時，卻會覺得自己好像迎接大雨的沙漠，怎麼樣也吸不飽水分，而當對方需要自己關心時，往往轉身就走，深怕自己身上少一塊肉，就跟吸血鬼一樣，只接受卻不給予。如果在你身旁有這樣的人，卻又具有難以切割的關係，例如父母、伴侶或主管，必要時可能需要考慮尋求專業人員協助（註一）。

抽到這張原型卡，有可能是潛意識正在提醒你，最近生活中可能正存在著悄悄吸乾你精力的人，對方經常會提出讓你難以招架的要求，需要付出額外時間跟心力來讓對方滿意。反過來說，潛意識也可能提醒我們是否正無意識依賴著他人，總是吸取對方提供的照顧與關心，來讓自己好過一點。

共依附讓人痛苦，卻又離不開這段關係

吸血鬼雖然讓人害怕，仔細想想也非常脆弱，如果沒有人願意供奉鮮血，他們就需要飽受吸血欲望之苦，受害者也不一定真的無辜，那些任憑吸血鬼咬住脖子的人，往往是受到他們身上散發出來的神祕魅力所吸引，甘願成為食糧。

這種相互難以割捨的關係模式，在心理學上稱之為共依附。共依附是指兩個人因為剛好可以滿足對方說不出口（甚至沒意識到）的需求，因此即使彼此之間存在著無法繼續維持關係的差異點，卻仍無法真正與對方分開，如同吸血鬼緊緊跟隨被害者一樣。

就像是吸血鬼不會放過任何一滴鮮血，他們總是會想要牢牢的掌握住身旁的人，例如有些先生期待太太白天共同分擔賺錢壓力，回家後可以好好照顧孩子，自己只要放鬆在沙發上看電視慰勞自己一天辛勞就可以了，卻忽略這樣簡直是把太太當成全年無休的便利商店，而太太可能為了維持「家」的完整形象而默默忍受，又或者是在這種互動裡滿足了被人依賴的需要，於是幾番大吵卻又無力離開。

從心理學的角度來看，這種衝突與矛盾的關係，其實是雙方一起共同創造出來的，正因為雙方在潛意識裡都可以從中獲得好處，因此即使經常爆發衝突，卻沒有人願意先放手，相同現象也可能發生在朋友或親子之間，這樣的關係有著致命吸引力，明明不舒服卻又無法逃開。

註一：有些人之所以是能量吸血鬼，可能是過去曾遭受創傷，或正在經驗重大失落，例如喪偶、意外、被裁員等等，這時藉由專業人員的幫助，會比我們拿自己的愛與關懷設法填補對方的情緒黑洞，更有實質效果。

察覺自己的需要，就有機會終止能量吸取的循環

對於吸血鬼來說，不斷向外找尋鮮血供應來源其實是累的，在他們美麗而蒼白的外貌下，藏著匱乏的心，練習看見是什麼讓自己經常覺得「還不夠」，是填飽心靈的第一步，或許是從小到大自己的需要沒有被爸媽好好滿足，又或許是不願相信自己值得被好好善待，找到榨取背後的動機，就有機會終止不斷向他人索取的行為。

如果我們身旁有吸血鬼原型特質的人，表面上受傷的是自己，心理學卻會邀請我們去檢視自己在關係裡的面貌，期待在這段關係裡獲得什麼樣的需求滿足，能量榨取與共依附，通常都發生在我們缺乏足夠覺察，因此無法明確向對方表達真實期待與個人需求的時候，看見自己在關係裡的不安、脆弱與渴望，會是終止循環的第一步。

當吸血鬼開始感覺到飽足，被吸血的人開始看清楚為何自願擔任犧牲者，彼此都可以看懂自己為何在關係中遲遲放不了手，並且形成更有彈性與相互滋養的關係樣貌。

◆吸血鬼能發揮的潛能：

神祕感、吸引力

◆吸血鬼需留意的特質：

依賴、掠奪

抽到吸血鬼這張牌，你可以問問自己的幾件事

- 在目前的生活中，有哪些人事物正過度消耗我的心力？
- 在跟哪些人互動時，我需要清楚設定界線，好讓關係維持平衡？
- 我在哪些關係裡，容易過度依賴甚至消磨他人的情緒能量？
- 我如何幫助自己長出內在力量，發展與他人的健康關係？

◆吸血鬼 VS 受害者◆

吸血鬼的特徵是始終覺得自己所擁有的還不夠，並且期待別人把自己所需要的事物端上來，生性依賴的他會主動緊咬對方不放，直到把這個人榨乾為止。

受害者同樣也會讓人感覺不舒服，然而他的特徵是被動式的情緒勒索，認為自己的痛苦都是別人的錯，他習慣認為別人都是迫害者與壞人，而自己是個純潔又無辜的傢伙，並且理直氣壯的認為改變的責任在對方身上。

受害者

Victim

「我沒有什麼要對這世界說，因為我的生和我的死，都不會對任何人造成影響。」

——台劇《誰是被害者》

◆解讀關鍵字：

受苦、覺得自己受到迫害

◆同義詞：

被害人、無辜者

◆圖像描述：

這名女子閉著眼睛，用手環抱著蜷曲起來的雙腿，雙腳浸泡在泛起漣漪的水裡，磁磚、牆壁與水面帶著淡藍色及淺綠色的主要基調，給人帶來寒冷的感受。然而如果仔細注視圖像，會發現在女子上半身的最外層，有微微一圈橘黃色光芒籠罩著，似乎抵禦了外在寒氣的侵襲，除此之外，我們並沒有看到有任何阻止女子離開的人或事物存在，這也讓我們對她允許

光明屬性：

- 避免讓自己或他人成為受害者
- 從受苦經驗中，發展對他人的同理心
- 將受苦經驗轉化為心靈復原力

陰影屬性：

- 扮演受害者的角色，以此來獲得個人利益
- 無法守護個人的身體或心理界線，讓自己受到傷害
- 以受害者身分對他人進行情緒勒索

◆原型人物：

改編自同名小說並於 2014 年上映的美國懸疑驚悚片《控制》，描述人人稱羨的神仙眷侶尼克與艾美，即將度過結婚五週年紀念，艾美卻在當天離奇失蹤，在調查過程中，警方與大眾一度以為尼克是個花心外遇、會動手家暴妻子的罪犯，然而隨著劇情慢慢發展，我們才赫然驚覺，艾美才是這一連串事件的幕後主使者，她不僅設計了自己的失蹤，還刻意讓尼克成為代罪羔羊，整個故事讓我們一窺受害者原型意象的極致展現，也傳神描繪出卡普曼戲劇三角形的微妙轉變（**註一**）。

註一：卡普曼戲劇三角形，是用來描繪受害者、拯救者與加害者動力轉換的心理學理論，當拯救者介入受害者與加害者之間的對抗時，如果無意識的被受害者拋出的誘餌所影響，很有可能反而會成為新的加害者，並被受害者控訴，此時拯救者進入受害者的狀態，原先的受害者反倒成為壓迫對方的加害者。

除非你允許，否則沒有人可以讓你受傷

「都是他的問題！」是受害者原型的經典台詞，不需要別人關心「最近還好嗎？」，他可以自顧自跟你抱怨起男友是如何差勁，居然挑了個自己用不到的東西當情人節禮物、煩人的母親一直叨念為什麼快30歲了還不結婚、朋友如何有心機的在背後說自己壞話還不小心被發現，受害者頭上彷彿有盞炙熱的聚光燈，周圍的「壞人」們在黑暗背景中只是一張張模糊的臉，唯一可以看清楚的是受害者臉上豆大的淚珠。

受害者很容易用充滿怨氣的方式控訴身旁的人都有多爛，然而這些「傷」未必來自於眼前的這個人或這件事，而是外在環境挑起心中尚未療癒或正在療癒的課題，是內心深處的痛點，讓我們再次感到受傷，並使我們像是著魔一樣的被困在這個負面劇本裡。

受害者情結背後，藏著不敢相信自己可以過上好日子的信念

受害者之所以會認為都是別人的錯，可能是因為他們打從心底很難相信自己值得過上好日子，或是因為在成長過程中沒有得到足夠的肯定與滋養，又或者曾經有受暴、目睹家暴或被性侵的創傷經驗，於是在心中暗藏著自卑感，難以與人靠近，雖然渴望著被重視與喜愛，卻不自覺用這種張牙舞爪的方式將身旁的人們推開，甚至利用受害的狀態，成為暗自操控關係的加害者。

矛盾的是，受害者負面的自我預言心態，有時會讓自己在關係中更加受困，例如經常抱怨另一半都不關心自己，卻忽略自己緊迫盯人的態度，往往讓伴侶難以喘息，於是只想

躲得遠遠的，受害者越是覺得委屈，越是抱怨，反而將對方推得越遠。

受害者其實並不是什麼壞人，只是不敢相信自己有力量、不敢真正獲得以前沒有得到過的情感支持，因而只好用彆扭、抱怨、指責他人的方式，來表達自己內心的渴望，或許我們也可以說他們是一群受傷很重的人，甘願拉著加害者演出「你都不在乎我」的戲碼。

穿越受害心態，我們可以有力量的好好生活

雖然每天的生活中，可能存在著不如意甚至讓人感到沮喪的事情，然而有些人開始學著積極面對，設法改變現況，「除非你願意，否則沒有人可以讓你受傷」，當受害者認識到自己其實有力量可以保護自己、回應困難，就可以離開原本的位置，成為「傷害」下的倖存者。

想要從受害者轉化成倖存者，最重要的關鍵在於相信自己可以有選擇。舉例來說，如果覺得總是伴侶先挑起爭吵與衝突，雖然我們無法控制伴侶的反應，卻可以停下來感受自己的心情是什麼？這個心情讓我們想起成長經驗的哪些時刻？或許我們真正生氣的不是眼前的人，而是過去曾經傷害過自己的人。當我們可以讓自己的心情慢慢平穩下來，就有機會思考怎麼樣可以避免彼此在關係裡反覆受傷。

當這些選擇權握在自己手上，就會產生心理學中所說的自我掌握感，進而增加在面對挑戰時的心理彈性，並讓我們真正可以開始思考，自己想要過著什麼樣的生活。

◆受害者能發揮的潛能：

同理、自我掌握感

◆受害者需留意的特質：

卸責、指責他人

抽到受害者這張牌，你可以問問自己的幾件事

- 我在生活中哪個部分正感受到痛苦？這份痛苦反映出潛意識的哪些期待？
- 我感覺自己正被什麼人壓迫著？為了滿足我的期待，可以如何負起責任採取行動？
- 在我生命中哪些受苦的經驗，可以轉化為對他人的同理心？
- 讓我無法維持個人界線，允許他人侵擾的理由是什麼？

◆受害者VS 拯救者◆

受害者與拯救者這兩張原型卡正好可以呼應卡普曼戲劇三角形的心理動力變

化，通常受害者跟加害者會是對立的雙方，表面上看起來受害者可能處於劣勢，只能被動接受加害者的壓迫，然而受害者也可能運用旁人的同情來達到自身目的，並將拯救者拉入自己的同盟陣營裡。

拯救者多半會出於對受害者的心疼，而希望自己可以提供保護，或是給予受害者建議，希望可以幫助對方脫離痛苦，然而受害者需要的可能只是同情與安慰，當他越是被加害者壓迫，就越能成功獲得拯救者的關注，因此他可能會無意識的繼續留在困境裡。

此時拯救者會開始生氣，指責受害者忽略自己的煞費苦心，甚至表示自己不想繼續提供幫助了，受害者則會抱怨拯救者不像當初那樣無條件接納自己，最後拯救者會覺得自己變成受害者，受害者則變成了加害者。

除此之外，受害者也可能因為自卑感膨脹，表面上到處幫助別人，事實上是為了透過幫助別人來消除覺得自己不夠好的自卑感，因此拯救者之所以會受到受害者吸引，有時並不單純只是出於友善，而是為了獲得自我存在感，這也是為何當受害者拒絕建議時，拯救者會如此生氣的理由。

更進一步來說，受害者利用指責他人來獲得關注與存在感，拯救者則是透過提供協助來獲得相同的需要，兩者之間雖然看似有強弱之分，行為背後卻可能出於相同動機。

處女
Virgin

「如果你在受到誘惑的時候援引聖母瑪利亞，她會馬上來幫助你，而撒旦會離開你。」

——聖約翰．范尼

◆**解讀關鍵字：**

純潔、純淨、理想化

◆**同義詞：**

獨身主義者

◆**圖像描述：**

在這幅圖像中有大半背景受到白色雲霧籠罩，因而無法看清楚這名少女究竟身處在何處，就連這名黑髮女子的下半身，也幾乎被彷如白色蕾絲的車輪狀物體遮住，只露出腰部以上的身體。她身穿貌似睡衣的淺藍色家居服，雙手環抱住自己，神情看起來有些戒備，在她身後有一大片夾雜紅色愛心的粉紅色氣流經過，似乎透露出在肅穆的純淨白色

光明屬性：

- 身心狀態都保持高度純粹
- 如純潔少女般的特質
- 期待可以找到具有原創性與純潔性的模式

陰影屬性：

- 恐懼親密關係或肉體接觸
- 對於純粹的感官享樂感到恐懼或厭惡
- 不願意失去天真無邪的特質，因而無法成熟

◆原型人物：

聖母瑪利亞可說是處女原型意象的代表人物，在《聖經》的其中一個版本裡，聖母瑪利亞非婚生子，產下了耶穌，「非性生育」讓整件事帶有聖潔感，因此當我們默念聖母瑪利亞的名號時，很容易激發潛意識裡對於純潔及神聖的想像。

天山童姥則可說是處女原型意象的負面代表人物，她長保童顏又用情至深，與同門李秋水同時愛上無崖子，卻因這份純粹情感不被接受，因而由愛生恨，進而做出許多破壞無崖子婚姻跟虐待婢女及手下的行為，讓人對於處女的陰暗面向留下深刻印象：當心中的純粹受外力沾染而失去原先的潔淨，必要時整個破壞掉也沒有關係。

重視肉體守貞，反映出內在情感的純粹

「唉呀，這好髒！」是處女的口頭禪，他們是很好的衛生股長，連在地上的一根頭髮都看得見，如果發現乾淨襯衫上染了髒污，處女絕對會毫不留戀地丟棄。這也反映出處女

原型的人如何追求愛情：他們嚮往柏拉圖式的純潔愛情，眼裡容不得一粒沙，一點風吹草動都會讓他擔心受怕，稍微晚歸就會讓他懷疑對方是否仍忠貞不二。

處女心中對自己、他人與世界具有極高的理想標準，他們看出去的世界純白一片，嚴謹檢視內在起心動念，就怕心中一絲不雅的念頭，會污染了整個房間的空氣，跟人相處時總是面帶微笑善於傾聽，卻不一定會多談自己的私事，我們可能很難得看見他們有不平靜的時刻。然而關起門來，他們卻可能會在心中痛罵：「剛剛那同事也太自私了，都沒考慮過別人的心情嗎？」、「矮額，婚前性行為也太那個了！」在溫和善良的表面之下，藏著一雙放大檢視一切「不潔」的雙眼。

這樣的人每天進辦公室時，可能會主動跟同事們打聲招呼，如果沒有別的同事來主動攀談，在接下來一整天裡，可能就這樣默默在座位上認真工作著，中午時打開自己做的健康餐盒，下班後回到家啃顆蘋果當晚餐，然後去健身房運動一小時，回家沖澡後翻開一本喜歡的書，然後上床睡覺。

精神潔癖反映出我們不敢重視自己的需求

如果相處不深，會覺得他們和善有禮貌，而且如果別人遇到了什麼困難，通常也樂於出手相助，然而一旦我們想要約他們下班後小酌一杯、假日時一起出外遠遊，或是好奇詢問他們內心的想法時，可能會發現他們在談話間默默撤退回某個心靈角落。

這些特徵反映出處女對個人需求的恐懼，將慾望視為洪水猛獸，因而將這份恐懼投射到外在世界，使得他們很容易變成叨叨念、嫌東嫌西的「老媽子」，覺得有些人就是太放縱了，應該收斂一點才對，卻不知道其實是自己太害怕這些身體慾望所帶來的歡愉，才將性、酒、享受視為具有絕大誘惑力的禁忌。

擁有處女原型特質的人很難真正與他人建立深刻關係，因為他們可能很難接受自己身上存在著這麼多想要：隨心所欲的大笑、為另一個人神魂顛倒並瘋狂一回、在微醺中傾吐自己的心事……這些對他們來說，實在是太可怕了，比起想哭就哭想笑就笑，他們寧可過著固定上班打卡下班看書的生活，而這份對自己需求的疏離，有時候會變成他們與人發展親密的阻礙，因為與人發展深刻關係的前提，是能夠與自己靠近。

接納人性裡自然的需要與想要，這個世界其實比想像中的美好

處女原型很容易「過敏」，而且是對快樂過敏，他們渴望日復一日單純無欲的重複，為了不讓自己樂昏了頭，小心翼翼把各種慾望收藏在看不到的口袋裡，就像連掉在地上的一根頭髮都不放過，他們也是這樣檢視內在自我的慾望。

當處女願意接納慾念只是正常人性的一部分，懂得在享受跟純粹之間找到平衡，其實可以帶給身旁的人舒適感，因為他們心中對於真誠、正直、善良、謙遜等美德具有高度堅持，當旁人偷偷在上班打混摸魚時，他們會笑著說再努力一下就可以下班了，然後轉過身認真把手邊的事情做完，即使遭受朋友背叛，仍會鼓舞自己別放棄心中的良善，告訴自己沒關係，哭完就沒事了，看在懂得人情世故的人眼中，他們可能傻得可愛，然而也正因為

有他們存在，人性中美與善的一面才得以延續，在充滿各式各樣灰色的時代裡，白色有時也是很可愛的。

◆處女能發揮的潛能：

純粹、善良

◆處女需留意的特質：

理想化、忽略自身需求

抽到處女這張牌，你可以問問自己的幾件事

- 我對於性、享樂跟慾望的看法是什麼？這些看法怎麼影響我的生活？
- 我如何幫助自己在達成目標的過程中堅守信念？
- 我想保有內在情感的純粹，背後藏著哪些自我保護的需要？
- 我如何在保有理想與現實限制之間取得平衡？

遠見者

Visionary

「只要第一步是『可能的』，成功的機率就不會是零。」

——伊隆・馬斯克

◆**解讀關鍵字：**

看見趨勢、遠見、預言

◆**同義詞：**

夢想家、預言家、先知

◆**圖像描述：**

圖像中的人物綁著白色頭巾，穿一身白袍，耳朵跟雙手都戴著首飾，在他面前有一顆散發出金黃光環的藍色球體，看起來像是晶瑩剔透的水晶球，這個人專注看著藍色球體，好像正在窺探什麼事情，整個背景充滿著紅色的流動氣息，讓人感受到一股旺盛力量充滿在這個空間裡。

光明屬性：

- 替眾人或社會指引出未來可能發生的事情
- 預見事情可能的變化，提前做好準備
- 對於已經做出的決定，能夠預見其進展或後續

陰影屬性：

- 為了讓自己的意見更容易被接受，而刻意修改預測內容
- 將自己的洞見當成商品販賣
- 過度展望未來，卻無法踏實行動

◆原型人物：

伊隆·馬斯克或許可說是遠見者原型的當代代表，他很有遠見的瞄準影響人類未來發展的三大領域：網際網路、再生能源、太空。我們所熟悉的Paypal線上付款系統即是由他所催生出來，電動車也在他不斷嘗試與努力之下，成為越來越多人使用的交通工具，他甚至創立了一間私人太空公司，開啟商業載人航空的時代。這些在當時看似不可能的構想，都因他對未來趨勢的興趣跟眼光，而一步步成為了我們今日的現實，遠見者正是這樣一個具有未來洞見的原型。

準確預測未來變化，是遠見者的超能力

想像一下你在酒吧裡正與好友愜意閒聊，忽然好友湊近你身旁壓低聲音說：「等一下

我們對面那個男人會過去跟隔了三張桌子的女士搭訕。」你看著自顧自小酌的那個男人，臉上露出懷疑的表情，大概過了30分鐘，卻驚訝地看著那位男士整理了一下衣服，故作自然的從吧檯的高腳椅滑下來，走過兩張桌子的距離，向正在和姊妹淘輕聲談笑的那名女士致意，你轉頭看看朋友，他臉上正掛著「不是早就告訴過你了」的得意表情。

能夠洞見未來趨勢，是遠見者原型最讓人驚嘆的特質，他們雖然不使用占卜工具，卻可以對於人際互動、事件發展擁有靈敏預測，甚至有些人所提出的想法，足以影響社會的重要發展，像是發明電動車的馬斯克、投資台灣十大建設的蔣經國，都屬於這號人物。

對於事情觀察入微，就能增加預測的準確度

精準「預言」靠的其實不一定是靈通力，而是豐富的經驗累積以及對人事物的精準觀察，遠見者可能看似不經心地說出買哪一支股票會賺，哪一支股票該在何時脫手，這是因為他對社會經濟與產業變化有很深厚的研究，因此在投資上更容易比別人搶先一步看見趨勢。

他們也可能在旁人都還沒看出苗頭前，就知道主動來搭訕認識的新朋友，雖然看起來友善而熱情，骨子裡卻有自己想要達到的目的，因為對人際互動有敏銳的觀察，很能預測一段關係將如何發展下去。這種從豐富觀察經驗所累積起來的直覺力，不只讓身旁的人都嘖嘖稱奇，說出來的話有時候連遠見者自己都嚇一跳。

培養觀察力最簡單的方法，是練習從「細節」下手，俗話說「魔鬼藏在細節裡」，舉例來說，如果你想要增加對人際關係的觀察力，可以在生活中跟自己玩個小遊戲：搭捷運或公車時，觀察一下乘客們，猜猜誰會在下一站下車？去餐廳吃飯時，看一下隔壁桌的

情侶或家庭成員，從他們的表情跟肢體動作推測彼此感情如何。

馬斯克提到「學會問問題，比解答問題更重要」，遠見者的預測能力並非空穴來風，而是建立在不斷提問「為什麼事情會是這樣發展？」、「如果這樣，那事情會變什麼樣？」、「如果不這樣，會有什麼不一樣？」，答案伴隨提問而來，當我們將意識聚焦在提問上，便是磨練自己遠見的開始。

空想未來，有可能讓我們的生活遠離當下

太擅長看懂未來將會發生什麼事情，也會替遠見者帶來麻煩，他們眼中的未來往往只是旁人所認為的「幻想」，所以有時候他們會像電影裡高喊著「世界快要毀滅了，大家快逃！」的人一樣，被旁人視為瘋子，因為多數人只能看見眼前的當下，渾然不知福禍一直潛伏在身旁，自然也對於趨勢渾然不察。

除此之外，對於缺乏耐心跟實力的遠見者來說，太過遠大的未來夢反而會給自己帶來麻煩，他們就像是鼓吹著要掌握趨勢的理財專家一樣，總是信誓旦旦地訴說哪支股票將會大漲，哪個產業值得投資，鼓勵聽眾將老本拿出來投資，描繪出美好卻虛幻的未來，卻忘記平日努力工作的收入，才是投資理財的根本。

當我們太把目光放在遙遠未來，忽略活在當下的重要性，就容易落入遠見者的陰暗面，這種現象通常發生在我們對未來感到不安的時刻，例如是否該與這個人一起步入婚姻、已屆中年卻開始考慮是否該轉行……這時候我們特別會想要尋求對未來的預測，好讓心中感到安全。

未來感到不安的解方並不在於獲得肯定答案，就像無論占卜師不斷向我們保證「一切都會好轉」，回家後心情仍然會感到忐忑，將注意力拉回當下，認真確實地列出現實情況，也思考好各種狀況的應對策略，才能真正減緩心中焦慮，也讓我們可以保留心力去做對事情有幫助的決定。

◆遠見者能發揮的潛能：

直覺敏銳、洞察力

◆遠見者需留意的特質：

忽略當下、缺乏實踐

抽到遠見者這張牌，你可以問問自己的幾件事

- 我對於哪些事情具有獨特而敏銳的觀察力，可以如何善用它？
- 我如何發展接受內在直覺的能力，好幫助自己獲得潛意識智慧的訊息？
- 除了發展對事情的預測能力，我如何做好此刻的準備工作？

戰士

Warrior

「支配戰士行動的力量是信仰，他能夠忍受一切艱難、痛苦，而達到他所選定的目標。」

——巴金

◆**解讀關鍵字：**

戰鬥、奮鬥、紀律

◆**同義詞：**

士兵、傭兵、槍手

◆**圖像描述：**

在以紫色為主要基調的背景中，有一層層捲起如同雲朵般的花紋，在這中央有名留著黑色長髮，並在耳朵、手腕跟手臂都配戴飾品的人，以左手握住形狀如同閃電的長矛。從他的身體姿勢看起來，似乎是正要將長矛拋擲出去，他全心專注在擊敗眼前的目標上，其身姿讓人聯想到羅馬戰士，也像是從雲端發射雷電的宙斯。

光明屬性：

- 擁有依循內在真實而行動的力量
- 勇敢迎向打擊自己的人事物
- 願意為了放下自我而努力

陰影屬性：

- 為了獲得勝利而不擇手段
- 為求存活而攻擊他人
- 沉溺於競爭帶來的快感

◆原型人物：

暢銷書《深夜加油站遇見蘇格拉底》的作者丹米爾曼，可說是靈性戰士的首要代表人物，他是全美頂尖身心靈導師、前世界級彈翻床錦標選手、史丹佛大學體操教練，對於人與人間的心靈連結具有深厚洞察力，並將肉體鍛鍊視為靈性修行的一環。

他年輕時雖然在生涯上一帆風順，卻無法感受到心靈上的滿足，直到遇見亦師亦友的蘇格拉底後，才開始理解「紀律」的重要，而紀律又源自於對心靈平靜的專注要求，當他開始懂得將對外在環境的感受，轉化為內在清晰的覺知，才發現原來每個人內心都蘊藏著無比的力量，就像是隨身配戴利刃的戰士，能在必要時斬斷紛亂思緒，朝目標勇往直前。他不只將自身經驗化為演講、研討會的內容，著作也被翻譯成29種語言。

人生就是一場燦爛的戰鬥

漫天黃沙裡，在堆積如山的屍體之間，仍然依稀可見到人影們三兩群聚，不時傳來嘶吼與金屬碰撞的聲音，直到有陣營吹響勝利的號角，整場戰役才告一段落，這就是戰士的日常。戰士是沙場上最重要的主力，他們總是義無反顧的衝向敵人，為了擊敗對手而戰鬥著。

日本動畫《鬼滅之刃：無限列車》裡讓人熱淚盈眶的「大哥」——炎柱煉獄杏壽郎，在挺身對抗強大的鬼猗窩座時，豪邁地說出：「我會履行我的職責，這裡的任何一個人都不會死去！」就算身體不斷被猗窩座砍傷、貫穿，他仍然堅持挺直身軀不肯倒下，終身侍奉主公投身鬼殺隊的他，向我們展現出身為戰士為了目標奮力活到最後一刻的絢爛。

戰士之所以能活得勇敢無懼，是因為在他們在良好紀律的鍛鍊下，心中充斥著榮譽感，心心念念都是為了守護群體而活，他們就像美國傳統小鎮的警長，每天起床先喝杯濃郁的黑咖啡配早餐，細心將手槍擦拭到光可鑑人的程度才收進皮套裡，接著坐進車內開始巡視小鎮的每個角落，並準備好隨時面對破壞鎮上和諧的惡徒，只要遇見風吹草動，他都會撲上去與對方搏命。

真正的戰場在我們自己心裡

在許多靈性傳承裡，皆有靈性戰士的稱謂，其任務不再是殺死敵人或犧牲性命換取和平，而是透過有規律的修練，將自我（Ego）交託給宇宙法則或「道」。外在世界的衝突與鬥爭，反映出戰士心中不同信念的角力，其實每天當我們睜開眼睛，時時刻刻都在內心的戰場上與「敵人」捉對廝殺：該優先滿足自己的欲望，還是服務他人的利益？該好好認真努力，還是在上班時混水摸魚？戰士不斷透過自我對話調伏心性，讓自己能夠專注在真正重要的目標上。

靈性戰士在生活中，可能會透過瑜伽、占星、宗教信仰、吟唱等方式，藉由一套明確的戒律，來培養自己的內心平靜與慈悲心，想要當個現代版本的戰士，不需要遠赴遙遠戰場，只需要在每天生活中反覆確認怎麼專注於目標，讓平靜與自在不斷增長，就已經夠忙的了。

有時在愚勇背後藏著的是自卑感

戰士具有強大的力量，卻也可能有難以忍受安逸的特性，甚至用看似勇敢無懼的表象來掩飾內心的自卑，這使得落入陰影面的戰士容易有虛張聲勢的特質，就像不小心被路人撞到的黑道小弟，看不順眼就拔出蝴蝶刀，深怕如果不這麼做，就會被人看輕看扁。

抽到這張原型卡，就像是潛意識邀請我們問問自己：「我為誰而戰？為何而戰？」當我們與他人產生信念衝突、想要一股腦的以言論或行動駁倒對方時，或許有時候可以停下來安靜一下，檢視自己所擁護的信念與價值觀，是否真有如我們所宣稱的如此崇高，又或者我們只是藉由發動這場「聖戰」，來保護受傷的自尊心，甚至在奮戰的背後，所圖謀的只是自身利益？當我們可以開始鍛鍊內心的清明，檢視自己為何而戰，也就開始拾起靈性戰士的真實力量。

◆戰士能發揮的潛能：

意志、勇敢

◆戰士需留意的特質：

好戰、自卑

抽到戰士這張牌，你可以問問自己的幾件事

- 我如何培養內在紀律，增加內心的堅韌度？
- 我願意為了哪些信念、價值觀或人物，犧牲自我的舒適與利益？
- 我在什麼時候容易落入生存焦慮，陷入與他人爭奪的處境？

◆ **戰士VS英雄** ◆

戰士與英雄都與「戰鬥」有關，為了進一步區辨，我們可以說戰士這張原型卡的特質主要專注在擊敗對手身上，戰士人生就像是一場場戰鬥，永遠在找尋下一個衝突與對決的目標。

英雄這張原型卡則強調外界對自己的評價，因為此人的作為足以感染、守護他人，而獲得大眾賞識。